告别思辨本体论

论历史唯物主义的存在范畴

罗骞 著

华东师范大学出版社

国家社科基金后期资助项目
出版说明

后期资助项目是国家社科基金设立的一类重要项目,旨在鼓励广大社科研究者潜心治学,支持基础研究,多出优秀成果。它是经过严格评审,从接近完成的科研成果中遴选立项的。为扩大后期资助项目的影响,更好地推动学术发展,促进成果转化,全国哲学社会科学规划办公室按照"统一设计、统一标识、统一版式、形成系列"的总体要求,组织出版国家社科基金后期资助项目成果。

全国哲学社会科学规划办公室

目 录

序 言 …………………………………………………………… 1

引 论　今天，如何谈论存在并且谈论哲学 …………………… 1
　　一、存在论乃是如何论存在 ………………………………… 1
　　二、本体论的存在概念是自在 ……………………………… 5
　　三、以实践思维走出自在概念的马克思 …………………… 8
　　四、后形而上学的存在论视域 ……………………………… 13

第一章　非本体论：实践思维方式的确立 ………………… 18
第一节　形而上学的终结 ……………………………………… 18
　　一、作为形而上学完成者的黑格尔 ………………………… 19
　　二、开创后形而上学的主要努力 …………………………… 24
　　三、后形而上学视域中的马克思 …………………………… 28
第二节　历史唯物主义的非本体论性质 ……………………… 31
　　一、自在之物体现的本体论困境 …………………………… 32
　　二、马克思对本体论思维的批判 …………………………… 35
　　三、存在作为实践中介的过程 ……………………………… 39
　　四、现代性批判成为存在论的主题 ………………………… 44
第三节　"非本体论"：施密特的误释 ………………………… 48
　　一、外在性概念对本体论的妥协 …………………………… 49
　　二、自在的规律性止步于思辨辩证法 ……………………… 55
　　三、未将实践引入存在论的认识论后果 …………………… 61

第二章 实践:存在的辩证过程 ………………………………… 67
第一节 实践作为存在论范畴 …………………………………… 67
一、实践范畴的存在论性质 …………………………………… 68
二、对象化实践中的辩证联系 ………………………………… 73
三、辩证法成为实践的存在论 ………………………………… 78

第二节 辩证实践中的总体化 …………………………………… 82
一、以实践为基础的总体化 …………………………………… 83
二、社会历史作为总体性范畴 ………………………………… 85
三、资本推动的世界一体化 …………………………………… 88

第三节 社会自身的再生产与暴力 ……………………………… 92
一、实践思维导向的革命政治 ………………………………… 93
二、总体化不等于抽象的同一化 ……………………………… 96
三、重申实践中的辩证总体性 ………………………………… 100

第四节 "当今之思想":海德格尔的误判 ……………………… 104
一、形而上学的极端可能性 …………………………………… 104
二、自我生产的形而上学 ……………………………………… 109
三、通过"生产"走出形而上学 ………………………………… 114

第三章 劳动:人自为生成的实践 ………………………………… 119
第一节 劳动范畴的存在论性质 ………………………………… 120
一、后形而上学存在论视域中的劳动 ………………………… 120
二、作为现代存在状况的异化劳动 …………………………… 125
三、以交换价值为基础的抽象统治 …………………………… 130

第二节 立足劳动异化批判抽象人性论 ………………………… 135
一、现代解放只是政治解放 …………………………………… 136
二、超越抽象的人性论 ………………………………………… 140
三、作为感性存在的人 ………………………………………… 143
四、劳动解放作为全面解放的基础 …………………………… 147

第三节 "劳动还原论":哈贝马斯的误判 ……………………… 151
一、作为理论出发点的行为二元论 …………………………… 151

二、对劳动价值论和阶级理论的批判 …………………… 156
　　三、远离历史唯物主义的理论重建 …………………… 160

第四章　资本：现代的对象性存在形式 …………………… 164
第一节　资本作为存在的普遍中介 …………………… 164
　　一、后形而上学视域中的资本批判 …………………… 165
　　二、资本作为现代的存在论范畴 ……………………… 169
　　三、资本仍然是当代的本质规定 ……………………… 174
第二节　作为资本生产要素的自然 …………………… 176
　　一、自然是一个社会范畴 ……………………………… 177
　　二、资本规定中的自然异化 …………………………… 181
　　三、自然界的真正复活 ………………………………… 186
第三节　资本作为科技的座架 ………………………… 188
　　一、科技属人的存在论本质 …………………………… 189
　　二、资本对科技的普遍规定 …………………………… 192
　　三、资本中介下的科技异化 …………………………… 196
第四节　"生产之镜"：鲍德里亚的误判 ……………… 200
　　一、商品批判逻辑的拓展 ……………………………… 201
　　二、对生产范式和资本批判的质疑 …………………… 205
　　三、资本批判仍是根本范式 …………………………… 209

第五章　历史：实践生成中的能在 ……………………… 214
第一节　在实践中存在成为能在 ……………………… 215
　　一、历史作为实践中的可能空间 ……………………… 215
　　二、历史性成为存在论的基本范畴 …………………… 218
　　三、在实践中存在作为能在 …………………………… 222
第二节　建基于能在的可能性思想 …………………… 226
　　一、当代意识的可能性特征 …………………………… 227
　　二、历史唯物主义作为可能性思想 …………………… 230
　　三、可能性意识对中国实践之意义 …………………… 233

第三节 "本体论的最高形式":张志扬的误判 …… 236
  一、现代性叙事与"偶在论"的担当 …… 237
  二、偶在论对形而上学的超越 …… 241
  三、偶在论作为检测与防御机制 …… 245
  四、实践中的能在相对于偶在的优势 …… 250

结 论 哲学:事关如何存在的存在智慧 …… 256
  一、哲学在认识论路线上的终结 …… 256
  二、从求知真理到存在智慧 …… 261
  三、立足于能在范畴的守护与创造 …… 264
  四、哲学在能在中作为存在智慧 …… 268

主要参考文献 …… 273

后　记 …… 279

序　言

马克思思想与哲学之间的关系到底怎样，一直是争论的焦点。马克思岂不是先于许多当代思想家多次谈到过哲学的终结吗？马克思关于"哲学的终结"这一论断的真正含义是什么？马克思思想在何种意义上是哲学？这不是一个单纯形式的问题，它不仅涉及对于马克思思想的基本定性，而且涉及对于哲学一般的理解。要回答这两个不同层次的问题，恐怕不仅需要具体细节的研究，更需要一种具有本质力量的总体性洞察、一种新的基本原则和基本立场的建构和确立。否则，细节的研究和争论可能会迷失根本的方向。因为"马克思思想是什么"和"哲学是什么"中的"是"并不只是判断，它要有所断定的对象和内容不是自在的事实，而是判断者自为的表达和建构。

一

早在上世纪初，科尔施就在《马克思主义和哲学》中反对将马克思主义阐释为一种实证的科学，而主张马克思主义是一种总体性的、批判的哲学，以此奠定了他在西方马克思主义发展史上的重要地位。"马克思主义是哲学还是科学"这个科尔施问题，成了马克思主义阐释史中一系列争论的核心和焦点。后来，佩里·安德森甚至认为，马克思主义从卢卡奇和科尔施开始实现了一次从政治经济学批判向哲学批判的转向，意识形态批判和文化批判逐渐成为西方马克思主义的重要主题。在国内，这一问题也引起了理论界的普遍讨论。马克思主义是不是哲学？马克思主义体系中有没有哲学？马克思主义哲学这个概念能不能成立？从形式上看，这些问题涉及两层关系：一层是马克思思想体系内部各组成部分之间的关系；另一层是在当代中国哲学学科建制中，马克思主义哲学、中国哲学和西方哲学这种专业分类的合理性及其限度。但真正说来，这不仅是学科建制本身的合法性问题，而且是从根本上关系到如何总体地把握马克思思想的基本性质，以及如何总体地把握作为人类精神本质性形态的哲学之时代特点和时代命运的问题。

"马克思主义哲学"这一范畴，本质上产生并从属于现代学科建制。它被并置于哲学的专业划分之中，而这种划分首先具有政治和意识形态的历史根源，并不同于其他学科内部的专业分化，比如不同于文学之有时代上的划分和国别上的划分等等。这一范畴还以学科分化为前提，将马克思主义思想中的哲学部分同政治经济学和科学社会主义并列起来而成为这个体系的理论基础。马克思主义哲学、政治经济学和科学社会主义大体上被理解为思想基础、原理运用和理论结果之间的线性关系。从学科建制的角度看，这种划分似乎是合理的，它符合现代学术研究和运作的趋势，有利于在学科和专业的分析细化中推进对马克思思想的理解。

不过现在的问题在于，在这种分割中，马克思思想的总体性遭到了严重的损害，各门学科和专业之间的分化日益强化并日渐隔膜。而且，在现实的冲击下，比较现实的"政治经济学"部分和"科学社会主义"部分似乎要全面地从这一思想总体中衰败脱落了，只有抽象的哲学还保持着某种活力。一般地说马克思的思想主要有上述三个方面的来源，这是不成问题的；但问题在于这三个来源是否还以三个组成部分的方式构成马克思主义的理论整体？我们又如何理解这种整体性，它是由各个部分组成的整体，还是由各种要素内在贯穿地形成的新总体？也就是说，三个思想来源与马克思主义的关系是整体与部分的关系，还是总体与要素的关系？因为我们知道，用一个不是十分贴切的比喻来说，一座大楼的各个组成部分与大楼整体的关系，显然不同于构成大楼的砂石、水泥和钢筋与大楼整体的关系。

我们认为，马克思思想的实质在于，立足三大理论来源——当然也可以说来源不只是这三个，但这三大来源是主要的——将这些不同的学科思想资源作为材料进行综合，相互贯穿地形成了一个内在的思想总体。

三大来源不是以三个组成部分的方式构成整体,而是有所扬弃地成为新的思想总体的构成要素。这不仅可以从马克思思想的内在逻辑,仅仅从他的写作方式和文本形式上就可以看得出来。因为很显然,马克思的众多文本都很难归类到现代分化的学科之中。我们可以从不同的学科进路对马克思的思想进行研究和阐释。然而,在马克思那里,并没有独立的哲学、经济学或政治学之类的学科,只有一门研究社会历史存在的统一的总体性科学,我们将这一科学命名为历史唯物主义。马克思的政治学、经济学和哲学的研究最终相互扬弃地走向了这一理论总体。马克思绝不是在这些学科领域分别实现了理论的革命而保持和巩固了这些学科的独立存在,而是在新的总体中使这些学科失去了自身的独立存在。从马克思思想中能看到这些学科的因素,但看不到这些学科的独立身影。

然而,现代学科建制和学科研究分工却瓦解着马克思思想的总体性,在分化的深入中迷失了思想的方向。比如说,马克思主义哲学的思辨化和政治经济学研究的实证化,以及近年来重新兴起的社会主义概念的伦理化都表明了这一点。在这个意义上,我甚至认为,与其说马克思的思想在当代面临挑战,毋宁说是马克思思想的当代阐释面临挑战。这种挑战表明了当代学科建制和专业分化在面临一种强大的总体性思想时显示出来的琐碎,同时也表明精致的细化研究在攀爬思想高峰时的疲软和无力。在这样一种状况之下,"马克思主义哲学"对马克思的专业化解读,大体也只是一种专业之"术",这不仅常常同其他学科的阐释相互矛盾,甚至在哲学内部也相互抵牾,难以揭示马克思思想的基本精神和原则。一种伟岸的思想高度在分化的蚕食中难以挽回地流失着。今天,思想的基本任务,恐怕就在于义无反顾地寻求这种总体性,而不是顺应反总体性的呼吁,在对细节的精致追求中迷途忘返。

只要不是以精确性的标准来要求定义,大体可以说,哲学就是关于存在的总体性思考。这种总体性不仅是指哲学思维的方法,而且是指向哲学建构的对象。哲学总体性地思考存在的总体性。当代专业和学科的分化是对总体性思想的动摇,从而表现为对哲学的动摇。在现代科学的发展中,哲学面临的本质性挑战充分地表明了这一点,具体、精确、实证成为现代知识的根本要求。在这一语境中,哲学能不能存在,哲学如何存在,都成了问题。如果不能捍卫一种总体性的存在概念,以及总体性的思想方式——二者本质上是一致的,无疑将不会再有哲学,至多留下可以称之为哲学学的学科。哲学变成一种史料学,而不是面对存在的总体性思想。对马克思的哲学阐释,如果没有总体性的视角,就不可能达到马克思那样的总体性高度,对马克思思想的发展和创新就会像对他的抽象否定和抽象批判那样不得要领。马克思思想本身就具有内在的总体性,不从属于当今学科建制中的任何一个部门或专业。它是对社会历史存在的总体性思考。在那里,任何一个部门学科的研究都从属于这种总体性要求。因此,它是一种思想,并最终成为一种主义,而不只是实证的知识。实证的知识或科学成不了思想意义上的主义。在此意义上,我们说马克思思想是哲学,而且就其本质来说是真正意义上的哲学。

为了呈现马克思思想的总体性,我们将"存在"这一根本范畴作为哲学地思考马克思思想的关键性切入点。这实际上涉及两个相关的问题:其一,马克思如何理解"存在",这涉及马克思给我们提供了一种什么样的世界观和世界观意义上的方法论;其二,我们如何从"存在"范畴哲学地理解马克思,这涉及我们给马克思思想的阐释提供一种什么样的总体性视域。进行这一课题的目的在于:通过对思想之最初与最高范畴"存在"在马克思思想视野中的这种阐释,揭示马克思独特的"存在论",奠定领会马克思思想的基地,从而为总体性地理解马克思开启某种可能性,由此在理论与现实中重申马克思的当代性和历史性。

我的基本判断是:马克思通过对形而上学的批判,走向了一种后形而上学的思想视域。对以资本为基本建制的现代世界进行存在论的批判,构成其理论的直接主题。在此种对社会历史存在的分析和批判中,一方面,传统形而上学在抽象主义基础上形成的本体论哲学及其二元哲学建制被瓦解;另一方面,观念体系的自足性作为"唯灵论",被宣布为"思辨哲学的幻想"。这两者标划出马克思与传统形而上学的鲜明界限。

在历史唯物主义存在论思想视域中,实践、生产、劳动、资本、历史等等成为基本的存在论范畴,社会性、历史性成为基本的世界观和方法论原则。因此,商品资本而不是理性自由被看成是现代的本质范畴,并作为现代基本的对象性存在形式,受到总体性的反思和批判。在这种批判中,德国古典哲学、英国古典政治经济学和法国社会主义思潮成为主要的思想来源,真正被内在地贯穿,而不是以三个组成部分的方式并置于马克思的思想体系之中。哲学、政治学和经济学融会贯通的这种总体性,是历史唯物主义显著的特征之一,它在当代学科分化中独树一帜,显示着马克思独特的理论优势和思想高度。这种高度只有在哲学存在论的基本层面上,才能被深刻地领会。

以实践范畴为基点,社会性和历史性范畴为特征,马克思对"存在"的分析具有一种特殊的现象学性质。这种存在论的特点和意义,可以在黑格尔精神现象学、胡塞尔意识现象学、舍勒信仰现象学、海德格尔此在现象学的差异中得到领会。虽然专题化的比较研究并不是本课题的任务,但我们的阐释得益于这种领会。相比较而言,海德格尔实现了现象学从意识哲学到存在哲学的关键性转向,成为后形而上学存在论的一个典范。① 但是,我们对马克思的"存在论"指认恰好不是要归并到海德格尔的路线上去,而是要在海德格尔的引领下展开一种批判性对话。它不是走向此在的情绪状态,而是面向广阔的社会历史领域和存在的未来可能性。在这样一种哲学存在论的意义上,在世界观和方法论的意义上,我们将历史唯物主义看成马克思思想的本质命名。当然,这个概念本身要得到一种存在论的阐释和改造,才可能担负起如此沉重的内涵!

二

我们知道,"唯物史观"或"历史唯物主义"这个范畴在历史的发展过

---

① 关于现象学和存在论以及现象和存在概念,在西方有着丰富的思想发展史。对这一历史的追踪和详细考察不是本书的任务,那将需要一部专门的著作才能完成。海德格尔认为,存在论只有作为现象学才是可能的(见《存在与时间》导论中的相关讨论)。这一命题颠覆了西方形而上学传统中存在与现象的二元论划分。《存在与时间》的出发点是将现象学从意识现象学转变成"此在"的基础存在论——亦即是生存论的现象学描述。本书对于历史唯物主义的阐释,目的之一不过是想在这种生存论/现象学的基础上,引进社会性和历史性维度,让存在论和现象学跨过海德格尔的"此在"这道门槛,为一种社会历史的存在论或社会历史现象学成为可能提供前提。至于此种存在论的形成和展开,将有赖于新的研究。

程中获得了较为普遍的规定,它被理解为物质本体论基础上的一种社会历史理论,因此是"部门哲学"。一方面与唯心主义的历史观对称,表明唯物主义地理解历史;另一方面与辩证唯物主义对称,表明唯物主义的原则被运用到了社会历史的领域。在这种规定中,历史唯物主义的"历史"和"实践"等关键性的范畴游离于"存在"概念之外,存在仅仅是指物质,是指具有广延性的实体存在。因此,时间、空间、辩证法等范畴是非"实践"的,从而是非历史的自在,是被排除于历史实践之外的自在的绝对客体或客体性。历史性的实践只是改变物质的具体形态,而没有改变和创造物质本身,也就是说,物质成了一个抽象的本体论共名。同时,社会历史则被看成是按照绝对的物性逻辑演进的自然过程,它遵循绝对的必然规律,历史唯物主义作为科学就是对这种规律的把握和揭示。

我认为,这样一种"历史唯物主义"概念不是揭示而是掩盖了马克思思想的实质。无论我们如何处理和调节辩证唯物主义和历史唯物主义之间的关系,始终没有触及前提性的问题:一方面,马克思主义对于物质世界的理解是否在"历史"之外,因此是一种非历史的物质和自然?另一方面,马克思主义对历史的理解是否是在"物质"之中,因此遵循一种自然的物性逻辑?从这样两个问题出发,基本的疑问是:马克思的思想是自然与历史的二元论,还是用物性的原则来吞噬社会历史的一元论?很显然,从马克思和恩格斯的众多阐述来看,这两个问题的回答都是否定的。通过实践的思维方式,马克思的思想既不是抽象的二元论,也不在这种抽象的一元论之中。

马克思和恩格斯多处批评费尔巴哈割裂了自然和历史,因此在历史观上陷入了唯心主义,在自然观上陷入了"自然科学的唯物主义"。费尔巴哈唯物主义原则的不彻底是这种双重意义上的不彻底,而决不只是说他的唯物主义是对的,只是没有将唯物主义原则贯穿到历史中,因此陷入唯心史观。马克思和恩格斯十分清楚费尔巴哈的这种双重的不彻底,他们思想的革命性不在于将"物质原则"用于揭示历史,或者用"历史原则"揭示物质,而是在历史实践中看到了自然和历史的统一。历史唯物主义中的"物"具有一种比喻的意义,绝不意味着自然的物及其物性,而是社会存在,是对象化了的存在活动、存在关系和存在方式,是在自在的物性之中超越物性的实践空间。也就是说,人的意志、情感、认识等精神因素,人们之间以劳动为基础的社会性交往等等,才是使社会存在之所以成为社会存在而不是自然的物质存在的根本原因。在对象化实践活动中,自然是人化的自然,或者说是历史的自然。物质因为精神的"感染"而缭绕着人性的韵味,而不再是自在的死寂的实存。

当然,社会存在绝不是在物质世界之外,而仍然在物质世界之中。只不过,近代唯物主义已经在批判神学唯心主义的过程中确立了唯物主义的根本立场,为历史唯物主义的出场提供了思想前提。正因为如此,唯物主义不再是历史唯物主义的本质原则,而是它引进精神要克服的对象,就像历史唯物主义同时引进物质原则而扬弃唯心主义一样。《关于费尔巴哈的提纲》第一条鲜明地揭示出了这一点。历史唯物主义是扬弃历史唯心主义和自然唯物主义的真理。历史唯物主义并不停留于两者作为抽象极端的对立,作为历史唯物主义研究对象的社会存在不是纯粹的"物质性"或"精神性"的抽象存在,而是二者在历史实践中的辩证统一。

认识中的、观念中的统一性在实践的基础上发生。这种"实践的统一性"将历史唯物主义同黑格尔思维的同一性区别开来。在黑格尔那里,现实被看成意识和"自我意识"的旋转;这种"实践的统一性"也将历史唯物主义和用"物性"理解人和历史的自然唯物主义区别开来了。自然唯物主义只是用纯粹的物质性、自在性理解人和历史。历史唯物主义之"物"本质上不是自然物质之"物",不是本体论抽象意义上的物,而是社会存在。社会存在这一范畴既是将社会本身看成存在,也包括被社会中介了的物质存在,即人化的自然。

社会存在是与人的存在相关的范畴,与人的实践活动相关的范畴是内在地包含了精神文化等属人因素的对象化现实,亦即客观化了的人的存在关系、存在方式和存在状态。只有在这样的意义上,社会历史才是人的现实,人才是社会的、历史的人。不存在任何一种剥离了文化精神因素的抽象的社会存在,好像社会存在和社会意识之间的关系是两种相互外在的东西之间的关系;在这种关系中,社会存在优先,因此具有决定性的作用。问题一定不是这样的!人们的社会存在就是他们生活的生产和再生产,当然包含了物质生活和精神生活的生产和再生产。社会存在与社会意识之间的差别仅在于是对象化的客观存在,还是纯粹内在的观念,而不是指是不是实体性的、实体化的存在。不论社会存在还是社会意识,都不是任何意义上脱离了对象性关系的抽象"本体",而是现实的、特定社会关系和历史关系中的"存在"。存在范畴因此将从根本上摆脱本体论的抽象,在社会性和历史性的意义上与现象学联系起来了。

历史唯物主义可以看成是一种特殊的、后形而上学的存在论,而不只是一种历史观,尤其不是物质本体论思想在社会历史领域的贯彻。它代表了抽象本体论思想终结之后存在论最为本质的方向。启用存在论这个范畴来解读马克思的思想,是为了把握历史唯物主义的基本性质和基本意义,赋予历史唯物主义一种总体性的意义。这既不再只是马克思主义哲学中的一块,也不只是延续传统哲学的一个形态,而是一种新的思想形态的展露和开启。历史唯物主义被阐释为一种后形而上学的存在论,存在论在社会性和历史性范畴的中介中被阐释为超越本体论和现代存在主义的新哲学,一种关注人类生存和命运的存在智慧。哲学是一种关于存在的总体性思考,不论马克思思想被如何命名,性质上被如何规定,只要它还可以称为哲学,就必定是一种总体性的存在理论和存在思考。

启用存在论这个范畴来阐释历史唯物主义,并不意味着危险被降低了,而是可能再次卷入漩涡,它甚至更容易卷入辞源学的琐细争论。我不认为存在这个范畴已经并且只能由存在主义哲学垄断,我的努力恰好是想在存在主义的贡献基础之上,将这一范畴从存在主义的包裹中解救出来。尽管如此,还是给人一种用海德格尔来征服马克思的印象。同时,我并不是无原则地同意目前关于马克思思想的各种存在论阐释,也许情况刚好相反。但为了免于在问题的外围进行概念之争,我将不以争论的方式对"存在论"这一范畴的使用进行思想史的追溯,也不准备对马克思的各种存在论阐释进行梳理,并由此确立发明权和正统。我的做法是干脆直接进入问题,直接将"存在"范畴作为阐释马克思思想的着眼点。我相信,范畴只有在思想的进展中才获得生命和意义,而不是被外在地、孤立地规定。老黑格尔的真理是全体和真理是过程的思想,仍然能给予我们足够多的启示。

可以从"存在"范畴哲学地理解马克思的思想,这绝对不是说马克思的思想就无条件地是一种哲学,甚至是一种完善的存在论哲学体系,存在论已经作为体系安然地居住于马克思的著作中了。当然也不意味着我们要建立起一种精致的马克思哲学的存在论体系。毋宁说我们的目的恰好相反,它力图敞开一个被封闭甚至可以说正在被封闭的思想视域,克服理解历史唯物主义的各种化约论倾向。

我们一直提示:总体性范畴是一个非还原论的概念,由历史中介的具体的总体性同后形而上学的存在论本质地关联在一起,它从根本上保证了对马克思思想进行阐释的开放性甚至"不确定性",这也是我们指认历史唯物主义为后形而上学"存在论"视域的用意所在。马克思的思想根本不是一个已经被固定了的无历史的结构,而是立足于历史"能在"的可能性思想。历史唯物主义为社会现象学和历史现象学奠定了"存在论"的基础,它要求从这个基础出发,而不是滞留于这个基础。通过历史唯物主义存在论视域,我们不仅将存在理解为实践中的能在,而且要将立足于能在的思想理解为可能性思想。

三

我们知道,不是由于马克思在《共产党宣言》中的使用,而是因为德里达1993年针对马克思的使用,"幽灵"这个范畴一下子活跃起来,它以隐喻的方式提供了"解构主义"的解释学立场。就其实质而言,在德里达的文本中,作为词干的幽灵突出的是马克思思想演绎的幽灵性,而不是幽灵的马克思身份,这一点往往被人们忽视了。幽灵们在空间中并存,在时间上不断涌现,幽灵的幽灵性就是多样和怪异,也就是无定形的现身,因此就需要辨识,而不是放弃辨识!不同种类的幽灵和同类的幽灵之间的争斗,乃是一种自我确证。即使对"正统""真神"的诉求就是对拒绝不了的幽灵化的拒绝,我们能找到的只能是自己的神,但有诸神必有诸神之争,这是一种"天命"。

思想体系和文本本身以这种幽灵化的方式存在和现身。马克思也不能逃避这种"天命"。马克思还在世的时候,面对各种对自己理论的误解,就曾经说他只知道自己不是马克思主义者。那么,谁是马克思主义者呢?

固然,有多少读者就有多少种对马克思的理解。但毫无疑问,并不是所有的理解都能成为历史性的"主义"。问题从来不在于阅读和解释的相对性,而在于此种相对性流于单纯的任性,"怎么都行"。文本解释学的"视界融合"揭示的是解释或阅读的对象性,此种对象性并不是"主观"或"客观"的抽象对立面,它在排斥"客观主义"的同时也扬弃纯粹的"主观主义",从而避免将相对极端化为绝对的相对主义。阅读需要接受某种限制,并且必有某种限制。从历史唯物主义的视角来看,这是由历史性决定的。历史中的对象性是普遍性和客观性真实的存在论基础,是认识真理性的土壤;真理的客观性本质上是对象性,是历史性。关于这一点,马克思在《关于费尔巴哈的提纲》第二条中已经表达得足够清晰了。在这里,我们可以看到当代解释学与历史唯物主义方法论的相同。正是在这个意义上,葛兰西指出,"客观的"意味着"普遍地主观"。①

我明白并且必须明白阐释的限度。研究本质上就是一种阐释、一种理解的阐释,而不是单向的证明和发现。解释学循环讲的就是阅读实践中主客体之间双向的对象化过程。本书不是对马克思著作作一种文本学意义上的逐一解读或考证,也不是事无巨细地触及马克思思想的所有主题,只是力图将"存在"范畴作为阐释马克思的一个切入点,当然是十分重要的一个切入点。因此,我们明白自己的限度所在,并且不会自封为绝对。

虽然必要时我引用了不少的文献,但读者还是会发现,我的指认更多地具有论断的性质。这是由于所涉及的思想背景广阔,致使我不可能在考据方面过多地用力。有时候,某一想法虽然可以找到经典或名人的佐证,但我没有刻意这样做。在我看来,本人的任务不是为读者提供某种知识储备和文献材料,而是提炼思想的成果。材料的阅读和理解应该是作品之外的工作。尽管难免,但说明和佐证性的材料应该尽少出现在作品之中。写作毕竟不同于编著。不过,我还是没有真正地做到这一点。从最后的结果来看,对经典作家的引用不是太少,而是太多了。我终于发

---

① [意]葛兰西:《实践哲学》,徐崇温译,重庆:重庆出版社,1990年,第139—140页。

现，在思想巨人的面前，我们还是柔弱到不得不站在他们的后面，落到由他们代言的地步。这就是思想的力量。所谓的超越和创新是何其困难！

还需要坦诚说明的是：有时候，某一思想可能不是我最先提出来的，只要它内在地与我的见解相融合，我就不费尽心力地去做发明权上的考证。我想，这一点并不违背人类知识积累的基本规律。我使用的范畴在内涵上往往有自己的特殊规定性，一些基本的命题也要在具体的阐释过程中才能体现出其特定的意义。我的努力是建立在众多理论工作者工作的基础之上，只要对相关论题略有研究的人就不难发现当前的进展和已经取得的成果。因此，无需我在所有的地方都一一指明某种观点的具体归属和发明权，想来这算不上掠人之美或者学术的不诚实吧？如果我们每一步思考都遵循"资产阶级法权"，思想将寸步难行！

另外，我当然明白，此项工作只不过是对马克思的一种理论阐释。但是，今天的许多精神精英和专家们真诚地相信：马克思不过是一个理论空疏的鼓动家，不仅理论上十分蹩脚且归于失败，而且源自他的历史实践冲动也告消退，因而似乎已经不值得严肃地对待。在这些人看来，对马克思的肯定性阐释不过是一种辩护、一种20世纪遗留下来的意识形态残遗。出于同这种"失败论"的对抗，今天，我们多少又看到了某种马克思研究热，但这一切是本质性的吗？马克思的《关于费尔巴哈的提纲》最后一条始终像一条咒语，阴沉沉地回响在哲学家，尤其是马克思主义哲学家的心间。不能穿透思想硬壳的思想到底有没有意义？念及此，我们内心常常纠结不已。

我曾经说过，马克思思想的解读是现代思想界面临的严峻挑战，所以它才被德里达指认为复数的幽灵。一般说来，此种命运也是在所难免的，尤其是对如此这般强调实践并且如此这般被实践着的思想来说，总是在所难免的。不过，可以说明的一点是：人们往往忽视了一些常识性的因素，而政治更多的是一个技术策略问题。相对于纯粹的理论来说，实践包含了操作性的因素，或者说，实践本质上是技术性的。理论与实践的同一性及其程度本身又是实践的、历史的，而不是无时间性中介的辩证抽象。因此，实践的成功或失败并不能直接地说明它所源出的理论或理念的真理性或谬误，反之亦然。理论与实践不能抽象地同一，也不能抽象地对立起来。理论家与活动家在面对对方的时候，应该清晰地认识到自身的边界所在。当然，置身于历史存在的变迁而论及马克思的存在思想，并不只是单纯的理论兴趣或实践立场，而是对现实存在(作为思想和实践之统一)的一种理论干预。它本质上是理论的，是理论的实践。

引论　今天，如何谈论存在并且谈论哲学

序言和引论不同的地方在于：序言是体系外的东西，它是在体系的外面介绍和交代与体系有关的东西；引论则是体系和结构的一部分，就像一扇正门，引论本质地规定并引领我们通达内部结构。作为课题的引论，我们要讨论的问题是"今天，如何谈论存在并且谈论哲学"。因为如果说马克思的思想具有内在的总体性并可以称得上是一种存在论的话，那么，要理解马克思的思想，就必须对"存在"并且对"哲学"具有先行的理解。在引论的标题中，我们小心翼翼地选用了"谈论"一词，为的是表明：这是理解此一问题的初步尝试。这个问题如此严肃和重要，以至于太困难了，我们只能是初步的探索。再者，从今天的哲学见解来看，就哲学作为存在论而言，本质上就是一种谈论、一种看法，而不是绝对知识和永恒真理，因此不再被理解为发现或证明活动。以"谈论"来讲哲学，来谈存在"论"，哲学就是对存在世界的谈论。在这个表述中，相对于西方哲学传统，我们对于存在论的理解发生了本质的变化，对于哲学的理解也随之发生了本质的变化。这个引论就是试图呈现这种双重变化，并将其领会为阐释马克思存在概念的基本视域。

一、存在论乃是如何论存在

海德格尔在《形而上学导论》中开篇即问：为什么存在存在而无反倒不存在。[①] 不妨说这位伟大的哲人问错了方向，因此最后似乎变成了一个随意的设问，在书中并没有真正得到回答。问题也许可以修正为：为什

[①] 这是海德格尔在《形而上学导论》中开篇就提出的问题："究竟为什么在者在而无反倒不在？这是问题所在。这个问题不是普普通通的问题。……显然这是所有问题中的首要问题。"（［德］海德格尔：《形而上学导论》，熊伟、王庆节译，北京：商务印书馆，1996年，第3页。）

么"存在"存在而"无"倒也存在。我们总是谈论存在,我们谈论的东西总也存在,即便这个"存在"包含了意识,因为意识也不过是被意识到了的存在。① 我们谈论的"无"也存在,"无"是作为存在的褫夺形式在语言和意识中存在,在存在论中存在。"存在"和"无"都存在,问题便不在于它们是否存在、为什么存在,而在于如何存在。

我们存在,我们与存在发生关系,这些关系本身也存在,并且我们领会这种发生着的存在和存在关系;我们谈论这个,谈论那个,我们总是说到某事和某物的存在与不存在,他在吃饭,那只鸟飞了等等。但其中还没有哲学。哲学发生在"这个"和"那个"之外。个别与感觉相联系,普遍与思想相联系。哲学谈论的是存在作为存在,是存在本身。"存在本身"这个说法倒不是说哲学谈论的存在自己存在,是在语言和意识之外的自在,因此独立存在。它说的倒是超越具体而与思想相联系的普遍。哲学作为存在论追问何为存在,追问存在如何存在,它以追问存在本身的方式掩盖着存在论乃是我们如何论存在这样一个本质的问题。存在论是一项思想的事业。不是说存在论要思想,而是说它只是思想。意识是被意识到了的存在,存在论中的存在也只能是被意识到了的存在。存在论是一种存在意识。

存在在语言中存在,通过语言而存在,因此有存在论。海德格尔解读格奥尔格的诗《词语》时说:"唯当表示物的词语已被发现之际,物才是一物。唯有这样物才存在(ist)。所以我们必须强调说:词语也即名称缺失处,无物存在(ist)。唯词语才使物获得存在。"②所以,"何为存在"这个问题变成了怎样以语言的方式谈论存在,如何谈论存在。我们如何领会存在,因此如何谈论存在,存在就如何对我们存在。比如,以自然科学的方式谈论存在,我们见到了关于"性福"与基因遗传关系的研究,不管结论如何,其性质已经先行地显现,显现在这样一种谈论存在的方式中了。可能谈出的"存在"已经在如何谈论存在中存在了。无必然也存在,因为我们谈论无,我们用无来指谓某种情况。这种被指谓的情况即便不具有物质

---

① 参见马克思在《德意志意识形态》中的相关阐释(见《马克思恩格斯选集》第 1 卷,北京:人民出版社,1995 年,第 72 页)。
② [德]海德格尔:《海德格尔选集》,孙周兴选编,上海:上海三联书店,1996 年,第 1067 页。

的广延性,但它作为观念存在,作为观念发生作用,并因此成为现实。上帝在广延的意义上不存在,但它作为观念的建构存在,作为观念成为现实的一部分,是社会性的、历史性的存在。因此,问题只在于在什么意义上、如何谈论存在,而不是那个所谓的存在本身。误解常常发生在:其一,我们把观念中的存在外推为存在本身;其二,我们把存在在朴素的意义上理解为广延性的实体。我们需要厘清这两个基本的误解。

哲学存在论只是我们如何谈论存在,并且如何谈论哲学。"今天,如何谈论存在并且谈论哲学"这个问题要问的就是,我们如何哲学地谈论存在,通过考察谈论存在的不同方式,理解不同的哲学。哲学如何谈论存在规定了存在,存在不在我们的领会之外,而是通过哲学在哲学的谈论中成为存在论范畴。如何谈论存在规定了哲学,哲学的根据不在存在论之外。哲学通过存在论,在存在论中奠定自己的思想基础。因此,在"如何谈论存在并且谈论哲学"中,"并且"的两端连接的是同一问题。不仅如何谈论存在这个问题只有在哲学中才问得出,而且哲学就是一种谈论存在的本质方式。存在论是哲学之地基,一种哲学的基本性质是在它对存在的谈论方式中被规定的,即便一种似乎不触及存在论的哲学也总以对存在的根本理解为前提。①因此,"今天哲学如何谈论存在"本身就规定着"今天如何谈论哲学"。

"今天,如何谈论存在并且谈论哲学",在这个问题中,我们还用了"今天"这个词作为限制,并且把它放在句首,用逗号分开加以突出。"今天"突出限制的是什么呢? 是哲学对存在的谈论。哲学总是谈论存在,问题是今天它如何谈论。"今天如何谈论存在并且谈论哲学"蕴含了一个假定,今天哲学谈论存在的方式有别于既往,哲学因此也有了变化,有了"今天"的哲学。今天如何谈论哲学,讲的当然就是如何谈论哲学的今天。由此看来,这一问题问出的是哲学之当代性质和形态。然而,今天的哲学要在今天哲学如何谈论存在中才看得到。作为哲学之基地的存在论变了,哲学也就变了。所以,整个问题就变成了:如何从今天哲学对存在的谈论中理解今天的哲学。概略地说,这个"今天的哲学"指的是黑格尔之后的

---

① 需要说明的是:这里的"地基"同马克思"经济基础"和"上层建筑"的比喻一样,是以空间化的方式表达非空间的意蕴,以表明其重要性,因此不能理解为空间性的外在关系。比如萨特说任何一种认识论都假定了一种存在论;奎因说任何一种哲学都有一种本体论上的承诺;还有马克思主义哲学中讲的唯物主义基石等等,都表明了存在论对于哲学的基础性。

哲学,是在马克思和海德格尔生活的思想时代,我们仍然置身其中的后形而上学思想氛围。在这个思想氛围中,哲学谈论存在的方式发生了根本变化,哲学对于自身的理解也因此不同于以往。我们通过看哲学中"存在"思想的变化,就可以看到如今哲学的根本形象。

在我看来,存在论作为哲学的基地本质上是论存在,是对存在之为存在的总体性追问。不过,这个命题似乎是有歧义的,而且在相对立的意义上是有歧义的:它既可以理解为"总体性地把握存在",也可以说是"把握存在的总体性"。"总体性"分别指向了"内在"和"外在":一方面指向主观的原则,即以总体性的眼光去观世界;另一方面指向对象的属性,即被把握到的存在世界的总体性。前者是讲方法论,后者是讲存在"本身"。真正说来,二者却是一回事,总体性地看存在,才能看到存在的总体性,看到存在作为存在。不总体性地看,就看不到存在的总体性。在这个根本的意义上,哲学就是世界观,也就是方法论。世界观就是方法论。

感觉中的经验是具体,有思维中的总体才有存在论。存在论总体性地谈论存在。问题在于:何种总体性? 如何总体性地谈到存在的总体性?这个"如何"包含了差异,包含了可以形成不同的总体性地谈论存在总体性的存在论。哲学存在论的差异,意味着哲学形态的不同。哲学在存在论的差异中展开为哲学的形态史。存在论只能是如何谈论存在。依据如何谈论存在来看,形而上学的存在论是本体论[①],其存在概念是自在;后

[①] 关于本体论的典型特征,高清海先生有准确的概括。他指出传统本体论:(1)追求终极存在、永恒原则和绝对真理的哲学妄想;(2)与现实相脱离、由概念建构起来并加以实体化的所谓独立的本体世界;(3)从初始本源、预设本质去解释并推论现存世界的前定论和先验论思维;(4)从两极观点追求单一绝对本体的单极化、绝对论的认识方法等等。因为本体论历史地与这些特征和特定内涵联系在一起,随意的使用往往不利于界限的澄清。比如说有"社会本体论"、"实践本体论"等说法,则是在较为宽泛的、非本意的意义上使用本体论范畴,它不过是强调某一因素在世界观或者方法论上的根本重要性,在对"存在"研究中的基础性地位。这样一来,"存在"已经不再是一个本体论的范畴,而是从一开始就是一个包含了中介性的因素,因此与历史地形成的本体论形态不同。为了与传统形态的本体论鲜明地区别开,我将关于存在的科学称为"存在论",而将以还原主义、抽象主义和本质主义为特征的存在论称为本体论,存在论是比本体论更高的范畴,本体论用于表示存在论的一种形态,形而上学的形态。我倾向于认为"本体论"这一术语较为恰当地翻译了西方传统形而上学的典型特征,因此从汉语的字面意义相互区别地使用"本体论"和"存在论"这两个术语,以便为后形而上学的哲学存在论留下空间。在这一点上,我采纳杨学功等人的看法。这只是一种理论规划和策略,当然从翻译的角度讲,这里仍然会有不少困难(杨学功等人的看法,见《国外马克思主义评论》第4卷,北京:人民出版社,2004年,第53—75页)。

形而上学的存在论是现象学,其存在概念是现象;在后形而上学的思想视域中,历史唯物主义通过实践范畴的中介,将存在论导向社会性和历史性的维度,成为社会现象学或历史现象学,其存在概念是实践中的能在,而不是脱离具体实践关系的抽象本体和自在存在。哲学存在论由此成为社会的、历史的哲学。

二、本体论的存在概念是自在

我们都知道,"水是万物的本原"这个命题在哲学史上至关重要。其作为哲学命题的性质和意义,显然不在于科学上是否"正确",而且它显然不正确。水是万物本原,或者说气是万物本原,其中的"是"是判断,而不是科学的描述。关键不在于这些命题断定了什么具体内容,而在于这个断定的出现本身。在这个断定中,对存在世界的总体抽象被道出了。在这些命题中起作用的就是一种"总体性"思维,虽然还是以具体来表示普遍,但始基和本原概念已经进展到了思维中的共相。思维从具体中提升出来,看到了总体性,从而标志着人类理智的进展。至于本体为何那倒是次要的,成了可替代的项。水、气等单独或者共同作为"本原",都是是对存在的总体抽象,是由具象充任的共相。具体不再是当下的具体,而是规定其他具体的没有时间的永恒的"本原",世上的具象分有和展现这个本质的本原和始基。

在作为西方哲学开端的这个简单命题中,现象与本质、存在与变异、单一与杂多等等已经潜在地处于原则性的对立中了。现象本身不是本原,不是始基,只是显现,是多样,是具体,是差异。哲学之思远离感觉,指向绝对和普遍,因此不是关于现象的相对意见。一种特殊的哲学形态已经在对于世界之本原的总体性追问中初始地被规定了。源自古希腊的西方哲学以这个命题为开端。在这个开端中,存在不是流变和多样的现象,而是规定和支撑现象的本质和本原,是万物产生于它而又复归于它的本体。"存在是什么"的本体论同一,规定乃至于取代了"存在怎么样存在"的现象学差异。理智对于存在的总体性抽象,变成了外在的先验存在,变成了自在的实体。

统治西方哲学数千年的本体论的母式就是这个简单的命题,西方哲学本体论的发展不过表现为这一命题中基本项的不断更换。从自然哲学中的本原,到柏拉图主义的理念,再到宗教神学的上帝,以及唯物主义体系中的物质,无一例外地是理智中的抽象观念,却被看成是绝对的实体。在这里,总体性体现为抽象的同一性、绝对的第一性。抽象思维中的思维抽象被当成存在本身,这就是西方传统形而上学的秘密。上帝拜物教的本质是一种观念的拜物教,关于这一点费尔巴哈和作为费尔巴哈弟子的马克思非常清楚。唯心主义作为本体的精神和唯物主义作为本体的物质原则上是同一个东西,是思辨的产物。作为本体论的唯心主义和唯物主义是构成思辨形而上学的两个思想轮子,它们以有所变形的方式驱动着西方形而上学的发展。

当然,这一思想实情是在近代由黑格尔确认的。在《哲学史讲演录》中,黑格尔概括了近代哲学的基本主题,即思想与实存的差异发展成为对立,并以消除这一对立作为自己的任务。① 黑格尔作为西方古典哲学的完成者和集大成者,以强大的精神范畴统摄整个存在领域,他要化解思维与存在、物质与精神之间的二元对立。黑格尔反对抽象的同一性,认为抽象的物质就是抽象的思维。他的全体和过程概念包含差异性、具体性、联系性,以扬弃抽象的同一性,批判无规定的空洞本体。笛卡尔的我思和康德的物自体都在黑格尔强烈的打击范围之内。批判抽象本体的黑格尔将本体安置在现象的逻辑进展中,以实体即是主体化解存在(being)与变易(becoming)之间的传统对立。存在于现象中,通过现象存在,并作为现象存在。这是黑格尔哲学的基本成果。

不过,在黑格尔这里,本体论上的同一还支配着现象学上的差异,其过程和联系本质上没有时间和历史,存在论本质上还不是现象学的,他的现象学还只是"现象",现象学被用来巩固隐形的形而上学本体论。一方面,黑格尔的存在过程和存在总体仍然接受"逻各斯"的同一性强制,理性的狡计尽管通过现象显现,本质上却是绝对逻辑在先的先验存在。本体论同一和现象学差异的精致结合,是一种试图消解本体/现象二元论的完

---

① [德]黑格尔:《哲学史讲演录》第 4 卷,贺麟、王太庆译,北京:商务印书馆,1978 年,第 5、7 页。

美的二元论。因此另一方面,在黑格尔哲学中,现象学上的差异、具体、联系和过程仍然从属于自在自为的逻辑必然性,他对于存在和存在过程的理解本身是没有历史和实践的。在《历史哲学》中我们看到,黑格尔将世界历史看成是理性的自我实现,并称这种观点是真正的"神正论"。存在被抽象为逻辑,在自我推动和自我创造的概念中蕴含的仍然是自在的过程概念,是非人的自在存在。神秘的"命运"在理性的形而上学中换成了"必然性",思辨辩证法逻辑地展开这种必然进程。

认识就是抓住这种客观的命定必然。正因为如此,黑格尔才将哲学喻为黄昏才起飞的猫头鹰,是对于存在的后思或反思。对于黑格尔来说,思维与存在的同一乃是观念中的同一,追求哲学能因此获得理性上的自我满足和自我享用。存在仍是未被实践触动的自在。哲学只是理论直观,是对这种自在存在及其逻辑的把握。在这个基本的意义上,黑格尔哲学本质上是知识论路线的,是以传统本体论为基础的意识哲学。这不是说黑格尔像康德那样要解决认识论问题,而是说他走在整个西方理智形而上学的道路上,哲学之本质被领会为在"沉思"中切中自在存在之客观真理,建立同一性,解除惊诧以达于灵魂的无纷扰,获得精神自由。哲学之爱智慧,就是爱真理,而真理就是正确的知识,就是如其所是地表象绝对存在。正是这个根本观念塑造了整个西方哲学的知识论路线,哲学在对世界的直观中解释世界。哲学智慧变成认识论真理。

然而,探索科学真理的任务在现代由实验科学接管之后,这种哲学即告完成,亦即终结。黑格尔哲学展示了这种完成,并因此揭示了这个终结。也就是说,在黑格尔之后,关于哲学终结的各种话题讲的都是抽象本体论及以此为基础的认识论哲学路线的完成,是为这一哲学路线提供基础的、自古希腊哲学开端处即已规定其方向的自在存在范畴的终结。不过,黑格尔之后宣布哲学的终结这件事情,倒未必都是因为意识到了这一点,在某些情况下恐怕是出于气馁。哲学道路上耸立着黑格尔,高不可攀,人们无力站到他的肩膀上,因此看不到哲学的任何前景了! 年轻的马克思曾经在柏林大学模仿黑格尔构筑体系,那种困兽犹斗般的挣扎急躁跃然纸上。这并不意味着此时马克思在思想原则上已经是后黑格尔的了。

马克思后来是如何走出了黑格尔的概念迷宫,并且在黑格尔之后走向哲学的"今天"呢?黑格尔将哲学比作起点即是终点的圆圈,这不仅是就一个哲学体系来说的,而且是对整个哲学史而言的。海德格尔指出,黑格尔站在赫拉克利特的伟大成果的基础上要"作结"。① 如果说黑格尔的成功"作结"就是回到了起点的自我完成,那么,走出这个圆圈的起点就应该连接这个圆圈的同时又在这个圆圈之外了。停留于黑格尔的框架就只能是黑格尔的一条支脉,像青年黑格尔派和老年黑格尔派的分裂和对立一样!② 马克思不仅看到了这一点,而且看到了黑格尔作为西方理智形而上学的完成这一本质。因此,马克思率先喊出了"哲学的终结"这个命题,成为后形而上学的一个根本标志。马克思以此走出了形而上学的本体论思辨。

三、以实践思维走出自在概念的马克思

汉娜·阿伦特曾经说过,马克思用实践将古希腊开始的"沉思生活"与"行动生活"来了一次根本的倒转。在对马克思思想的阐释中,"倒转说"总是不绝于耳。相对于传统解释中精神倒转为物质,在阿伦特这里不过是理论沉思倒转为实践行为了。何谓倒转?难道理论之中没有实践,或者说实践之中没有理论吗?很显然,如果没有黑格尔统一哲学这个本质的环节,这种抽象二元论意义上的两个极端之间的倒转,在马克思那里便是可能的。倒转就会变成从非物质的精神倒到非精神的抽象物质,因此倒转到物质本体上去!

果真如此的话,马克思的哲学之根就还扎在"世界的本源是什么"这一抽象的形而上学问题之中,回到黑格尔之前去了。进一步说,即便在这种抽象本体论的基础上加上联系、发展、变化等等,强调过程和全体,马克思至多与黑格尔分享着同样的思辨必然性逻辑,而不存在任何意义上的超越。由此,哲学和思想的任务就仍然在"直观自在存在"——解释世

---

① [德]海德格尔:《形而上学导论》,熊伟、王庆节译,北京:商务印书馆,1996年,第127页。
② 对于这样一个概念帝国的瓦解,马克思在《神圣家族》、《德意志意识形态》和《哲学的贫困》中阐释用力最勤,十分精彩,可谓是气势磅礴、一泻千里。

界——这一西方哲学的传统规定中。不论这个自在存在被理解为实体还是过程,是物质还是理念,自然还是社会,问题不会发生任何改变。如果是这样,感性的、现实的世界仍然没有向马克思敞开,马克思仍然是一个形而上学家。

然而十分明显,马克思不在西方传统哲学的这一基本规定中。马克思批判理论家/哲学家对现实的单纯直观,问题不在于哲学要理解世界,而在于理解世界本身被当成了最高的和最后的目的。马克思要改变现实,改造社会历史,而不是在抽象的本体论意义上将自然或社会看成是自在存在,不是回到不动或者自动的过程概念上。马克思的存在世界是对象化活动中生成的现实。在这个意义上,马克思以实践概念终结了形而上学。或者说,马克思通过实践思维不再停留于形而上学的问题框架之中了,形而上学中自在的、绝对的"存在"在马克思这里已经不再存在。

从这样一个视角来看,《关于费尔巴哈的提纲》(以下简称《提纲》)最后一条实际上建立在第一条的基础之上,并且呼应了第一条提纲揭示出来的存在论视域,因为改变世界之立场只能产生于世界可以改变之思想。世界不是自在存在之自我展开,而是实践活动中的对象化生成,因此不可抽象为脱离了精神主体性的物质或脱离了物质客体性的精神一端。本体论源于对具体存在的普遍抽象。马克思反对本体论抽象。黑格尔也反对抽象本体论同一,但马克思洞若观火地指出,黑格尔哲学只是脱离了自然的精神和脱离了精神的自然的思辨结合。也就是说,黑格尔的存在范畴虽然表现思维与存在的统一,但这个统一中没有实践,因此仍然是形而上学的、反思中的统一。马克思将实践范畴引进存在论,存在是实践中对象化意义上的对象性存在。不仅思想要趋向现实,现实也要趋向思想。思想作为实践的内在环节被纳入到存在论的视域之中了。在瓦解自在存在概念的同时,沉思生活的自我封闭性以及优先地位也被瓦解,改造现实的革命才在后形而上学的思想基地上坚定出场。

在这种意义上,海德格尔讲的对马克思来说,"存在就是生产过程"这一命题,倒是从存在论的方向上抓住了马克思思想的实质,并且抓住了后形而上学存在范畴的实质。人的实践对于存在过程的介入,就是观念与实存之间的动态统一。存在通过实践在实践中存在,实践概念被纳入存在范畴。在这个意义上,社会性和历史性成为存在论的内在环节,社会和历史因此也在实践中成为存在论范畴,存在论成为社会历史存在论。在历史唯物主义视域中,现象学成为存在论,并因此在超出了意识现象学的同时超出了此在的生存现象学,本质上成为社会现象学或历史现象学。马克思一直批判非历史的自然,也批判非自然的历史,历史唯物主义的本质就是实践贯穿的历史内在论。不是以实践之外的物质的原则解释历史,也不是用物质之外的历史原则来解释物质。这里的核心是统一,是对象化实践中的统一性。在历史实践的统一中,存在成为可能性存在,成为能在。

实践之外的历史或自然不是真实的、现实的存在,而是观念中的抽象。存在总已经是处于人的对象性活动中的存在,不论在认识还是在行动中都表现为对象性活动的过程和状态。存在论只能是这种对象化视角中的存在意识——关于存在的理论。对象性关系之外的存在只是概念抽象中的绝对。这种绝对之间的对立,比如说抽象物质与抽象精神之间的对立、客体与主体之间的对立等等,只是范畴抽象中的对立。在实践的总体化中只有相互中介和相互生成。即便科学对人类之前的地球之考古研究和对无边宇宙的天文研究都已经是处在一种历史性的对象化关系中了。在历史唯物主义这里,这一点已经成为常识。

存在只是被意识到了的对象性的存在。人与世界的这种对象化关系不仅是存在论的限制,也是存在论的条件。这个意思是说,明白了存在的对象性,就能够揭示"自在"存在的形而上学本质,从而使后形而上学的存在范畴在实践思维中成为可能,同时也就明白了动物不与存在发生对象性的关系,动物在自在的意义上持存。存在论本质上是"属人"的,存在是对象化关系中的存在,因此,我们能并且只能在对象化关系中形成存在的观念。这就是说:只有人才与世界发生对象化的存在关系,人只有在这种对象化关系才能形成相应的存在概念,并因此只能形成一种对象性的存在概念。

由于缺少对象化实践规定的对象性思维,作为存在论的哲学成了绝对形而上学。如果说形而上学建基于自在存在范畴,是对存在的抽象,那么,后形而上学的关键就在于洞穿这种自在存在的抽象本质。在形而上学中,自在存在不仅是人的活动之外,而且是对象性关系之外的本体,是非对象性的存在物。哲学的任务是揭示这种存在,而不参与构成存在,因此哲学本质上就是知识,是解释世界。最高的生活是"沉思的生活"。瓦解抽象的自在概念,不仅要在一般的意义上强调存在的对象性、过程性等等——像黑格尔那样引进现象学,而且要在实践的对象化活动中理解存在,将现实的存在理解为超越性实践中的生成。就是说,实践成为存在论的本质范畴。对象性过程中的存在之开放性和可能性意味着观念无权宣布存在的终结,无法给出一个弥赛亚主义的终极状态,存在作为绝对的否定过程始终超出观念。范畴脱离时间变成了没有实践内容的绝对抽象,这就是黑格尔理性主义体系精致完美同时又自我封闭的秘密之所在。马克思以对象性的实践穿透了这个秘密,并真正在思想的原则上成为后黑格尔的,因此是后形而上学的。

马克思的"历史唯物主义"在存在论的意义上作为实践贯穿的历史内在论,[①]不再面临从物质跳到精神,或者从精神跳到物质的理论困难,也不再面临绝对的外在存在以及这个存在如何与意识的内在性贯穿的困难。这两个困难,是思辨造成的。看到了实践对自然的"感染",卢卡奇说自然是一个社会范畴,其实也可以说自然是一个历史范畴,这是同等意义的命题。只有将自然看成是历史和社会之外的自在存在才是唯心主义观念论的,它讲的根本不是"现实"。只有人的实践成为理解存在概念的核心时,存在才在真正的意义上被把握为现实。本体论意义上的自然,或者说物质,作为抽象绝对,与抽象的唯心主义本体论分享着同样的形而上学思维,即是实践之外的自在存在的范畴抽象。历史唯物主义考察的不是这种"物"自身,而是"物"如何对人存在,如何在实践中存在,因此如何在特定的社会历史关系中存在。在这个意义上"物"是作为"质料"了,并且必然是实践之对象化关系中的质料,就像精神亦是现实存在的要素一样。

从这种统一性来看,解释历史的原则,不单纯立在客体或主体的一端,而是在实践中,因此是在主客体辩证法的现实关联中。对于将未来历

---

① 参见罗骞:《实践与历史内在论》,《西南大学学报》2011年第6期。

史看成是自在的必然性给出的,或者是源于主体的乌托邦冲动,马克思可能会拧着他的大胡子哈哈大笑。因为不经意间,他发现被他击碎了的形而上学中的抽象对立又奇迹般地成了解释自己思想的根本框架。这种对立以必然与自由、事实与价值、实然与应然等等不同的方式反复出现。在这种对立中,马克思的"革命"理论不是由经济必然性分泌出来的——比如在经济决定论那里,就是由价值上的应然推导出来的,比如在伦理的社会主义那里。在对马克思思想的分化阐释中,回响着黑格尔哲学解体时实体与主体的原则对立。马克思指证这种对立时,看到的是喜剧,当他又一次看到他身后的这种对立时恐怕就必是闹剧了。

当然,也许我们的这种阐释和清理,也在马克思的大笑之列!因为我们的这个清理还是面向形而上学的,只不过是指出黑格尔之后,在马克思那里形而上学已经终结了。不仅是说作为范畴之系统化的形而上学终结了,而且是这种形而上学依凭的根基即一种自在的存在范畴终结了。马克思清楚明白地宣告了这个终结,但是他没有以一种形而上学化的方式去揭示和历演这个终结。回答形而上学内部的问题即所谓本体论问题及以此为基础的认识论问题等等,不是马克思思想的主题。因为绝对外在于人的存在范畴以及人的内在意识是否能够切中这个外在存在,这一对形而上学的基本问题本身是观念思辨的产物,是非实践的抽象,即本体论抽象构建的观念陷阱。

对于马克思来说,动物不考虑食物是否存在并且它能否认识这个存在,而是直接抓住食物。有陷阱的话,是猎人设置的陷阱,而不是它自己的观念陷阱。以实践的思维打开了形而上学自我封闭的观念论缺口,马克思移居到了形而上学之外,他甚至无意将实践作为存在论的本质范畴建构一个概念帝国。以哲学的方式宣布哲学的终结是一个无限增补的观念论游戏。马克思放弃这种观念的自慰,毋宁说自虐,走向对历史的实证分析。自在存在的概念神话及其思辨体系在原则上也就终结了。马克思的思想是后形而上学思想的先声,因此也是哲学终结中自我改造的先声。走出本体论抽象的马克思将对现代人类存在的解剖看成思想的本质任务,存在论成为对社会历史本身的现象学描述。

四、后形而上学的存在论视域

为了打破唯心主义自我意识的内在性和自在性,《德意志意识形态》中有一个石破天惊的说法——意识形态没有历史。① 它要说的是观念的变化与存在历史之间的关联,强调在实践之中揭示观念变迁的根源,识破这些形而上学"怪影"的真相。比如说在马克思那里,德国哲学中的自我意识同法国政治中的自由平等、英国资本生产中的商品交换之间就存在着一种历史性的关联。打破形而上学存在范畴的动力,不在形而上学的观念内部,而在于现代历史的变迁,在于现代的存在论状况。思想不过是将这种存在状况本身提升为原则。就像形而上学不是历史的迷误一样,后形而上学思想的呈现也不是思想本身的幡然醒悟,而是存在历史本身的变迁,它从属于现代历史并且在历史之中。

实践思维成为存在论的根本观念,乃是因为在现代历史中,生产已经成为存在过程的本质因素。现代是一个生产主导的时代,作为主体的人不再被理解为消极的结果,而是被理解为创造者和推动者,存在的自在性让位于劳动实践中的生产性,而不再是自在的存在。正是在这样一个生产时代,存在通过实践并在实践中与人相关联而存在成为普遍意识。问题不再是存在在抽象本体的意义上是否存在,而在于它们如何展示为生产实践中形成的存在关系和存在形态。这当然不是说,在现代生产之前,存在自在地在实践之外,而是说现代生产使得存在的对象性进入意识,使得实践成为存在论范畴。现代是一个生产性时代、创造性时代,一切变为存在过程的"质料",就连人作为生产者本身也成为质料。存在超越于人的神秘性和外在性被打破了,变成历史化的内在于实践的过程。

马克思自己搞清楚了问题,放弃了形而上学的本体论抽象,但他看轻

---

① 马克思和恩格斯在《德意志意识形态》中说:"因此,道德、宗教、形而上学和其他意识形态,以及与它们相适应的意识形式便不再保留独立性的外观了。它们没有历史,没有发展,而发展着自己的物质生产和物质交往的人们,在改变自己的这个现实的同时也改变着自己的思维和思维的产物。不是意识决定生活,而是生活决定意识。"(见《马克思恩格斯选集》第1卷,北京:人民出版社,1995年,第73页。)

了思想史进展的艰难。形而上学原则上的终结,并不意味着形而上学在思想的演进中将不再出现,人们的思维普遍地超越了本体论的思维方式。这就像启蒙宣布了宗教原则的终结,现实中仍然不可避免地流行着宗教一样。单就马克思思想一再被置于形而上学的框架之中进行解读,并被归结为其中之一种来说,这一点就显而易见了。我们常常看到,马克思对于现代社会历史的现象学分析没有被用于巩固后形而上学的思想视域,反而被批判为形而上学或者被形而上学地理解并且颂扬。

这里,我们只指出一点就够了。这就是马克思的政治经济学批判被理解为一种实证的事实科学,好像事实是客观的自在事实,马克思的高明在于能够达到并且确实达到了对于这个事实的正确直观。因此,所谓的批判,不过说的是别人搞错了,马克思能够指出并且将它改正过来!马克思是在这种纯事实性,即纯实在性的意义上理解现实、理解存在过程的吗?如果历史是存在的自在进展,事实是客观的物性,理论就是旁观、直观,实践的创造性和推动性如何必要,如何成为可能呢?在行动的意义上实践至多被理解为刺激反应而已。

前面我们说过,我们只能在对象化的实践中形成,并且形成的也只能是对象化实践关系中的存在范畴。后形而上学的本质就是这种实践意识,就是实践的存在论成为自觉意识。存在不再被看成现象之外的本体,而是现象中展开的过程,过程不是自在存在的自我展开,而是对象化实践中的生成。实践作为后形而上学的思想视阈,存在就是生产过程。思想的本质在于在实践关系中理解存在并且在实践中介入存在。不存在哪怕人不在它还在的绝对真理等待并且需要我们去发现了,因为存在在我们的实践之中对我们存在,认识只是我们在实践中面对存在并且参与生成的对象性关系之一。

在这个意义上,我们关于存在的思想只是"今天"我们如何谈论存在,或者如何谈论我们的"今天"。如若始终停留于如何以实践的范畴建构起实践的存在论,我们就始终处在问题的开端之中,而没有展开问题本身。仅仅作为理论范畴的实践本身还是非实践的。马克思就说过:"实在主体仍然是在头脑之外保持着它的独立性;只要这个头脑还仅仅是思辨地、理论地活动着。"①谈论如果还停留在反对对存在做本体论的抽象上,就只是停留在问题的形式上,而没有真正进入对存在本身的现象学描述。马克思显然本质地进入了问题,他对于存在的谈论谈论的是"今天",也就是现代,而不是实践本身、存在本身,哪怕是将实践引入了的存在本身。我们曾经将马克思的政治经济学批判阐释为现代性批判的基础存在论,说的就是马克思的政治经济学批判作为现代性现象学,②已经原则地立足于后形而上学的存在概念之上了,它是对现代社会历史的存在论解剖和存在论批判。因为离开了历史性,离开了社会性,也就是离开了实践关系,在抽象的存在范畴中,没有真正的时间中介,也就没有"今天"。

马克思谈资本,谈现代,就是谈论现实的存在,谈人类的现实。马克思说,不论对于历史还是对于未来的理解都依赖于对现代的理解。马克思的政治经济学批判,作为现代性批判的基础存在论,称之为历史现象学,或者社会现象学等等,都是一样的。在历史唯物主义这里,根本无所谓政治哲学、经济哲学、社会哲学或者历史哲学等等的学科化分割,它是一种关于存在的总体性思考,是总体性地思考现代人类的存在及其未来。可以说是一种后形而上学的存在哲学,今天人类如何存在并且如何去存在在这样一种思考中被本质地道说出来了。这个"本质地道说出来"不是说它讲全了,都讲对了,而是说它指对了方向,走对了根本的方向。

今天,我们究竟如何谈论存在并且谈论哲学?与马克思相比,到此为止,我们终究还在这个问题的开端上打转,因此没有进展。我们只是说了,在今天看来存在范畴是实践的,因此是有时间的等等。但我们的谈论本身还没有时间性,因为我们还没有谈到今天,谈到我们的存在!没有这个谈论,我们就没有真正触及到今天究竟如何谈论存在的问题。在这个意义上,我们的谈论还是前马克思的,我们谈论的是马克思如何走向并最终走入了后形而上学。在后形而上学看来,存在不是历史时间之外的存在本身,而是历史时间中的存在,是我们在其中,并且在我们之中的存在。

---

① 《马克思恩格斯文集》第8卷,北京:人民出版社,2009年,第25页。
② 俞吾金在《现代性现象学》一书的导论中提出了这个概念,并且进行了深入阐释。我借用他的这个概念,不过视角和内涵上存在差异。这种差异在具体的行文中能够体现出来(俞吾金的阐释见《现代性现象学》,上海:上海社会科学院出版社,2002年)。

我们必须在这个思想方向上去谈论存在，以免陷入概念的形而上学。

存在论问题如今变成了如何面对时代生产的问题，如何在存在论的高度面对人类实践的问题。马克思的思想不过是这个生产时代的理论回音。马克思在生产中理解这个时代，并且在对这个时代生产的理解中谈论创造，亦即是谈论如何生产历史，谈论人类如何去存在。马克思的思想是指向未来的，是对现代异化生存的揭示及超越。马克思以《资本论》为标志的政治经济学批判要揭示的就是存在的异化。异化存在是一个总体性的范畴，不仅是指工人也是指向资本家，不仅是指人而且指向自然，不仅指物质生活而且指向意识形态。这种对现代存在论的批判揭示了现代解放的历史意义及其限度。走向未来的意志就在这样的揭示中出场了。马克思接过现代自由解放的旗帜要推进历史的进程，改造现实的诉求呼唤出革命的强大力量。

"非批判的实证主义"是指将现实存在永恒化、自在化、神秘化的立场，本质上还是形而上学。马克思在人的自由全面发展的框架中领会存在的意义，实践的意义。马克思不是将现实理解为实存、事实性，而是理解为实践中介的生成。虽然劳动异化的概念可以获得经济学研究的支持，并且转型为剥削、压迫等等以政治经济学为基础的政治学范畴，但这个思想本身蕴含的价值立场却也相当的突出。也就是说，对于实践的改造必然有一种超出事实性的价值原则作为支撑，从实然的事实不可能直接地给出价值的应然立场，因此也给不出改造现实的实践必要性。在实践中介的存在中必然具有属于人的，并且是属于分化的人的尺度。有人要捍卫现实，有人要改变现实，应然在实践的矛盾和斗争中变成现实的存在。在实践中，存在就是实在与应在之间的永恒的痛苦关系，是不断到达对方的循环往复，因此是一个可能性的开放过程。

异化的扬弃并不是在异化之外的一种被设定的理想状态，不是一种完成了的、抽象的、无差异的同一性状态，因此不再有历史。历史终结了。异化的扬弃是历史的生成过程，是运用现实的条件改变现实的实践，是批判的、否定的辩证法。任何一种形式的历史终结论都是反历史的，它以形而上学的方式理解存在并因此表明了自己的形而上学性质。面对黑格尔，面对国民经济学，马克思思想的本质在于指出了未来，在于在实践思维中将存在理解为生成的可能性。这一指示独一无二地成为现代确立之后人类思考历史的本质因素,并且参与了现实历史的构成。就马克思的思想本质地参与了当代存在历史的构成来说,谈论今天和谈论哲学都必然离不开马克思。

哲学关于今天,因此关于存在、关于哲学的谈论,应该走在马克思开启的思想的道路上,一条后形而上学的思想道路上。前面我们说过,"今天,如何谈论存在并且谈论哲学"这个问题,具有一个由"歧义"形成的花招:"如何谈论"不仅说的是方法,指出一条路,而且包括实际上谈出了些什么,即实质性的具体内容。如果只是说要在实践中、在历史中理解存在,而没有对"今天"的存在论分析,无异于还是形而上学,还是没有时间、没有历史的存在论,还是抽象的"形式"。历史唯物主义不仅是方法论而且是实质性的内容。在瓦解了形而上学本体论的抽象原则之后,历史唯物主义视域中展开的资本批判就是现代性的存在论分析,现代性现象学。我们必须跟随马克思,走近马克思,与他一道谈论存在,谈论今天。对于今天的理解,是我们走进历史、走向未来的唯一通道。这就是这个引论引导着我们即将开始的思想历程。

第一章　非本体论:实践思维方式的确立

在思想史上,黑格尔哲学是标志性的重大事件之一,前黑格尔和后黑格尔哲学具有原则上的差异。这种差异,体现了人类精神形态演变中具有范式意义的转型。正是黑格尔作为西方传统哲学的集大成者和完成者,为这种转型奠定了坚实基础。为了指认和标志"断裂",面对强大的哲学传统,马克思甚至直言不讳地说要终结哲学、否定哲学。马克思以全新的面貌置身于这种转型,并实质上推动和完成了这种转型。只有在人类思想的总体进展中,我们才能有效地确定和领会马克思的思想史地位,并对其思想的历史后果获得充分的认识。本章将讨论黑格尔和后黑格尔的哲学氛围,在批判形而上学本体论思维的意义上,将历史唯物主义领会为实践贯穿的历史内在论,因此是后形而上学存在论视域本质性的开启者。在澄清历史唯物主义的思想语境,并且将历史唯物主义阐释为后形而上学存在论的本质方向之后,本章最后将通过对施密特之《马克思的自然概念》一书的解读,指证施密特虽然触及了马克思思想的本质最终却误解了这一本质。

第一节　形而上学的终结

形而上学的终结不仅意味着完成和结束,而且意味着新的后形而上学思想视域的开启。本节由三个部分组成,其一是黑格尔,其二是黑格尔的反对派,最后是我们认为在这种反对中具有本质优势的马克思。黑格尔通过反对本体论抽象同一的方式,在反思联系中完成了形而上学最终的体系化。后黑格尔的哲学表现为这个形而上学体系的瓦解,并在不同的程度和方向上开启同时又遮蔽了后形而上学的思想视域。通过对这一思想语境的勾画,我们试图明确,马克思是后形而上学思想视域本质性的开启者之一。这里的"之一",意味着马克思显然不是西方传统形而上学唯一的"终结论"者,后黑格尔的哲学家大多将黑格尔作为拼杀的对象,并且在不同程度和不同意义上置身于后形而上学的思想氛围中;这里的"开启者",意味着马克思没有以哲学的方式将这一思想视域概念化地呈现出来,他只是指明了这一方向,打开了这一方向。新的思想视域呈现同时也遮蔽在马克思的著述中,有待专题化地领会和发掘;这里的"本质性"意味着,相对于后黑格尔哲学的其他思潮,在开启后形而上学思想视域这一本质的思之道路上,马克思具有理论上的根本优势和根本地位。

一、作为形而上学完成者的黑格尔

黑格尔在《哲学史讲演录》第四卷引言中概括了近代哲学的基本主题,即思想与实存的差异发展成为对立,并以消除这一对立作为自己的任务。① 黑格尔围绕这一主题来书写整个近代哲学史,并且以思辨的同一哲学来解决近代哲学的这一基本问题。后来,恩格斯将黑格尔梳理近代哲学的这一思想提升和转变为对整个哲学基本问题的抽象概括,物质和精神或思维和存在的关系问题成为全部哲学特别是近代哲学的根本问题。这一问题的两个基本方面,即作为第一性问题的本体论和作为同一性问题的认识论,构成哲学阐释的基本框架。② 十分明显,这一框架本质性地从属于整个近代哲学的问题逻辑,而不是对此逻辑的扬弃和突破。这一问题框架具有强大的逻辑力量,对于马克思主义哲学的理解——不仅是马克思主义如何理解哲学,而且是马克思主义哲学如何理解自身——产生了决定性的影响。今天,我们仍在这一框架中费尽思量。如今马克思主义哲学研究的所谓进展,大概就表现为或多或少地消化或走出这一问题框架,走向新的视域。

---

① [德]黑格尔:《哲学史讲演录》第 4 卷,贺麟、王太庆译,北京:商务印书馆,1978 年,第 5、7 页。
② 《马克思恩格斯选集》第 4 卷,北京:人民出版社,1995 年,第 223—224 页。

在这一框架中,通过思维抽象和还原确立起来的"自在性"和"先在性"范畴成为"物质"或"精神"本体的基本规定。"物质"或"精神"不过是此种概念抽象的最后残存物。物质的客观实在性就是笛卡尔所谓的广延性,精神和意识则意味着没有这种广延性。当恩格斯说黑格尔的体系只是"唯心主义地倒置过来的唯物主义"时①,就批判这种颠倒来说,恩格斯无疑是正确的。但就黑格尔本人也批判唯物主义只是倒过来的唯心主义来说,恩格斯恐怕是还落在辩证思维的黑格尔之后了,因为黑格尔的同一哲学既批判抽象唯物主义也批判抽象唯心主义,强调反对本体论的抽象,而恩格斯则将唯物主义本体论作为黑格尔之后的马克思哲学的本质。

解决问题的出路显然不在于任何一种形式的"颠来倒去",黑格尔已经充分地认识到了这一点。显而易见,不论以头立地还是以足立地的人总还是一个人,他的内在结构和逻辑并没有发生任何变化。不论是抽象的唯物主义还是抽象的唯心主义都只是抽象主义还原论的逻辑产物,差异在于这个"绝对本体"是以物质还是以精神的名义进行概念的一元论统治,抑或是笛卡尔式的二元论。这种对绝对本体的期待和追踪,在方法论上隐含了后现代主义指证的还原主义。这种还原主义,还有抽象主义、本质主义、逻各斯中心主义等等不同的别名。寻找第一因,寻找不需生成的作为起点的起点,也就是最为抽象的同一性本体,是本体论的根本诉求。本体是本体论思维方式的结果,是所有的具体和现实都蒸发掉之后的思想残存物。本体不是现实中的感性的存在。

在这一问题框架中,第一性问题以及以第一性问题为基础的同一性问题都建立在本体论抽象的基础上。思维与存在或精神与物质不过是对现实存在的极端抽象,它们在反思抽象中相互分裂并且相互对立,问题就变成了:不包括思维的存在和不包括存在的思维两者有何种关系,不包括精神的物质和不包括物质的精神之间是什么关系。这个悖论还有各种各样的变种,比如不包括现象的存在和不包括存在的现象等等。这样的问题都是以普遍抽象确立的二元论或一元论为前提的,它先抽象掉现实中存在的关系以便构成范畴之间的纯粹对立,然后再追问这些抽象范畴之

---

① 《马克思恩格斯选集》第4卷,北京:人民出版社,1995年,第226页。

间的关系。真正的现实不是抽象，也没有这种二分，而是具体的统一。

在这种抽象本体论基础上产生的反映论和回忆说等等，不过是认识起点的互换，在这种互换中物质与精神、思维与存在之间的同一只能是一种外在的、思辨的同一，从物质跳跃到思维与从思维跳跃到物质要经历的是同一道坎，因此同样存在着如何贯穿的二元论问题。问题不只是在观念论哲学中内在意识如何达于外在，即意识的内在性如何贯穿的问题，对于唯物主义哲学来说，也存在外在的存在如何可能变成内在观念和内在意识的问题。哲学中可知论与不可知论的争论，将认识导向神秘主义的根源就是这种抽象的形而上学思维方式。因为，凡是抽象地主张某种绝对第一性的地方，总是要抽象地设想出与之相对的存在，由此构成一种难以贯穿的对立，如何调节两种存在之间的关系就成了哲学，特别是近代哲学的主题。大体说来，思想史上的"分有说"、"道成肉身"、"分泌说"以及笛卡尔的"松果体"等等不过是试图贯穿这种对立的概念工具。康德的"物自体"这个概念，以矛盾的方式表达和总括了这一无法贯穿的对立。

黑格尔洞悉了近代哲学的这一根本逻辑和困境，他以辩证法和现象学来克服这种本体论上的还原主义"抽象"，在"真理即是全体"的演绎中以同一哲学完成了形而上学。黑格尔明确指出，抽象的"存在"或"纯有"只是体系和思想的出发点，是一种观念的抽象。真正的，因此现实的存在是全体和过程，不能还原为抽象的本体。因此，黑格尔批评笛卡尔的我思，也批评康德的先验主体和先验客体为思辨的形而上学。黑格尔引进现象学原则，以过程性和总体性意识反思抽象还原，建立起同一性哲学体系。黑格尔的观念论体系中容纳了具体性和对象性，表现了一种深邃的历史意识。黑格尔的同一性和总体性，已经与抽象的同一性和总体性本体概念有了基本的差异。黑格尔以思辨哲学的方式建立了包罗万象的同一性哲学，在观念论的基础上合理地解决了传统哲学的一系列困境和问题，成为传统哲学的终结者。

但这个终结者说的是完成，黑格尔本质上还属于传统哲学。其一，黑格尔的哲学本质上是观念论的。这里的观念论不是在本体论的意义上说黑格尔的哲学是唯心主义，主张精神创造万物，世界存在绝对的精神起点。而是说，黑格尔意义上的统一是概念反思中的统一。黑格尔的理性和精神概念完全可以理解为存在和现实概念,套用马克思的说法,黑格尔为现实找到了逻辑的观念的表达。黑格尔认为,理性的实现即存在的过程,是自我展开的绝对必然性。因此其次,黑格尔的存在是自在,过程表现为非实践的逻辑进展。黑格尔哲学缺乏真正的历史向度和实践意识,由于没有时间缺口,偶然性、具体性等等都成为了必然性展开的环节。"自我展开"的概念演绎决定了其现象学只是形式上对还原论的克服,辩证法本质上成为决定论,黑格尔辩证法的生成其实是虚假的,[1]因为在后的东西已经是内在地在先了,它们只是必然地、合乎规律地展开。最后的结果是,黑格尔哲学本质上仍然处在传统认识论哲学的路线上。哲学作为对存在的把握只是一种"后思",是在思想中再现绝对理性的必然过程。哲学是以客观理性为要务的,目的是在认识中达到自在自为的绝对真理。这是古希腊哲学一开始就具有的本质规定,黑格尔显然在这一传统的规定中。

思辨的过程性本身还不具备真正的历史性,其中没有感性的实践,因此没有偶然性的时间缺口,一切都是封闭的概念进展。逻辑抽象中的总体性和具体性的思辨同一,实际上是逻辑的必然性先于思维进展中的差异性、具体性和偶然性。诚如哈贝马斯指出的那样,黑格尔把一和多、有限和无限、普遍和特殊、必然和偶然相应地联系了起来,但即使这种逻辑学最终也不得不确定一元性、普遍性和必然性在唯心论中的统治地位。因为在黑格尔那里中介概念本身就同时贯穿着整体性和自我关涉的活动。[2] 黑格尔的现象学和逻辑学并不像一些人所理解的那样存在原则性的差别,二者都是为"存在"或"历史"找到的思辨的、形式的表达。在黑格尔的现象学和过程意识中表现了天才的历史洞见,但还不是真正的感性的历史本身,还不是现实的存在。

对这一点,马克思在批判黑格尔时曾经指出:"黑格尔在'现象学'中用自我意识来代替人,因此最纷繁复杂的人类现实在这里只是自我意识

---

[1] 张志扬:《偶在论》,上海:上海三联书店,2002年,第11页。
[2] [德]哈贝马斯:《后形而上学的思想》,曹卫东、付德根译,南京:译林出版社,2001年,第31页。

的特定的形式,只是自我意识的规定性。但自我意识的赤裸裸的规定性是'纯粹的范畴',是赤裸裸的'思想',因此,这种思想我能够在'纯'思维中加以扬弃并且通过纯思维来加以克服。在黑格尔的'现象学'中,人类自我意识的各种异化形式所具有的物质的、感觉的、实物的基础被置之不理,而全部破坏性工作的结果就是最保守的哲学,因为这样的观点以为:既然它已经把实物的、感性现实的世界变成'思维的东西',变成自我意识的纯粹规定性,而且它现在又能够把那变成了以太般的东西的敌人溶解于'纯粹思维的以太'中,所以它就把这个世界征服了。因此,'现象学'最后完全合乎逻辑地用'绝对知识'来代替全部人类现实"。①

马克思揭示了黑格尔现象学和逻辑学的内在联系和抽象本质。在黑格尔那里,不论现象学中的"过程"还是逻辑学中的辩证联系都只表现为一种"思维的东西",一种思辨的、概念的必然联系,缺乏真正的历史实践品性。由于过程被理解为逻辑的进展,现实和历史的理解也就抽象为绝对的必然性过程,接受逻辑的强制。为了符合他的逻辑的必然性,按照恩格斯的说法,黑格尔甚至编造自然现象,构造环节。在历史哲学中,黑格尔就构造了一个以民族国家为基础的"逻辑"的历史,中国的历史被放到了印度的前面和下面。虽然在黑格尔的思想中,创造性和推动性成为原则,按照卢卡奇的说法,黑格尔"不能深入理解历史的真正动力"②。黑格尔没有像马克思一样在实践中将历史理解为生活的生产和再生产。当然,这并不意味着黑格尔的哲学只是一种思辨的玄想,相反,它充满了"伟大的历史感"(恩格斯语)。不过如正如马克思所说,黑格尔只是为历史找到了抽象的、思辨的表达,而不是历史本身。按照卢卡奇的说法,作为古典哲学之终结的黑格尔哲学本身仍然是概念神话的最后一个辉煌形式。

在黑格尔的思想体系中,现象学和过程意识将传统形而上学推至最后的极端,通过思辨的辩证统一性成为传统形而上学的典型完成。在这个意义上,黑格尔的思想成为现代思想家为奠定自己的地位而进行论争和反思的对象。从性质而不是时间上来看,大体可以说,后黑格尔的哲学

---

① 《马克思恩格斯全集》第2卷,北京:人民出版社,1957年,第245页。
② [匈]卢卡奇:《历史与阶级意识》,杜章智等译,北京:商务印书馆,1996年,第67页。

倾向是一种后形而上学，其后的思想家都或多或少地归属于此一谱系，不同程度上都构成对形而上学的反叛。就像哈贝马斯所指出的那样，黑格尔之后所有哲学流派的立足根本就在于对待形而上学的态度。① 现代哲学思想可以看作是为走出形而上学所作出的努力，至于在此道路上走了多远，甚至于是否终就复归为形而上学，则各不相同。

二、开创后形而上学的主要努力

在后黑格尔哲学中，"形而上学的终结"成了一个响亮的口号。概而言之，拒斥形而上学或者终结哲学的要求主要体现在两个方面：一方面，反对先验的、超感性世界的建构和论证，思想必须面对现实的感性的存在本身；另一方面，反对与这种建构和论证相适应的还原主义和本质主义的思维方式，将现象意义上的差异性和具体性作为基本原则。黑格尔的同一性哲学作为形而上学的完成者，其现象学和过程意识为走出形而上学本身奠定了基础，后形而上学的原则是通过从黑格尔的绝对理性主义、泛逻辑主义和观念主义中解救过程性和现象学因素得以确立的。通过这种解救，具体性、差异性、多样性、可能性、相对性、偶然性和时间性等等被释放出来，不再接受概念思辨的逻辑强制，而是直接成为理解现实本身的基本概念，成为基本的存在论范畴。

专业的哲学研究常常忽视被誉为现代社会学鼻祖的孔德。孔德早就在《实证哲学教程》中就明确地提出过形而上学的终结，并且确实是从思想范式转换的角度提出来的。在他看来，由于人类思想与社会发展阶段相匹配，资本主义工业社会的到来必然导致哲学由抽象的形而上学转向实证哲学。继承孔德的基本思想，哲学中的科学主义思潮鲜明地坚持一种科学性和实证性原则，以认识中经验的"现象"概念替代形而上学的"存在"，反对形而上学的总体性思辨抽象，守住现象、经验和事实，拒绝在现象之外去寻求根据和实体；没有什么东西是不可证明和不可证实的，凡是不可经验地证实（或证伪）的东西都是不存在的。形而上学中的存在、本

---

① 这一点由哈贝马斯在《后形而上学思想》一书中总结性地提出。不过，他更多是从外延方面确认后形而上学的思想，归并了几大思想主题和四大后形而上学思想流派。

体等等都只是虚假的概念抽象。存在被理解为单纯的现象,认识面对的客体,甚至中立的事实。在这种科学主义的观念中,"事物显露和隐藏自己的现象方面被认为即是本质,现象和本质的区别消失了。……因此,如果现象和本质中任何一方被孤立起来,并在这种被孤立的状态下被看作是唯一'可靠的'实在,那么,本质就会像现象一样不真实,反之亦然。"①

实证主义哲学反对形而上学对存在的抽象,否定现象之外的本质和本体,实际上是以现象代替了形而上学的存在和本体,实证主义具有现象主义和经验主义的特征。然而,由于这种现象主义和经验主义,实证主义并未达到真实的具体存在,而是找到了一种抽象的具体,即伪具体,一种不受干扰的"纯"事实被奉为绝对。它要求保持所谓科学研究中的客观和中立,以意识中客观呈现的现象为对象,这就是以纯粹主观主义的形式来捍卫客观主义,认识和精神活动最终变成了对真值问题的求解和经验命题的归纳。卢卡奇批评说:"这种看来非常科学的方法的不科学性,就在于它忽略了作为其依据的事实的历史性质。"②事实的被建构性,应该在实践中得到理解,具有历史的制约性,而不是孤立的抽象具体。没有历史的中介,实证主义对形而上学抽象本身的批判是不彻底的,它的事实和经验本身是孤立的抽象,而不是在实践中、在具体的历史性和社会性中得到理解。

克尔凯郭尔和叔本华对黑格尔的挑战则走了另一条不同的道路。他们离开抽象逻辑中的思辨哲学,反对黑格尔的理性主义强制,面对具体的人的内在生活,将生命的体验作为绝对理性的消毒剂带进哲学的领地,从而开创了所谓存在主义先河。这一路线明显具有主体哲学的特点,不过这种主体不再是原子式的抽象同一,也不是绝对的总体,而是将个人生命的丰富体验和存在状态作为哲学的主题。个人成为具体的个人,不是单纯地以认识的方式面对世界,而是生存和体验。这一思潮不再从认识论路线来理解存在和生存,不再将哲学看成是对客观理性的揭示和把握,而是领会存在的意义和思考存在的智慧,走向了内在的生存。由于从自我

---

① [捷]科西克:《具体的辩证法》,傅小平译,北京:社会科学文献出版社,1989年,第4页。
② [匈]卢卡奇:《历史与阶级意识》,杜章智等译,北京:商务印书馆,1996年,第54页。

的内在性出发,虽然没有把我思奠定为认识的根据,却将我在作为思想的基点,只不过这个"我"是道德的、审美的还是宗教的各个不同。孤独的个体情绪和体验难以交流和传递,这种哲学弥漫着一种非理性的因素,最后往往向上帝和艺术敞开,甚至带上一种宿命论的成分,走向神秘主义,在诗意或信仰中与现实和解。特定社会历史条件下的生存体验甚至被夸张为永恒的人类状态,西西弗斯成了人们竞相顶礼的英雄。在存在主义的萨特那里,甚至存在的自由也是被判定的。

作为与实证主义对立的生存哲学,关键的问题不在于将个体作为叙述上的起点,而在于个体只是从纯粹生存的内在性去理解,虽然同纯粹知性的我思内在性具有差异,但本质上仍然是没有历史的抽象。以这样的个体(具体)为出发点所理解的关系,只能是一种外在关系,现实世界并不被理解为感性实践活动中的生成空间,个人也就不会被理解为这一空间中实践着的个人。这种人本主义的生存哲学思路至多能达到对个体存在状态的现象学式的直观,而难以深入社会性和历史性的存在论维度。

的确像哈贝马斯说的那样,"自从克尔凯郭尔之后,我们就已经认识到,我们只有沿着现实生活的足迹才能找到个体,而现实生活的足迹在一定程度上又成为存在的总体性。"①但是,现实生活的足迹是社会历史的存在本身,是现实生活的生产和再生产。如果个体本身不是历史地、社会地得到理解,他就只能成为"没有手脚的普罗米修斯的怪影"(马克思语)。没有社会维度和历史维度的中介,个体化原则反而变成了最极端的抽象。克尔凯郭尔和叔本华用感性的人来反对黑格尔的理性时,无疑具有一种反对形而上学抽象的意义;但当克尔凯郭尔诉诸与上帝同一的神秘直观、叔本华(以及尼采)将生命的存在意志作为抽象本体的时候,他们又回归于形而上学的怀抱之中,成为"黑格尔哲学的一条支脉"。黑格尔无所不包的、充满内在张力的、封闭的形而上学被撕开了一道口子,但很快就合拢了。

在超越形而上学的努力中,海德格尔具有十分重要的意义。前期海

---

① [德]哈贝马斯:《后形而上学的思想》,曹卫东、付德根译,南京:译林出版社,2001年,第167页。

德格尔以生存的存在论反对"忘在"的传统形而上学,将对此在的存在论分析作为基本本体论,以克服前期胡塞尔现象学的意识哲学路线,通过对此在的现象学描绘来克服"在者"的抽象形而上学。后期的海德格尔通过批判技术性思维反对科学的实证主义,立足于语言的存在论阐释,以诗意的思来终结抽象形而上学。"将来的思不再是哲学了,因为将来的思得比形而上学更原始些,形而上学这个名称说的是同样的东西。"① 在《哲学的终结与思的任务》中,他更明确地说:哲学在现代已经走向终结。② 海德格尔的《存在与时间》是现代西方存在论的典型成就,与海德格尔的后期思想一样,不同程度地走在后形而上学的思想道路上。海德格尔的存在论哲学在反对传统形而上学的主题下,为当代哲学提供了重要的基础。在这个基础上,反对形而上学基础主义、本质主义、还原主义和逻各斯中心主义等等的思想倾向,在后现代主义中得到了极端的推进。

不过,海德格尔以此在的存在论结构为对象的现象学分析,本质上仍然居留于主体哲学的范式之内。"在世界之中"、"在世"的存在论结构都是从主体哲学的主体方面被揭示,而不是从历史的对象性方面被揭示,因此并不具有对象化的社会性和历史性。其结果是,虽然海德格尔突出地强调时间性和历史性,但我们看不到此在具体的时间性和历史性,此在连同时间和历史都是无时间性的普遍,它们不在具体的历史规定之中。据说海德格尔后来放弃《存在与时间》第二部的写作,与该著没有能够打破此在优先性有关。在缺失社会性和历史性维度这个特殊的意义上,海德格尔的《存在与时间》仍然是一种内在性哲学、主体性哲学。而晚期的海德格尔面对坚硬的现实性,诗意的思只能泰然任之地置身于技术理性的统治,最后只有一个出现还是不出现的上帝能救渡我们。③ 我们发现,反对形而上学的存在主义最后也以一种新的方式回归于形而上学了,而不是从对形而上学的批判走向真正的现实。同样,反实证主义的阿多诺曾

---

① [德]海德格尔:《海德格尔选集》,孙周兴选编,上海:上海三联书店,1996年,第405页。
② 同上书,第1243页。
③ 海德格尔哲学的最终归宿是在批判技术理性中向宗教的神秘性和艺术的诗意敞开。"我称那种我们据以对在技术世界隐蔽的意义保持开放的态度为:对神秘的虚怀敞开。"(《海德格尔选集·泰然任之》,孙周兴编,上海:上海三联出版社,1996年,第1240页;另见该书《只有一个上帝能救渡我们》。)

经对海德格尔进行了激烈的批判(如《本真性的行话》、《否定辩证法》等等),否定美学虽然被赋予了解放或救赎论立场,但实质上不也与海德格尔的"诗"一样诉诸内在性吗?

真正说来,内在的个体和外在的事实都不构成对形而上学的本质超越。现实既不在于内在性,也不是纯粹的外在性,而是实践中的统一。在这个统一中,对象化的客观性和主观性都应该在社会和历史的维度上得到理解,而且在历史的时间中获得具体性的理解。正是在这个意义上,历史唯物主义具有后形而上学的存在论性质,并且具有超越一般后形而上学思潮的本质优势。当然,只有在实践中介的存在论中,马克思主义才能避免走向死胡同,走向客体主义的死胡同,或主体主义的死胡同。值得注意的是,列菲弗尔已经指出了主体主义死胡同的两种形式。他说:"马克思的思想徘徊于一个十字路口上,有两条路、两个死胡同:一个伦理的视野和一个审美的视野。所以他在总体实践中,通过总体实践提出了对道德与艺术的超越问题。"①我们想补充的是:通过总体实践,马克思也提出了对科学和自在逻辑的超越之路,因此他才真正成为后形而上学存在论视域本质性的开启者之一。

三、后形而上学视域中的马克思

随着反形而上学的对象性和多元性意识的确立,人类思想也进入到了无主的诸神纷争而又和谐共处的时代,激进的批判和理性的包容共存。然而,当反对形而上学同一性的多元和包容本身成为原则的时候,是否就意味着不会有中心,不会有主导原则呢? 显然,当今时代并没有形成具有历史意义的"柏拉图传统"。后形而上学的视域甚至根本否定思想的"柏拉图",否定需要真理的绝对"君主"。

抽象的时代结束了,我们生活在具体和经验之中,现实的实用和实证成为基本的原则,实际上是不再有绝对和先验的统一原则规定我们的生活。高高在上的思想随着形而上学的终结而终结了。在批判形而上学的本质主义、还原主义、观念主义和抽象主义等等思维方式及其本体论思想

---

① 包亚明主编:《现代性与空间的生产》,上海:上海教育出版社,2003年,第30页。

中,一种后形而上学的思想思域已经逐渐清晰起来。但这一思想历程异常的艰辛和缓慢,而且,即便说形态学意义上的后形而上学思维得以确立,也还未必意味着它在日常的生活中成为普遍意识。我们虽然生活在一个后形而上学的时代,但却常常还按照形而上学的方式来思考,来看待这个世界。因此,呈现历史唯物主义中开启的后形而上学思想视域,不仅对于思想之历史进展,而且对于日常意识也具有一般意义。

贝斯特和科尔纳曾经概述过克尔凯郭尔、马克思和尼采开启的一条通向后现代的思想之路。[①] 姑且不说马克思具有一种后现代的性质,但就后现代主义也像马克思和克尔凯郭尔以及尼采一样批判形而上学来说,它们同属于后形而上学的思想谱系。其实,今天流行的后现代主义思想原则,很多已经呈现在马克思等众多思想家那里。后现代主义不过是在很大程度上将这些思想原则提升为概念,甚至是推向极端而已。反对抽象的形而上学是后黑格尔哲学的共同立场,但在反对形而上学的同一谱系中却存在着具体差异,甚至是某种程度上的对立。

现代西方哲学被简约地勾画为理性主义与非理性主义之间、人本主义与科学主义之间的抽象对立,理性主义与科学主义结盟,而非理性主义与人本主义结盟。这种简约虽然不能代替精微的考察,但确实鲜明地勾勒出了现代哲学思想的基本脉络和特征,呈现出一个大致的轮廓。其中,我们看到了一个巨大的分裂,理性纯粹单面化为科学的、实证主义的工具合理性;而人本主义的非理性化在一定程度上显出宗教或非宗教的神秘气象。诗意同神性一道在没落中被诉求,现代西方哲学就是一首漫画的、夸张的"事实性"、"诗意"、"神性"之间的交响乐,而其基本的旋律就是经验主义,只是经验是指认识对象还是指生存体验的不同而已。在反对形而上学方面的联盟和本身内部的对立、分裂中,形而上学被概念化了,而新的范式却没有在对对象的勾画中被确定地巩固起来。这就是当代思想面临的基本状况。此种状况需要我们坚定地从后黑格尔哲学的开端处出发,在此开端处马克思具有十分重要的地位。我们将在后形而上学思想

---

① [美]史蒂芬·贝斯特、道格拉斯·科尔纳:《后现代的转向》,陈刚等译,南京:南京大学出版社,2002年,第47页。

的这种分裂状况中领会马克思历史唯物主义的意义。

事实上,黑格尔已经在他的哲学史中骄傲地宣布了哲学的完成。然而,这一思想的意义最初并没有被人们从思想范式变更的意义上加以领会,其真正的历史意义被掩盖在他个人思想的局限性的指认中。恩格斯将其理解为辩证观点和封闭体系之间的矛盾,并试图从其中"啄出"合理的东西。一般来说,这样的理解当然不错。就像黑格尔的"历史的终结"标志着他是现代市民社会的哲学家一样,哲学的终结不过表明了他认为自己是形而上学的最后的可能性、最后的成就。黑格尔的"历史终结"以及他的哲学对哲学本身的完成,意指一种人类思想范式的标志性完成,即形而上学的终结。如果像柏拉图说的那样,人在他的天性中就包含着哲学的成份,哲学乃是人类精神的本质性形态,那么,"哲学的完成"这一命题的积极意义就在于意味着一种新视野呈现出来的可能性。

马克思思想的出场就在这个终结的话题中,因此也就在这种新的可能性出现的方向上。马克思对哲学的"否定",宣布"哲学的终结"不过是对黑格尔命题的直接呼应:黑格尔以这一思想不自觉地宣布了旧哲学的完成,而马克思则以此领会和开拓新的思想视域。终点即是起点,不同的是黑格尔属于前者,而马克思属于后者。黑格尔以辉煌的概念形式成为西方形而上学的集大成者和完成者,马克思则以他的敏锐开启了后形而上学的思想视域,一种新的思想方向在其著作中被指示出来了。他们在思想史中的地位非常适合于二者对哲学各自使用的比喻,即密涅瓦的猫头鹰和高卢雄鸡。黑格尔标志着旧哲学的终结,是对形而上学历史全面的反思和后思。马克思则相反,像一只报晓的雄鸡,宣告了后形而上学思想时代的到来。

今天看来,如果说黑格尔思想的意义和性质在于作为形而上学的完成已经为人们领会的话,马克思作为后形而上学视域开创者之一的地位却没有被本质性地指认出来。即便是在马克思实现了一场哲学革命这样一种高调的普遍宣称中,我们也没有清晰地看到这种革命的性质,这种"报晓"启明的气象。相反,我们看到的却是众多阐释将马克思拉回到黑格尔,甚至是康德之前了。由于置身于不同思想背景,对马克思的理解和阐释千姿百态,许多不同的思想倾向之间甚至相互冲突和对立。正统的马克思主义曾经将它理解为绝对的真理体系,是思想之最。如今这种阐释由于内外的解构而逐渐归于消失。认为马克思哲学力图克服形而上学但本质上复归于形而上学是如今较为普遍的看法,尤其是在西方当代的后现代语境中,马克思基本上被定义为现代性哲学话语来进行反思或批判。当然,也有人在后现代主义的语境中对马克思进行了卓有成效的阐释,比如美国的詹姆逊。所有的这些解读似乎都能寻找到马克思文本方面的依据,问题的实质恰在于对马克思的思想还缺乏总体性的、实质性的指认,就像当年黑格尔哲学解体中青年黑格尔派与老年黑格尔派的对立和冲突一样。

马克思是否真正走出了青年黑格尔派"实体"与"主体"的对立？我们今天又将如何走出阐释马克思时的各种对立,比如科学主义与人本主义的对立、形而上学与非形而上学的对立,以及现代主义与后现代主义的对立,如此等等。关键的问题是对以黑格尔为终结的形而上学和其后的哲学形态如何进行原则性的划界,将两种哲学范式进行概念化。我们认为,黑格尔是形而上学和后形而上学的分水岭。通过实践概念,马克思批判地超越了以黑格尔为完成的西方形而上学传统,属于后形而上学的思想视域。然而,在众多后形而上学的思潮中,由于实践思维的引进,历史唯物主义中的社会性和历史性具有了一般的世界观和方法论意义,存在论被导向社会历史的维度上去了。在这一维度上,存在论成为实践贯穿的历史内在论,成为以社会性和历史性为中介维度的现象学分析。因此,历史唯物主义本身具有非本体论的后形而上学存在论性质。

第二节 历史唯物主义的非本体论性质

本体论哲学根本的特征在于对"绝对者"的诉求。不论物质本体论、精神本体论、神学本体论,还是其他的本体论都追寻最初的起点、最后的本质、最终的实在和终极的目的等等,以求达到不能再还原、不能再追述的绝对本体。作为哲学的本体论,就是以此种追访方式和目的为核心的思想体系。在这个意义上,本体论是"第一哲学"。历史唯物主义立足于实践的对象性思维,对此种意义上作为第一哲学的形而上学进行批判,其存在概念表现为对象化关系中的对象性存在,因此具有反对形而上学抽象本体论的性质。

一、自在之物体现的本体论困境

黑格尔在《哲学史讲演录》中引用了沃尔夫的本体论定义指出,本体论论述各种关于"有"的抽象的、完全普遍的哲学范畴,认为"有"是唯一的、善的;在这个抽象的形而上学中进一步产生出偶性、实体、因果和现象等范畴。[①] 作为哲学体系的本体论以对"本体"的承诺和研究为前提,本体论的"本体"是"一",所有的"多"都由它产生并与它发生关系。事实上,作为普遍和绝对的本体,不论是古希腊哲学中的始基、存在,还是中国古代哲学中的道、理、气等等,都是对于存在世界的概念抽象。在这种抽象中,思维的结果被当成真正的存在本身,而丰富的现象界往往被构建为本体的面具或幻象。

问题不在于以什么为本体,是具体的物质形态还是抽象的物质、精神等等,而在于通过抽象得到的概念残存物作为普遍的绝对成了世界的本质和本原。这也就是说,本体作为没有差异的绝对同一,本身是抽象思维的结果,却被当成了终极存在。这就是所有本体论的秘密。任何一种本体论实际上都是观念论的,那个追寻到的本体实际上是观念建构中的观念。本体论就以这样一种抽象主义的绝对思维看待存在世界的存在论,是存在论的最初的、基本的历史形态。本体论包括两个要素,一个是抽象主义的思维方式,一个是由这种方式建立起来的抽象的思辨体系。本体论就是这两者作为形式和内容的统一。后现代主义者将传统形而上学指认为还原主义、本质主义、逻各斯中心主义等等加以拒斥,本质上就是对本体论思维的批判。放弃了抽象的思维方式,放弃了追寻绝对的思维旨趣,也就放弃了本体论本身。然而,对于思想的发展来说,这种对本体论及其思维的超越却是漫长的过程。

---

① [德]黑格尔:《哲学史讲演录》第 4 卷,贺麟、王太庆译,北京:商务印书馆,1978 年,第 189 页。

康德具有悖论性质的"自在之物"范畴就是本体论及其思维困境最后也是最充分的体现。真正说来,存在本身没有悖论,悖论只是一种认识上的逻辑困境。正如叔本华所说,康德的自在之物不可知的根据是:"在事物和我们之间总有(居间的)智力在,所以这些事物就不能按它自身在本体上是什么而被认识。"① 康德指出,作为现象基础的物自体"不过是理智存在体",是一种认识论上的不仅容许,"而且是不可避免的"抽象。② 物自体不过是认识论的抽象,但是康德同时又承认它在实体上的存在。按照文德尔班的说法,梅蒙"认识到:在意识之外去假设现实性便包含一种矛盾。被思维的东西存在于意识之中,在意识之外去思维某种东西便是虚构的"。③ 自在之物或物自体表达绝对自在的概念,要在意识中认识一个绝对自在的存在这本身就是一个悖论:自在之物在思维之外存在,但内在性的思维既不能证明这种思维之外的存在,却又不能不承认它的存在。显而易见,康德将还原主义、抽象主义的本体困境推向了极端。

康德先验哲学暴露了形而上学的抽象主义还原难以自洽的困境,而不是唯心主义或唯物主义的某一种抽象本体论的困境。没有对康德抽象主义本体论思维困境的领会,对康德的指责往往退回到前康德的立场上去,沦为一种简单的经验主义或独断论。康德的"自在之物"并非指具体的某物或尚未认识的东西,并不能简单地理解为有待人们去抓住和认识的经验实体。"千百万个类似于在煤焦油中发现茜素那样的简单例子"其实都不能向人们表明自在之物转化为"为我之物",从而宣布自在之物的完结。理性主义的反思原则不可能简单地通过经验主义的实证被克服。事实上,康德从来不否定"科学的巨大进步"和人类的"实践,即实验和工业",而是为之艰辛地奠基,不但承认它的可能,而且对其何以可能作出理性的说明,以回绝怀疑主义和独断论。在康德看来,思辨理性之所以要树立自在之物,是为了"免将那些它必须承认可以思维的东西,假定为不可能,从而危及理性的存在,使它陷入怀疑主义的深渊"④。

---

① [德]叔本华:《作为意志和表象的世界》,石冲白译,北京:商务印书馆,1997年,第569页。
② [德]康德:《未来形而上学导论》,北京:商务印书馆,1997年,第86页。
③ [德]文德尔班:《哲学史教程》,北京:商务印书馆,1993年,第789页。
④ [德]康德:《实践理性批判》,韩水法译,北京:商务印书馆,1999年,第1页。

在《路德维希·费尔巴哈和德国古典哲学的终结》中,恩格斯遵循"思维与存在的关系"这一基本逻辑,提供了一个简化问题的二元分析框架。康德哲学在本体论和认识论上的折中性质,就在此框架中被确定了。后来的列宁说:"当康德承认在我们之外有某种东西、某种自在之物同我们表象相符合的时候,他是唯物主义者;当康德宣称这个自在之物是不可认识的、超验的、彼岸的时候,他是唯心主义者。康德在承认经验、感觉是我们知识的唯一泉源时,他就把自己的哲学引向感觉论,并且通过感觉论,在一定的条件下又引向唯物主义。康德在承认空间、时间、因果性等等的先验性时,他就把自己的哲学引向唯心主义。"①事实上,从来没有一个哲学家从经验上、实践上否定过外在世界的存在。困境在于从反思哲学的抽象立场上,人们论证不了这种绝对外在和先在的本体存在,论证不了这种抽象的存在概念存在认识论上的悖论。这才是康德只能"承认""自在之物"存在的原因所在,也是宗教只能"信仰"上帝存在的原因所在。

列宁在《唯物主义和经验主义批判》中分析恩格斯对康德的"不可捉摸的(不可认识的)自在之物"的驳斥之后,提出了"三个重要的认识论结论":其一,物是不依赖于我们的意识,不依赖于我们的感觉而在我们之外存在着的;其二,在现象和自在之物之间决没有而且也不可能有任何原则的差别;其三,在认识论上和在科学的其他一切领域中一样,我们应该辩证地思考,也就是说,不要以为我们的认识是一成不变的,而是要去分析怎样从不知到知,怎样从不完全的不确切的知到比较完全比较确切的知。② 这三个结论基本蕴含了列宁物质概念的基本内涵,因此也能充分地表明列宁哲学的思想立场。但事实上,康德原则上不会反对列宁以上任何一个认识论结论,也不会反对列宁的物质定义。只是在第二个结论上,康德特定的现象概念与列宁有差异,因此他会说现象与物自体之间存在原则上的差别,他讲的现象是头脑中的显现,而且被我们谈论的对象必然是内在化的"经验",因此我们无法通过意识去证明意识之外的物的存在。既然物质的"客观实在性是人通过感觉感知的","它不依赖于我们的

---

① 《列宁全集》第 18 卷,北京:人民出版社,1988 年,第 204 页。
② 《列宁选集》第 2 卷,北京:人民出版社,1995 年,第 77 页。

感觉而存在",就只能是"承认",是从认识论的立场上不得不确认的"对象"。我们感知到、复写到、摄影到的物质,既然已经是被我们的认识所中介的,我们是在认识中知道它的存在,是通过我们的意识意识到"它"是"现象"上的存在,是"为我的存在",因此只能是与我相互对象性的存在。它"在我之中存在",而在我的认识之外的存在只能是"相信"、"承认"。"不依赖于我们的感觉而存在"的"自在之物",逻辑上只能是一种不能证明的承认和假定。这就是康德的结论。

总之,康德的先验哲学从认识论的批判深刻地触及和揭示了本体论的困境:我们无法在对象性的思维中证明非对象性的本体存在。反思哲学和本体论产生的根源在于非对象性的本体论思维方式,认识中抽象的先验主体和先验客体之间的关系是相互外在的事物之间的关系,而不是对象性实践之中的相互构成,因此它是非经验的,非历史的。它们之间的难以贯穿的对立就是这种思维抽象的产物。如果没有对形而上学本体论思维方式的批判,任何单纯地指认"自在之物"的二元论性质,或者以抽象的"唯心主义"或"唯物主义"对康德哲学进行阐释都是无效的,它们根本没有触及"自在之物"概念理论的抽象主义前提,而是以这种抽象主义为前提。因此,在康德之后,尤其是在试图以辩证的统一性思维解决康德二元论抽象困境的黑格尔之后,仍然坚持抽象的本体论立场,实际上是回到康德反思哲学之前的经验主义或独断主义上去了。

二、马克思对本体论思维的批判

当一些人在某种程度上领悟到马克思思想的被遮蔽,并力图有所澄清时,为了标识这种澄清的根本重要,往往再次诉诸传统思想体系中具有最高威信的哲学和哲学中具有根本意义的本体论范畴。与过去被阐释为物质本体论相反,如今,马克思的哲学被阐释为"实践本体论"、"关系本体论"、"社会本体论"、"历史本体论"等等,不一而足。这些本体论阐释策略忽视了本体论范畴与整个传统形而上学的内在关联,尤其是与近代认识论反思哲学的内在关联,忽视了本体论的特定内涵。由于马克思对形而上学和抽象本体论的批判没有被真正地揭示出来,马克思的哲学才被指认为某种形态的本体论。今天看来,揭示马克思对于本体论及其思维方式的根本批判,仍然是迫切的理论任务。

马克思并不是一个将哲学课题化的专业哲学家,他对哲学的批判包含在对现实历史存在的具体分析中,并且在此基础上攻击思辨形而上学的观念自足性。马克思成功地批判了本体论或形而上学,在这种否定的意义上,我们可以说马克思具有一种本体论思想;马克思对本体论的批判是批判本体论本身,而不是批判本体论之一种并以新的本体论取而代之,在而且仅只是在这个意义上,我们认为马克思的思想具有非本体论的性质。在终结了抽象的本体论,亦即对现实存在的本体论还原之后,马克思进行的是一种具体的、现实的、社会的和历史的存在分析。存在不是指抽象本体,而是现象存在,因此,历史唯物主义是一种后形而上学的社会现象学和历史现象学。马克思称之为"实证的批判"、"历史科学"、"实证的科学"、"现实的描述"等等,由此与形而上学的抽象思辨相对立。马克思甚至表达了对思辨哲学的不屑一顾和极端嘲讽。在《德意志意识形态》中批判施蒂纳时,马克思风趣而精妙地说:"哲学和对现实世界的研究这两者的关系就像手淫和性爱的关系一样。"①马克思这里讲的哲学当然是指脱离现实的思辨哲学。

马克思的基本视域并不是本体论的,其理论的出发点不是抽象的"存在"——作为物质或是精神的第一性存在——而是现实的人,是现实的人的现实实践。《德意志意识形态》在谈到历史唯物主义出发点的时候说:"它从现实的前提出发,它一刻也不离开这种前提。它的前提是人,但不是处在某种虚幻的离群索居和固定不变状态中的人,而是处在现实的、可以通过经验观察到的、在一定条件下进行的发展过程中的人。"②后来在《〈政治经济学批判〉导言》谈到首要的对象是"物质生产"时又说,"在社会中进行生产的个人,——因而,这些个人的一定社会性质的生产,当然是出发点"。③ 与这种观点相对应的显然是马克思和恩格斯批判的思辨唯心主义。早在《神圣家族》中,他们就批判说:"**现实人道主义**在德国没有

---

① 《马克思恩格斯全集》第 3 卷,北京:人民出版社,1960 年,第 262 页。
② 《马克思恩格斯选集》第 1 卷,北京:人民出版社,1995 年,第 73 页。
③ 《马克思恩格斯全集》第 30 卷,北京:人民出版社,1995 年,第 22 页。

比唯灵论或者说思辨唯心主义更危险的敌人了。思辨唯心主义用'**自我意识**'即'**精神**'代替现实的个体的人,并且用福音书作者的话教诲说:'叫人活着的乃是灵,肉体是无益的。'显而易见,这种没有肉体的精神只是在自己的臆想中才具有精神。"①"现实的人",即在一定的社会条件下从事生产的人成为理论的出发点,人的现实生活本身的生产和再生产就成为理论的对象。这样,哲学的前提就从天上回到了"尘世",回到了生活本身。它不是从思辨的原则和概念出发,而是从生活实践出发,从统一的实践来理解世界的现实性、具体性和过程性。抽象的精神本体和物质本体都在这种实践的对象性思维中被瓦解了。

在《黑格尔法哲学批判》中,马克思曾经明确地将"唯物主义"和"唯心主义"作为对立的两极顺带地进行了批判,而不是以一种本体论取代另一种形式的本体论,在唯物主义与唯心主义之间进行切换。在马克思看来,唯物主义和唯心主义的本体论,都是思辨抽象的产物,只是构成相互对立的极端。马克思精辟地指出:"任何极端都是它自己的另一个极端。抽象的唯灵论是抽象的唯物主义;抽象的唯物主义是物质的抽象唯灵论。"②在马克思看来,成为极端这一特性,必然包含在与它对应的极端的本质之中,因此它对另一个极端并"不具有真正现实的意义"。③ 很显然,唯物主义和唯心主义(或唯灵论)被作为两种极端来看待,本体论的精神和物质都不是现实的、真正感性的存在,二者都产生于概念的思辨抽象。

马克思拒绝这种抽象。起初这种拒绝还只是停留在黑格尔同一哲学的基本立场上。在《精神现象学》中,黑格尔就曾经说过:"纯粹的物质只是我们抽除了观看、感受、品味等等活动之后剩余下来的那种东西,即是说,纯粹物质并不是所看见的、所感受的、所尝到的等等东西;被看见了的、被感受了的、被尝到了的东西,并不是物质,而是颜色、一块石头、一粒盐等等;物质毋宁是纯粹的抽象;而这样一来,思维的纯粹本质,就昭然若揭了,思维的纯粹本质,或者说,纯粹思维自身,乃是自身无区别、无规定、

---

① 《马克思恩格斯文集》第1卷,北京:人民出版社,2009年,第253页。
② 《马克思恩格斯全集》第3卷,北京:人民出版社,2002年,第111页。
③ 同上。

无宾词的绝对。"就这样,黑格尔得出"思维就是物性,或者说物性就是思维"①的结论。很显然,黑格尔对于抽象主义本体论的批判是击中要害的。对马克思的物质本体论阐释只是回到了前黑格尔的立场上,甚至没有意识到本体论在康德那里遭遇的困境,更没有达到黑格尔同一哲学的水平。

作为黑格尔的后续者,马克思最初只是在黑格尔的立场上批判唯心主义和唯物主义本体论抽象的。然而,马克思不仅是黑格尔的学生,而且是黑格尔的超越者。马克思不仅像黑格尔一样洞穿了抽象本体论的秘密,而且洞穿了黑格尔观念统一性的秘密。在黑格尔之后,马克思将统一性的基础放到现实的感性实践活动中去了。对马克思来说,统一不是观念中的联系和思辨发展,现实的存在只能是对象化关系中的、对象性的具体存在,非对象性的存在物是"非存在物","是一种非现实的、非感性的,只是思想上的即只是虚构出来的存在物,是抽象的东西"。② 感性的现实存在,"只是由于某种运动才得以存在、生活",它并不是任何一种形而上学意义上的抽象范畴。在差异性的对象性世界中还原出的绝对本体只是观念上的抽象,是弃掉了真实的具体性和差异性之后的观念残余,是思想中绝对的抽象共性,而不是感性实践中的现实。

马克思不是一般地批判本体论,而是揭示了导致本体论的抽象主义和还原主义的思维方式本身。在《哲学的贫困》第二章《政治经济学的形而上学》中,马克思指出,在抽象的体系中,现实的运动、历史变成了一成不变的范畴、原理,变成了无身体的理性,"脱离了个体的纯理性的语言"。抽象主义"把每一个物体的一切所谓偶性(有生命的或无生命的,人类的或物类的)抽去","形而上学者认为进行抽象就是进行分析,越远离物体就是日益接近物体和深入事物。这些形而上学者说,我们世界上的事物只不过是逻辑范畴这种底布上的花彩;……既然如此,那么一切存在物,一切生活在地上和水里的东西经过抽象都可以归结为逻辑范畴,因而整个现实世界都淹没在抽象世界之中,即淹没在逻辑范畴的世界之中,这又有什么奇怪呢?"这种对泛逻辑主义的批判,实际上是击中了抽象本体论

---

① [德]黑格尔:《精神现象学》(下卷),贺麟、王太庆译,北京:商务印书馆,1997年,第109页。
② 《马克思恩格斯全集》第3卷,北京:人民出版社,2002年,第325页。

的本质,本体论就是本质主义、还原主义和抽象主义思维方式的产物。

马克思批判本体论的基本理论立场在《关于费尔巴哈的提纲》第一条中得到了原则性的总结。① 马克思说:"从前的一切唯物主义(包括费尔巴哈的唯物主义)的主要缺点是:对对象、现实、感性,只是从**客体**的或者**直观**的形式去理解,而不是把它们当作**感性的人的活动**,当作**实践**去理解,不是从主体方面去理解。因此,和唯物主义相反,**能动的**方面却被唯心主义抽象地发展了,当然,唯心主义是不知道现实的、感性的活动本身的。"② 在此,马克思宣告了"唯物"、"唯心"本体论的覆灭,其根本的成果就是与任何形式的抽象本体论的决裂。这绝对不是说可以有并不抽象的本体论,先承认绝对的第一性存在,然后在此基础上谈论存在的中介性;而是说本体论的"本体"是非中介的、形而上学的范畴,本体论从根本上说是抽象主义和还原主义思维的产物。马克思对德国唯心主义的批判,实质上是对本体论及其抽象思维方式的批判。黑格尔虽然批判本体论抽象,但由于没有确立实践的本质地位,他仍然停留在对现实的观念抽象之中。黑格尔构建了一个抽象的概念帝国,马克思通过实践思维瓦解了这个概念帝国的抽象。马克思回到了历史的实践,因此回到了思想的大地上,存在被看成是实践中介的过程,存在论成为对这一过程本身的具体的、历史的现象学分析。

三、存在作为实践中介的过程

对于古希腊哲学,后人曾经概括出所谓的"存在"与"生成"两种不同的路向,即巴门尼德和赫拉克利特传统。事实上,所谓的"生成"作为一种自在的必然过程而与被理解为自在存在的本体一样,在实践性因而在历史性之外。后来,上帝作为"在者"与"创造者"的直接综合——最终的本体和"绝对者",就是非时间的、非历史的存在。在自在存在和自在过程概念中,具体性、差异性和偶然性等等都只是作为必然性的一个环节加以承

---

① 从如上的分析和引证来看,1845 年的《关于费尔巴哈的提纲》可以看成一次思想总结。它简洁地表达了马克思已经形成的基本观点。关于马克思思想的断裂说,恐怕过多地注意了差异而没有看到联系,一定程度上可能是对恩格斯"萌芽"说的误解。
② 《马克思恩格斯选集》第 1 卷,北京:人民出版社,1995 年,第 54 页。

认,过程没有在实践的创造性原则和推动性中得到理解。历史唯物主义将存在理解为实践中的过程,这个过程没有一个先在的推动者,也不是自在的进展,而是生产中的生成,历史唯物主义由此瓦解了形而上学中作为起点的本体和作为归属的目的,从而瓦解了形而上学本体论本身。

在《1844年经济学—哲学手稿》中,马克思机智地批判了创造性观念中的本体论诉求指出,"自然界和人通过自身而存在"。在马克思看来,宗教的创造观念中"谁产生出第一个人和整个自然界"的问题"本身就是抽象的产物"。马克思说:"请你问一下自己,你是怎样想到这个问题的;请你问一下自己,你的问题是不是来自一个因为荒谬而使我无法回答的观点。请你问一下自己,那个无限的过程本身对理性的思维来说是否存在。既然你提出自然界和人的创造问题,你也就把人和自然界抽象掉了。你设定它们是**不存在**的,你却希望我向你证明它们是**存在**的。那我就对你说:放弃你的抽象,你也就会放弃你的问题,或者,你想坚持自己的抽象,你就要贯彻到底,如果你设想人和自然界是**不存在**的,[Ⅺ]那么你就要设想你自己也是不存在的,因为你自己也是自然界和人。不要那样想,也不要那样向我提问,因为一旦你那样想,那样提问,你把自然界的和人的存在**抽象掉**,这就没有任何意义了。"马克思还说:"所以关于他通过自身而**诞生**、关于他的**形成过程**,他有直观的、无可辩驳的证明。因为人和自然界的**实在性**,即人对人来说作为自然界的存在以及自然界对人来说作为人的存在,已经成为实际的、可以通过感觉直观的,所以关于某种**异己的**存在物、关于凌驾于自然界和人之上的存在物的问题,即包含着对自然界的和人的非实在性的承认的问题,实际上已经成为不可能的了。"①

马克思不仅反对这种本体论在先的观念,同样也反对目的论在先的形而上学观念。马克思和恩格斯在批判目的论时指出:"正像在从前的目的论者看来,植物所以存在,是为了给动物充饥的;动物所以存在,是为了给人类充饥的;同样,历史所以存在,也是为了给理论的充饥(即证明)这种消费行为服务的。人为了历史能存在而存在,而历史则为了真理的论据能存在而存在。在这种批判的庸俗化的形式中重复着思辨的英明:人所以存在,历史

---

① 《马克思恩格斯全集》第3卷,北京:人民出版社,2002年,第310页。

所以存在,是为了使真理达到自我意识。"①将历史唯物主义理解为一种形而上学的目的论和目的论前提下的决定论是没有道理的,它根本无视了历史唯物主义的存在论视域,无视了马克思将实践思维引进了存在范畴。

海德格尔曾经简洁地指出,"对于马克思来说,存在就是生产过程"。虽然海德格尔本人通过这一命题,指认马克思是颠倒形而上学的形而上学家,好像有一种先验的原则和观念指导着生产,并在生产中被对象化出来,②但是,"存在就是生产过程"这一命题对于理解马克思的存在范畴倒是具有本质的重要性。正是由于马克思将存在理解为现实的生产和再生产过程,在实践的对象化关系中揭示和把握具体的存在关系、存在状态、存在方式,对社会历史的现象学揭示才成为可能,历史唯物主义在社会历史现象学的意义上也才成为一种后形而上学的存在论思想,从根本上超越了形而上学的抽象本体论。

马克思在政治经济学批判中谈到消费和生产的时候说:"不仅消费的对象,而且消费的方式,不仅在客体方面,而且在主体方面,都是生产所生产的。"③马克思所谈论的生产概念不仅具有经济学的性质,而且具有一般的存在论性质。在马克思看来,客体和主体作为现实的存在都是在生产的过程中产生的。马克思说:"把资本主义生产过程联系起来考察,或作为再生产过程来考察,它不仅生产商品,不仅生产剩余价值,而且还生产和再生产资本关系本身:一方面是资本家,另一方面是雇佣工人。"④也就是说,生产生产出社会关系,生产出社会关系中对象性的存在,因此生产出社会历史本身。将存在理解为生产中的过程,狭义的物质经济生产就成为现实生活和社会历史变迁的基本因素和动力,因此生产方式的变革才被理解为历史阶段划分的根本尺度。⑤

---

① 《马克思恩格斯文集》第1卷,北京:人民出版社,2009年,第284页。
② 具体阐释见本书第二章第四节。
③ 《马克思恩格斯选集》第2卷,北京:人民出版社,1995年,第10页。
④ 同上书,第232页。
⑤ 恩格斯在《社会主义从空想到科学的发展》1892年英文版导言中阐释历史唯物主义时指出:"这种观点认为一切重要历史事件的终极原因和伟大动力是社会的经济发展,是生产方式和交换方式的改变,是由此产生的社会之划分为不同的阶级,是这些阶级彼此之间的斗争。"(《马克思恩格斯选集》第3卷,北京:人民出版社,1995年,第704—705页。)

在这种"生产"视野中，由于过程性和中介性成了基本的存在论范畴，马克思不再像本体论那样寻找绝对的本源性的起点作为不可还原的同一性本体；同样，正是在这样的生产视域中，由于主体性和实践性成了基本的存在论范畴，马克思不再像思辨辩证法那样，建构绝对的必然性教条体系作为理解存在过程的自在逻辑。一切为实践中介并在实践的对象化过程中被理解。在这个意义上，历史唯物主义生产范畴具有了哲学存在论的性质，实际上是实践范畴的具体化。一方面，存在被理解为生产中的过程摧毁了抽象形而上学观念体系的自足性，将其奠基于现实生活的生产之存在论基础上，打开了内在意识自我封闭的缺口。我们说过，马克思和恩格斯明确地宣称意识形态没有历史，由此展开对"当今之生产"的批判，试图揭示此岸世界的存在论真理，探索社会存在的未来方向并阐述其现实根据，亦即是说"未来"不是被给出的，而是"现实性"，根源于现实本身的生产和再生产；进而在另一方面，它要求走出纯理论的立场，在现实中解决理论本身的对立，直接参与现实生活的"生产"，改造现实本身，而不是将现实理解为天命般纯自在的过程。因此，在马克思看来，作为思想形态的"哲学"（如果还能称其为哲学的话）是现实实践活动的内在构成要素，是实践地批判现实的理论武器，而不是关于先在或外在于生活实践的理念——不论是抽象的物质还是抽象的精神——的纯粹理论体系。

生产使得马克思的"存在论"是历史的、实践的，现实存在并非是无主体的命运般的过程。生产中的生成和生成中的生产本质上成了统一过程，存在范畴不再是一个实体性的范畴，也不再是一个超实体的、作为自我意识的主体，不是作为物的物性，也不是作为精神的精神性的存在，而是实在与非实在在人之活动过程中的统一。存在也不再是任何一种意义上非价值的纯粹物，而是一个具有人之神韵的意义世界，是实存性与超越性的统一。自然、人、社会都在历史实践的总体化过程得到理解，所谓的主客体辩证法或历史辩证法首先是此种存在论意义上的范畴，是主客体在实践中的相互构成和相互作用。

存在乃是实践辩证统一中的一体化或总体化过程，而不是指作为自在存在的实体性"在场"。社会和历史本质上是标志人类存在的总体性范畴，分别从横向和纵向表明人类存在的结构和过程，因此通常联用为社会历史。在实践上或理论上与我们相关的存在就是社会历史中的存在,而不是抽象的本体,自在的存在。因此,我们必须社会地、历史地看问题。也就是说,在这种后形而上学的存在论视域中,由于生产实践的中介,社会性和历史性范畴具有了存在论的意义,成为世界观的基本原则了。存在就是社会性、历史性的存在,对象化过程中的对象性存在,因此是社会现象和历史现象意义上的存在。当然,由于"实践"思维的中介,社会性、历史性、对象性等等在对象化的意义上被理解,存在作为现象既不是内在的意识,也不是外在的自在,而是对象化意义上的对象性存在。因此,历史唯物主义作为社会现象学或历史现象学既不同于先验的、意识的现象学,也不同于海德格尔的生存现象学。

由于社会历史成为马克思基本的关注对象,有人仅仅把历史唯物主义理解为一种社会历史理论,而忽视了它作为一般世界观和存在论的性质。当我们谈论马克思的后形而上学的存在论视域时,这个存在指的是社会历史性的存在,而不只是社会历史存在。社会性和历史性在相同的意义上成为存在论范畴,成为一个世界观和方法论原则。马克思从来不是将自然史和人类史分开来机械地加以讨论,自然与社会的抽象两分只是物质与精神两分的一个缩影,马克思决不是从抽象的、本体论的意义上谈论它们的区别和对立的。

通过实践的中介,时间和空间本身不再是物理学意义上的概念,不再是主体先天地具有的直观条件,也不只是从个体的存在体验中得到领会和确立的生存论结构,而是成为标志存在之社会性和历史性维度的存在论范畴。这一点既同物质本体论的时空观区别开来,同先验哲学的时空观区别开来,也同一般意义上的存在主义或生存主义的时空观区别开来。在实践思维中,时间和空间成为社会性和历史性中介的现象学因素,因此成为基本的存在论范畴。当然,马克思本人没有专门地讨论时间和空间的后形而上学存在论性质。不过,马克思对劳动时间的研究、流通中时间和空间关系的研究,以及现代信息和交通运输对时空关系的影响都充分地体现了时空概念的后形而上学性质,它们不再表述一种自在的存在结构,而是实践生成中的存在论要素。

经过神学的时空观、自然时空观,康德将时间和空间与主体的认识条件联系起来,具有转折性的意义;胡塞尔在其意识现象学的意义下阐释的时空观,是康德认识论路向上的时空观的后续。海德格尔将时空观进一步从主体意识哲学的束缚中解救出来,将其作为此在存在论的基本建制,走上了存在论时间观的关键一步,以至于我们在存在论的路线上谈论时间时总是不可避免地要面对他的贡献。然而此种贡献的限度同其辉煌一样明显,可以在其存在论与马克思的存在论视域的比照中彰显出来。海德格尔本身是将时间概念非时间化了,其存在论阐释了一种非历史性的生存结构。相反,马克思突出的却是存在的时间性和历史性本身,是不同社会历史结构中存在的差异性。所以,马克思没有像海德格尔一样以哲学的方式建立存在论的思想体系,而是将对现代文明的批判和反思作为核心的主题,将现代性批判和后形而上学的历史存在论直接地联系起来,开启了不同于存在主义的后形而上学存在论视域。

四、现代性批判成为存在论的主题

对抽象形而上学的批判击穿了意识或观念的自足性,历史唯物主义以确立"此岸世界的真理"作为自己的基本任务,批判指向了现实历史本身。由于具体性、实践性、历史性等等原则的确立,马克思不再讨论抽象的"历史哲学",而是批判性地研究现代的存在论状况和发展方向。在这种后形而上学的存在论视域中,资本成为现代的本质范畴,商品资本关系被看成现代存在的对象性形式遭遇了本质的批判。在资本批判中展开的现代性批判是一种存在论批判,亦即是现代性现象学。历史唯物主义开启了后形而上学的存在论视域,并且在这一视域中展开了对现代的现象学描述和历史存在论批判。

"后形而上学"从否定的方面标志着历史唯物主义与传统形而上学的决裂而归属于当代思潮,与历史相联系的"存在论"则显示出历史唯物主义在后形而上学思潮中独特的甚至是根本重要的理论地位。这就是相对于同样反对形而上学本体论的实证主义和存在主义所具有的思想优势。一般地说历史唯物主义具非本体论性质,属于"后形而上学"的思想谱系,并没有揭示出它在思想范式转换中的历史性意义。不过如今指证马克思思想的"后形而上学"性质同样具有极其紧迫的意义,因为无意识地在形而上学的本体论视域内对其进行守护和将其作为形而上学本体论来批判是目前的基本状况。

继承恩格斯在《路德维希·费尔巴哈和德国古典哲学的终结》以及《反杜林论》等等著作中的一些基本看法,列宁对马克思思想的发展和内容做出了两个重要判断。在马克思的思想发展上,认为《德法年鉴》是基本标志,在此之前是非马克思主义的早年马克思,此后马克思转变为共产主义者和唯物主义者;从内容上由三个思想来源的指认,确立了哲学、经济学批判和科学社会主义三个组成部分的说法。列宁的这两个判断影响深远:一方面,它奠定了一种理解马克思思想时的立场划界原则;另一方面它为后来对马克思的现代学科建制中的解读提供了理论前提。这种立场划界在多大程度上抵达了马克思的思想高度,换句话,马克思是一个本体论意义上的唯物主义者吗?马克思是否因为是共产主义者和唯物主义者而成其为思想史上的马克思?共产主义、唯物主义和后来的政治经济学批判在马克思那里如何就统一在一起了?从单纯的学科建制出发如何可能揭示出马克思思想的内在原则?

列宁三个组成部分的说法以及后来三个学科的划分,来源于恩格斯《反杜林论》的结构和内容。该著作的结构是由恩格斯所批判的杜林的三本主要著作决定的,即《哲学教程》、《国民经济学和社会经济学教程》和《国民经济学和社会主义批判史》。[①] 这并不意味着恩格斯认为马克思主义由这样三个部分构成。马克思绝不是像杜林那样大嚷着要跳上思想史的舞台,宣布在哲学、政治经济学和社会主义中实行了全面的变革。[②] 而且,恩格斯清晰地意识到空想社会主义只是实现了这些领域的简单混合。他说:"由此只能得出一种折衷的不伦不类的社会主义,这种社会主义实际上直到今天还统治着法国和英国大多数社会主义工人的头脑,它是由各学派创始人的比较温和的批判性言论、经济学原理和关于未来社会的观念组成的色调极为复杂的混合物,这种混合物的各个组成部分,在辩论的激流中越是磨光其锋利的棱角,就像溪流中圆圆的石子一样,这种混合

---

① 《马克思恩格斯选集》第3卷,北京:人民出版社,1995年,第366页。
② 同上。

物就越加容易构成。"①可见,在恩格斯看来,新的理论要求的是以这三个领域的成果为基础实现内在的贯穿,而不是简单的并列或者混合。

在历史唯物主义思想体系中,学科分化中的三个组成部分之间如何真正内在地贯穿,而不只是"批判性言论、经济学原理和关于未来社会的观念组成的色调极为复杂的混合物"呢？今天,任何对马克思的解读都必然会触及到这一问题,从而直接或间接地涉及列宁的两个判断。面对今天变化了现实,为马克思辩护的人们采取了政治立场和思想原则划界的方式,主要不再从政治立场和阶级化了的哲学路线来定位马克思,而是在衰退的政治实践中肯定马克思思想的原则高度；相应的,对于第二个判断,人们有意或无意地放弃了政治经济学批判和科学社会主义理论,而把马克思重新申诉为哲学的抽象批判,最好的情况也不过是以一种本体论批判对马克思的另一种本体论解释。抽象掉了马克思基本的价值指向（阶级立场）和经济学的批判因素,不论对马克思的批判还是对马克思所作的维护,单就思想本身而言,往往错失对马克思的把握。

以《德法年鉴》为标志,马克思思想的确发生了重要转变,但这一转变不能只以共产主义和唯物主义的确立得到原则性的揭示。其一,马克思的共产主义和唯物主义理论在《德法年鉴》时期还没有得到奠基性的阐释,而只是作为立场、作为"概念"出现。其二,共产主义和唯物主义的相加并不构成马克思主义,什么样的共产主义和什么样的唯物主义才是关键所在。其三,共产主义和唯物主义之间获得了一种什么样的内在关系也需要在新的思想视阈中得到贯穿。唯有这种新的思想视域得以呈现,作为马克思的三个思想来源的德国古典哲学、英国的古典政治经济学和社会主义理论才内在地相互贯穿,而不是一种学科之间的简单并置和此种并置前提下的线性因果关系。正是由于这一思想视阈没有得到本质性的揭示,唯物主义就被阐释为抽象的物质本体论；以政治经济学批判为基础的批判理论就被理解为经济决定论；相应地,共产主义不是被批判为形而上学的目的论,就是被解释为机械决定的历史宿命论。

事实上,从《黑格尔法哲学批判》和《德法年鉴》时期的著作开始,马克

---

① 《马克思恩格斯选集》第3卷,北京：人民出版社,1995年,第358页。

思不再在哲学自身内部来把握哲学,而是把哲学看作存在历史的"副本",按他后来在《神圣家族》中的说法是识破了"思辨哲学的幻想"。① 由于1843年移居巴黎并开始了对政治经济学的研究和批判,哲学与经济学真正本质性的接触使得其后形而上学的视域逐渐呈现出来。其思想的视野真正开始迈出抽象的思辨,对"存在"的分析在经济学中介的批判中本质性地包含了时间性、历史性范畴。正是在这一过程中,马克思真正形成了"现代概念",对现时代的具体存在论分析,成为走出抽象形而上学后的基本指向。马克思在《1844年经济学—哲学手稿》中,旗帜鲜明地追问:"把人类的最大部分归结为抽象劳动,这在人类发展中具有什么意义?"②这一追问,深化了《论犹太人问题》中提出的现代只是"政治解放"的初步指认。于是,历史地形成的德国古典哲学、英国古典政治经济学和社会主义思想开始被内在地贯穿,而不是以三个组成部分的方式并置于马克思的思想之中,它们构成对现代进行存在论批判的相关维度。

从《1844年经济学—哲学手稿》开始,马克思的后形而上学的存在论分析以一种历史现象学的方式逐渐地铺展,完全突破了抽象本体论的思想束缚,现时代的存在本身受到总体性的反思和批判,因此其思想往往难以规划到某一单一的学科内部。通过对私有制、社会分工、资本货币等等为中介的存在分析,为历史之未来向度提供现实的可能性根据,并以实践的方式力图促成此种可能性的实现。在后来的《资本论》中,哲学、政治、经济、文化批判内在地汇合起来,某一问题的历史实际上变成诸问题总体的历史。也正是在这个意义上,卢卡奇才说对马克思来说,归根结底就没有什么独立的法学、政治经济学、历史科学等等,而只有一门唯一的、统一的、历史的和辩证的——关于社会(作为总体)发展的科学,③也就是马克思所说的"唯一的科学,即历史科学"。

当然,这里所谓的唯一的历史科学,并不是说马克思反对任何意义上的学科建制,并企图取代此种学科建制,而是就马克思思想自身的总体性

---

① 见马克思恩格斯为《神圣家族》所写的论战性的序言(《马克思恩格斯全集》第2卷,北京:人民出版社,1957年,第7页)
② 《马克思恩格斯全集》第3卷,北京:人民出版社,2002年,第232页。
③ [匈]卢卡奇:《历史与阶级意识》,杜章智等译,北京:商务印书馆,1996年,第77页。

特征而言；其二，这里的唯一的历史科学也不是说，马克思的思想中没有自然的位置，而是说自然在社会历史的中介性中得到阐释，被历史性和实践性规定的存在论成了自然观的基本视域；因此，其三，这里的"历史"不仅是就对象而言，而且是就这一科学的性质而言，就历史成为基本的思想原则而言。也就是说，马克思的历史唯物主义可以看成是以历史性为原则、以总体性为特征的后形而上学的历史存在论。这一历史存在论是在资本现代性批判中得以充分地展开的。如果离开了历史性原则，离开了总体性特性，离开了资本为本质范畴的现代性存在论批判，甚至一些指证了马克思思想为非形而上学的思想家也可能最后隐性地复归为对本体论的守护，或者为思辨的本体论留下一道后门。法兰克福学派的阿尔弗雷德·施密特就是其中的典型代表。下面，我们将以施密特的著作《马克思的自然概念》为基础，具体讨论施密特在何种意义上揭示同时又遮蔽了历史唯物主义的后形而上学视域。

第三节 "非本体论"：施密特的误释

我们用"非本体论"来定位马克思的思想。这一提法深受德国当代哲学家施密特的启发。作为霍克海默和阿多诺的弟子，施密特曾经多年执掌社会学研究所，被誉为法兰克福学派的正宗传人。他面对西方马克思主义和传统马克思主义的双重遗产，试图进行某种批判性的综合。施密特直接抓住两种哲学解释分歧的焦点本体论问题，完成了《马克思的自然概念》。在这一论著中，施密特提出了马克思的唯物主义具有非本体论性质这一重要命题，并以具体性、目的性为核心，对马克思主义的认识论、辩证法等进行了阐释。沿着这一思路，似乎在批判传统本体论解释的同时，可以走出西方马克思主义的理论局限。然而，深入的研究将使我们发现，由于没有对本体论和形而上学进行规范性的澄清和划界，施密特对马克思思想的这一指认没有在后形而上学的视域中充分展开，而是保留了深厚的形而上学本体论遗产。这一论著充分暴露了施密特对马克思的阐释在何种程度上触及而最终又错失了历史唯物主义的后形而上学性质。

一、外在性概念对本体论的妥协

我们前面说过,恩格斯以思维和存在的关系作为全部哲学特别是近代哲学的基本问题,并从两个方面概括为第一性问题(即本体论问题)和同一性问题(即认识论问题),为正统的马克思主义哲学理解整个哲学和理解自身提供了基本框架。马克思的理论基础被理解为唯物主义本体论对唯心主义本体论的反拨,其认识论、历史观等等都建基于这种唯物主义的本体论立场。西方马克思主义从卢卡奇开始就批判这种对马克思主义哲学的物质本体论阐释,以此为基础,在认识论、辩证法、历史观等方面都提出了与正统马克思主义不同的主张。然而,在大体可以归并为西方马克思主义思潮的思想内部,则形成了实践本体论和历史本体论等各种不同的立场。西方马克思主义与传统解释的对峙构成了一个什么样的思想视域?在这样的对峙中可能获得什么样的思想成果呢?这是否又是一次新的"倒转",再度从唯物主义倒向唯心主义?施密特意识到了这一问题的重要性,并将这一问题作为《马克思的自然概念》的核心主题。

施密特在《马克思的自然概念》中开门见山地提出了"马克思唯物主义的非本体论性质"这一根本判断,试图阻断一切向形而上学退让和妥协的可能性。施密特不再用一种形态的本体论去反对另一种本体论,而是否定本体论解释路线本身。在施密特看来,马克思的唯物主义拒绝探究"世界之迷",或者说,它断然拒绝用新形态的本体论从根本上对自己提问的方式,使纯粹的哲学思辨继续下去。就一般的意义来说,施密特的这一命题是正确的,它将本体论与纯粹的思辨哲学内在地联系起来,指明了马克思思想的非本体论性质,并且以此作为批判物质本体论的基础。施密特说:"物质的普遍性、它对于意识的独立性只存在于特殊的东西之中。至于所谓源物质、存在物的本源根据之类,并不存在。由于物质实在和人相关联的相对性,因而不仅它处于'为他存在'时,即使处于'自在存在'时,也都和本体论原理不相容。把辩证唯物主义和黑格尔的辩证的唯心主义相比,称它为'本体哲学',是站不住脚的。辩证唯物主义并不承认有什么脱离具体的规定而独立存在的自在实体。"①

施密特运用"相对性"来批判本体论的物质范畴,显然不是把马克思的唯物主义解释为物质本体论,而是说将它作本体论的解释,本身是站不住脚的。本体论与思辨形而上学有着一种内在的关联,这不是精神本体或物质本体谁对谁错的问题,而是本体论提问方式本身的问题。本体论所追求的"脱离具体的规定而独立存在的自在实体"是根本不存在的。初步看来,施密特的用意是划清马克思与形而上学的基本界限,将马克思思想同任何一种形式的本体论形而上学划清界限,本质地将马克思定位于后黑格尔的思想谱系了。对马克思的这一定位是深刻的。

然而,本体论方式本身的问题到底何在?是否对具体性和中介性的突出就是非本体论的?施密特并没有进一步追问,没有对本体论和形而上学进行深入的批判和揭示,以夯实自己的理论基础,而是仓促地用双向的中介性、具体性范畴来批判抽象本体论,似乎对中介性的挪用就可以克服抽象的本体概念。他说,马克思的自然概念"决不是在无中介的客观主义的意义上,即决不是从本体论的意义上来理解这种人之外的实在"②,"重要的是阐明关于在每时每刻形态中的物的存在之直接性和中介性的具体辩证法"③。这一论断切中了物质本体论的要害,本体论的前提是对非中介的本体的设定,本体是不可还原的"绝对"。施密特的"本体论"大体是指"无中介的客观主义",他只是在"非中介"的意义上来规定"本体论"。

施密特忽视了"具体的辩证法"和"中介性"本身并不构成对本体论的批判,反而经常以各种形式的本体概念为基础,构成本体论展开的环节。比如说劳动、实践等等中介性范畴并不天然构成对本体论的反叛,比如在辩证唯物主义的概念系统中,这些中介性范畴仍然可以被安置在本体概念的基础上。至于在黑格尔那里,通过真理是全体和真理是过程的命题,中介性和具体性思维已经显著地突出出来了。但黑格尔并没有因此走出

---

① [德]施密特:《马克思的自然概念》,欧力同等译,北京:商务印书馆,1988年,第24页。
② 同上书,第14页。
③ 同上书,第64页。

形而上学,走出本体论。也就是说,即使本体论不被打破,也完全可以在"本体"下降的现象界展现中安置过程和联系范畴。黑格尔就妥善地以无时间的具体性和中介性展示绝对精神的自我实现过程。在这种逻辑的绝对必然性中,中介性和具体性本身完全只是反思性的概念联系,是思辨本体论的构成环节。存在的世界至多被理解为自在的发展过程。

在第二国际的理论家那里,马克思的哲学坚持物质第一性的物质本体论立场,从而与唯心主义划清界限,但仍然高度地强调和阐释各种物质形态之间的发展联系,这就是世界的物质统一性和多样性辩证统一的原理。这里体现了十分明晰的阐释逻辑,即物质本体论加上辩证法就是辩证唯物主义,辩证法因此是唯物主义的而不再是唯心主义的,唯物主义因此是辩证的而不再是形而上学的。很显然,辩证法中突出的"中介性"、"具体性"尾随于本体论之后,在物质先在性、外在性和客观性的承诺之后,成为"本体"的从属原则,就像它们在黑格尔哲学中作为"绝对理念"的随从一样。具体性和中介性范畴本身不能构成对本体论阐释的打击,问题在于它们本身应该在什么样的思想视域中得到理解。施密特忽视了这一点,这一忽视给他对马克思的阐释带来了严重的问题。

施密特通过"中介性"范畴来突出马克思物质和自然概念的具体性,批判费尔巴哈的自然概念。在费尔巴哈那里,作为纯粹自然性的类本质的人只是被动地、直观地与自然死一般的客观性之间保持着对立,与工业中以社会、历史为中介的人和自然的同一无关,"自然作为整体,是非历史的匀质的基质"。① 施密特对费尔巴哈的这一批评,完全符合马克思在《德意志意识形态》中的立场。马克思强调历史实践活动对物质的中介,"在马克思看来,自然概念是人的实践的要素";强调在劳动和实践的具体形式中领会和把握物质。施密特正确地指出:"人在给自然以形式的有目的的活动中,超出了物质存在的自然发生的和抽象的直接性",②"马克思把自然和一切关于自然的意识都同社会的生活过程联系起来。"③ 可以看

---

① [德] 施密特:《马克思的自然概念》,欧力同等译,北京:商务印书馆,1988年,第14—15页。
② 同上书,第69—70页。
③ 同上书,第17页。

到,施密特这里所谈到的"中介性"范畴并不是没有时间的逻辑概念之间的联系,而是明确地被规定为具体的人类实践,而且将这种实践概念同马克思的经济学研究中的劳动(物质交换)范畴本质地联系起来。这一点已经触及了问题的本质,即马克思以实践思维终结了反思联系中的具体性和中介性范畴。

十分遗憾的是,施密特对实践等中介性范畴进行具体阐释的时候,他强调的侧重点却是自然和物质同实践的"非同一性",亦即是外在性和先在性,并且将这一思想作为与早年卢卡奇争论的根本立场和整个论证的根本指向。施密特说,自然虽然"是打上社会烙印的,但在这种情况下,它也不是一种可被消除的假相,它对于人及其意识来说,仍然保持着它在产生上的优先性"。① "人类生产力作为知识的以及实践的东西,由于给自然物质打上自己的烙印与其说否定了不依赖于意识的自然物质的存在,不如说完全确证了它的存在。"②在这些具体的论述中,施密特反反复复地强调自然物质的优先性、外在性和独立性,对物质的这种规定不正是物质本体论的内核吗?虽然施密特批判恩格斯物质第一性和统一性的所谓物质本体论,其实在此他完全回到了物质本体论第一性问题的全部立场。

问题的关键在于,物质本体论是马克思思想的理论前提,因此是马克思思想扬弃的对象,还是马克思思想的本质?没有人在经验上否定物质和自然的实在和外在,这一点甚至连怀疑主义的休谟也明确地指出了。马克思在《德意志意识形态》里也说,没有自然,工人什么也不能创造。问题在于"进入意识",在于在反思理性中如何确证一个外在的、先在的绝对存在。这才是思辨本体论遭遇的理论困境。如前所述,这一困境表明了人类认识的相对性和有限性。施密特同第二国际的理论家一样,忽视了本体论作为哲学的不可能就是"外在于人"的"存在"这种抽象的范畴逻辑论证上的不可能和悖论性质。因为存在总是思维到了的存在,思维总是对存在的思维,要在思维中确立一种思维之外的绝对先在的本体,这是一个悖论。康德哲学的"自在之物"揭示了这个悖论,并继续处在这个悖论

---

① [德]施密特:《马克思的自然概念》,欧力同等译,北京:商务印书馆,1988年,第17页。
② 同上书,第63页。

之中,因此不彻底地批判还原主义的本体论及其思维方式,经验主义地肯定实存根本不构成对形而上学的本质批判,而且没有跨进形而上学的门槛。施密特对这一处境似乎没有足够的认识。在他看来,本体论的问题核心好像真的是承不承认物质的经验上的存在,而不是一种哲学形态的困境。他始终担心的是"把自然消融到用实践占有自然的历史形态中去",所以反复强调自然与物质同实践的非同一性,甚至说对自然物质不可取消性的认识构成马克思唯物主义的核心。① 这样,马克思又成为主张抽象物质本体论的唯物主义者了。

施密特批评恩格斯和苏联哲学时说:"在任何场合下,为了用物质去概括地形而上学地揭示世界,不管人们愿意与否,就只能从作为普遍原理的物质出发,而不是从物质的具体的存在形态出发。"事实上,在先在性、独立性和外在性前提下的物质概念及其"具体性",不能说是"非本体论"的、后形而上学的。施密特说:"马克思在把人类劳动称之为物质形式遵循规律性的变化的同时,也完全没有忘记一般的哲学的东西,即世界是以一定形式自己运动着的物质。这一点非常值得注意。"②施密特的这一说法同他对恩格斯的批判显然相互矛盾。他说:恩格斯"关于世界的物质性一说,决不具有积极的意义,它只不过朴素地表明自然界所与的总体之物质性质。"③很显然,恩格斯没有比施密特肯定更多的东西。为什么恩格斯是形而上学本体论的,而施密特及其阐释的马克思就不是呢?施密特以自然和社会双向中介多次批评卢卡奇的"自然是一个社会范畴"的唯心主义倾向,并没有表明他对这一倾向的积极克服,而是遮遮掩掩地回到他们共同批判的唯物主义本体论立场。事实上,卢卡奇的这一命题本身就是在主客相互作用的意义上批判物质本体论的。而在施密特这里,由于对"先在性"和"外在性"等本体论原则的强调,中介性范畴没有内在地构成理解"存在"的本质规定,所以他对"本源的物质"的批判和对"物质统一性"的唯心主义的指认等等终究是含混的、半途而废的,对物质自然先在

---

① [德]施密特:《马克思的自然概念》,欧力同等译,北京:商务印书馆,1988年,第79页。
② 同上书,第76页。
③ 同上书,第54页。

性、外在性的强调退回到了反思哲学前的"朴素的实在论"了。

施密特最终说:"在马克思那里存在着一般本体论的东西,虽然应理解为否定的本体论。"施密特以此强调自然物质与实践的非同一性,最终的不可消除性,实际就是捍卫物质本体论的立场。所谓的"否定的本体论"不过是指劳动中介对先在物质的改造过程。他谈到劳动时说,"劳动不仅是精神对直接的东西的否定,也是对肉体的否定,它在人理论地、实践地改变自然物质之后,而再度回复其物质的对象性时,又是否定之否定。"在对劳动的阐释中,施密特用"自然的人化"向第一自然的"倒退"来论证自然的先在性和外在性,强调"劳动"本质上只是"物质变化"的一种形式,实际上是物质形态内部的变化。这样,劳动作为特殊的存在过程和存在中介的本质性地位被忽略了。施密特说,马克思的辩证法中取得最终胜利的是"非同一性";这种"非同一性",是指自然和物质"自在"的、先在的性质,人化的自然只是其中一个中介的环节。

施密特强调,马克思虽然承认人与自然的物质变换形式的规定性具有历史的变化,但他"更注意它的与此无关的质料方面",也就说,与历史的变化无关的"客观性"才是马克思注意力所在。施密特这样的论断是差强人意的,他根本无视马克思思想的基本视域。事实上,马克思关注的恰好是非质料的历史的方面、社会的方面。因此,社会性和历史性成为马克思存在范畴的本质特征,而不是抽象的自在性、客观性。以实践的、历史的观点扬弃抽象的自在性,才是马克思思想的本质。物质本体论是马克思要吸收和扬弃的理论对象,而不是其理论的本质。正是这样,对现代人类生存状况的批判才成为历史唯物主义的根本主题。

施密特的出发点是批判对马克思的本体论阐释,力图立足于两种解释传统的理论张力,进行一种具有原则高度的理论综合。然而,他却停留于本体论的争论,受制于本体论本身的提问框架,而对这个框架缺少实质性的批判,马克思存在论分析的视野终究没有呈现出来。从批判本体论出发,最后却无意中变成隐性地为物质本体论辩护。在抽象本体论思维中,抽象的"外在性"和"先在性"成为规定物质本体或与精神本体的前提性范畴,物质与精神、思维与存在之间的对立与同一只能是一种等级系列中的外在的、思辨的同一。在这样的前提下,中介性范畴最终只能是"第一哲学"的牺牲品、本体论的配料。它非但不能终结所谓的思辨哲学,反而成为思辨哲学继续生存的拐杖。

二、自在的规律性止步于思辨辩证法

施密特用中介性和具体性范畴批判形而上学本体论,中介性和具体性表达了过程和联系的含义,因此与辩证法相关。恩格斯甚至直接就将辩证法定义为关于联系和发展的科学。施密特批判物质本体论,就会延伸到对自然辩证法思想的批判,因为物质本体论和自然辩证法之间存在着一种内在的对应关系。遗憾的是,施密特在本体论上存在的疏漏原样地表现在对自然辩证法的批判上。施密特旗帜鲜明地以批判恩格斯的"自然辩证法"为出发点。表面上看,他继承了西方马克思主义的一贯传统,但对自在规律性的坚持又与西方马克思主义的辩证法思想有着原则上的不同。施密特在批判自然辩证法的同时,无意识地坚持自然辩证法的自在原则,因此并没有真正走进实践思维开启的后形而上学存在论视域。

施密特说:"这里必须指出:即使恩格斯背离了自己使自然科学辩证法化的主张,拒不使用自然哲学的概念,但是,由于他超出了马克思对自然和社会历史的关系的解释范围,就倒退成独断的形而上学。"[①]这是施密特对恩格斯自然辩证法的一个根本定位。在施密特看来,恩格斯的《自然辩证法》是在贯彻"把自然科学的历史与体系同一起来的意念",本质上是形而上学地建构自然哲学体系的努力,试图在自然科学的综合中抽象出一般的普遍的统一规律。在这种抽象中,它忽视了自然与社会历史的相互中介关系。施密特以此批判一种纯粹的自然及其规律性概念,从方向上说,这无疑是正确的。他说:"恩格斯借助辩证法的范畴,解释既成形态存在的现代自然科学的各种成果",从而使得"恩格斯的自然辩证法只是一种必然的、外乎事实的考察方法,当他立足于唯心主义思辨的前提上,毫无结果地把黑格尔的范畴'应用'于生物学的细胞概念时,这就更加

---

① [德]施密特:《马克思的自然概念》,欧力同等译,北京:商务印书馆,1988年,第44页。

明显了"。① 的确,恩格斯只是在自在联系和发展的意义上理解辩证法的涵义,客观的规律性成为其自然辩证法的本质规定,所谓的辩证法就变成对客观规律的普遍抽象。② 对此进行批判,是西方马克思主义的一贯立场。卢卡奇在《历史与阶级意识》中,根本性地揭示了自然辩证法概念无视主客体辩证法这一本质性的关系,阐释了实践辩证法的根本观念。

　　施密特对恩格斯的批判试图借助西方马克思主义的这一思想传统,同时又克服他所担心的主客体辩证法中"唯心主义"的倾向。施密特说:"在恩格斯那里,自然和人不是被首要意义的历史的实践结合起来的,人作为自然过程的进化产物,不过是自然过程的受动的反射镜,而不是作为生产力出现的。"③辩证法就这样被排除于实践之外,成为自然辩证法。"恩格斯在这里把'自然的世界和人类的历史的世界'看作两个割裂的领域时,一开始就妨碍他达到'事物的辩证法'。"施密特以自然和社会的分裂来批判恩格斯自然辩证法的出发点是不能成立的。事实上,恩格斯的整个努力恰恰是要揭示自然与社会同一的、普遍的规律性,而不是要将自然和社会分开来说,看成两个分裂的领域。恩格斯在《反杜林论》第三版序言中清楚地指出:"马克思和我,可以说是把自觉的辩证法从德国唯心主义哲学中拯救出来并用于唯物主义的自然观和历史观的唯一的人。"④ 妨碍恩格斯达到"事物的辩证法"的根源更不在于这种所谓的割裂或统一,而在于施密特批判过的物质本体论思想和世界的物质统一性学说,使得恩格斯坚持一种绝对自在的规律性概念,并试图将这种具有决定论性质的规律概念贯彻到所有的存在领域,包括社会历史领域。

　　在这样一种努力中,自然与历史相互中介的实践范畴被抽象掉了,过程和联系变成了自在的必然进展,存在范畴又回到了非实践的同一性之

---

① [德]施密特:《马克思的自然概念》,欧力同等译,北京:商务印书馆,1988年,第46页。

② 这一点只是就基本的性质和基本方面来说的。我们知道,恩格斯有时也批判自然科学的唯物主义的那种"非历史"的自然概念。即便在恩格斯的《自然辩证法》中,恩格斯也曾经指出,在人类实践中"永恒的自然规律越来越变成历史的自然规律",批评那些自然研究家认为只是自然作用于人,只是自然条件到处决定人的历史发展,而忘记了人也反作用于自然界,改变自然界,为自己创造新的生存条件(参见《马克思恩格斯选集》第4卷,北京:人民出版社,1995年,第329页)。

③ [德]施密特:《马克思的自然概念》,欧力同等译,北京:商务印书馆,1988年,第50页。

④ 《马克思恩格斯选集》第3卷,北京:人民出版社,1995年,第349页。

中。与抽象本体论相联系的辩证法只能成为思辨的逻辑联系和逻辑规则，哪怕这种规则是所谓辩证的，而不是形式逻辑的，它总是以抽象的决定论结构作为核心。因此，所谓的辩证逻辑，仍然只是从属于绝对必然性的概念，与传统的形式逻辑分享着同样的理论前提。在这样的视域中，实践的能动性不过是以符合论的理论认识为前提，从属于决定论逻辑，表明的是对自然的服从，目的性、选择性、创造性和超越性没有成为辩证法的基本范畴。恩格斯就说，自由是对必然的认识。于是，客观辩证法就等于普遍的客观规律，主观辩证法就是对这些客观规律的认识和反映。在这一辩证法概念中，规律的规律性是非实践的、自在的和决定论的，它以一种新的方式重新肯定刚性的决定论思想。抽象的辩证法规律本身也不再是被实践中介的，而是放之四海皆准的律令。面对实践活动之外的自在存在及其必然的规律性，理论上的直观和实践上的服从就是基本观念。

施密特用实践和劳动的中介性来批评恩格斯的"自然辩证法"思想，批判这种绝对的自然过程概念和规律性，认为它脱离了马克思自然与社会相互中介的思想。施密特说："思想作为现实的本质之组成部分，总是潜入被思想所反映的现实。在马克思看来，担当着文化内容的客观的经济辩证法，它本身已经包含着活动主体的精神。"①早年卢卡奇以主客体辩证法中的历史生成概念批判"资产阶级思想的二律背反"，顺便指责黑格尔不懂得真正的历史动力，在主客体的实践关系中阐释马克思的辩证法概念，为西方马克思主义奠定重要的理论基础。施密特对马克思的理解受到这一传统的影响，他说："马克思并不想停留在人类以前的自然存在及其历史上（在这一点上，恩格斯奇怪地同曾被他激烈批判过的费尔巴哈广为一致），不是仅仅从'客体的形式'去考察现实；尽管他高度评价黑格尔，但也不是仅仅从'主体的形式'去考察现实。"②这无疑是从马克思《关于费尔巴哈的提纲》第一条出发的，它抓住了理解马克思辩证法思想的关键。在同一提纲中，马克思还说，环境的改变与人的活动的一致，只能被理解为变革现实的实践。实践辩证法的核心原则被本质地标识出来

---

① ［德］施密特：《马克思的自然概念》，欧力同等译，北京：商务印书馆，1988年，第51页。
② 同上书，第79页。

了。不过在这里,施密特的阐释仍然留下了一个重要的缺口。他说,"马克思并不想停留在人类以前的自然存在及其历史上",似乎马克思对费尔巴哈"绝对自然"概念的批判只是一种理论上的随意偏好,而在人类活动之前和之外的自然和历史是可以单纯地从"客体的形式"去考察的。施密特没有关注到马克思的批判具有一般的方法论意义,马克思是将脱离现实实践和历史的先在概念和自在概念作为一般的形而上学抽象来批判的。

施密特明确地指出了劳动范畴作为中介对于马克思辩证法的根本重要性。这一阐释是至关重要的,"因为人对自然的关系是以人们之间的相互关系为前提的,所以劳动过程作为自然过程,它的辩证法把自己扩展为一般人类史的辩证法"。①"只有通过作为中介的实践,人才能认识并且有目的地利用物质的运动形式,这是马克思的唯物主义中辩证法的本质。"②这一点的确抓住了马克思辩证法的根本。没有实践的中介,先在的自然概念和过程概念不仅是无法确证的,而且是无法形成的;它只是一种"想象",因为我们已经在对象性的实践和认识之中。更为重要的是,马克思不是一般地看到了事物的联系和发展,而是在实践、在劳动、在主客体相互作用的历史处境中理解联系和发展,理解关系范畴,理解存在如何对我们而存在,而且我们因此如何存在。存在过程绝不是自在的进展,而是实践中的生成,因此是主客体交互作用的辩证过程。辩证法的规律和范畴不能再停留于自然辩证法的水平上。

辩证法的意义首先是存在论的,主客体辩证法是实践范畴的本质涵义。辩证法既不是指一种主体方面的逻辑思维模式,也不是指客体方面的必然性联系。在历史的实践中,主观辩证法和客观辩证法之间的抽象对立以及从理论上消解这种对立的努力,从根本上失去了意义。如施密特所说的那样:"如果像马克思一样,不再把自我实现的绝对概念作为矛盾的推动力,而只剩下受历史制约着的人作为精神的承担者,那末,也就谈不上什么不依赖于人的自然辩证法,因为自然界并不存在辩证法中最

---

① [德]施密特:《马克思的自然概念》,欧力同等译,北京:商务印书馆,1988年,第58页。
② 同上书,第99页。

本质的一切要素。"①施密特还在经济学的语境中指出:"在马克思看来,一切自然存在总是已经从经济上加工过的,从而是被把握了的自然存在,这时,这存在的结构是辩证法还是非辩证法的问题,在马克思看来,是'离开了实践……纯经验哲学的问题'。"②当然,自然之被社会中介绝不只限于经济的方式,关于这一点,马克思在《1844年经济学—哲学手稿》中已经明确地表述过了。自然不仅仅是劳动的对象,而且是意识的精神生活的对象。由于施密特较多地借助马克思的晚期著作,他往往只是在经济活动的意义上强调中介性,甚至直接称马克思的唯物主义为"经济学唯物主义"。这种阐释也易于导致误解,甚至导向错误的理论定位。经济对自然的本质性中介,实际只是资本主义时代的产物,是一种现代性的历史存在论事实。

既然"在马克思看来,一切自然存在总是已经从经济上加工过的,从而是被把握了的自然存在",那是不是说马克思"将自然消融到历史中"去了呢? 施密特批判卢卡奇的"自然是一个社会范畴"的命题,为此采取晚年卢卡奇的策略来阐释辩证法的概念,这就是规律性加目的性的二重逻辑。"辩证唯物主义和一切唯物主义一样,也承认外界自然的诸规律和诸运动形式不依赖于意识而存在。但是,它自身只有在成为为我之物的时候,即在自然组合进入与社会的目的中去的时候,才成为重要的。"③这实际上是在目的性活动之前,确立规律的客观性和必然性概念,人与此种规律之间的关系不过是认识、确证和利用关系。自然辩证法的核心就这样被原封不动地保留下来了。施密特说:"在唯物主义者马克思看来,自然及其规律是不依赖于人的一切意识和意志而独自存在的,但只有运用社会的范畴,有关自然的陈述才能定型、才能适用。如果没有人为支配自然而努力奋斗,就谈不上自然规律的概念。"④在这里,含混是显而易见的。施密特正确地肯定了人类认识的历史性和过程性,后一句话实际上是说没有人类的实践就无所谓存在"自然规律";但与此同时,他又肯定自然及

---

① [德]施密特:《马克思的自然概念》,欧力同等译,北京:商务印书馆,1988年,第56页。
② 同上书,第57页。
③ 同上书,第54页。
④ 同上书,第67页。

其规律的绝对性"独自存在",并以此将马克思的辩证唯物主义和一般唯物主义联系起来。他说:"一般说来,唯物主义意味着认为自然规律并不依赖于人的意识与意志而独立存在着。辩证法的唯物主义也意味着这一点,只是它认为人们只有通过他们劳动过程的各种形态才能证实这种规律性。"①马克思"并不否定物质自身的规律性,他理解到只有通过作为中介的实践,人才能认识并且有目的地利用物质的运动形式,这是马克思的唯物主义辩证法的本质"。②

到此,施密特所阐释的辩证法概念内在的二重逻辑就显而易见了。他认为,马克思的唯物主义辩证法的本质在于理解到只有通过作为中介的实践,人才能认识并且有目的地运用物质的运动形式。马克思并不否定物质自身的规律性,而是认为只有通过具体的实践才能认识和利用客观的规律性。但是,施密特忽视了这种"自在规律"的概念本身与抽象本体论一样,是一个抽象的产物,意味着一种论证上的悖论。既然只有在实践中确证,那么,非实践的自在规律概念如何可能呢?施密特看来没有意识到康德哲学揭示出的这一思想困境,只是在客观规律的基础上引进劳动的目的性概念,因此自然辩证法的本质规定性仍然完全地保留着。他正确地强调了人类实践活动对对象的构成和参与,但他并没有将此思想深入地贯彻到对自然辩证法的本体论批判上,批判非中介的、外在的、自在的规律概念,而是坚持客观规律的独立存在。撤销掉人类实践中介性的因素,仿佛一种自在的规律性概念还是可能的。

施密特的这种阐释,实际上已经离开了马克思的"对象性"思想。他只是将中介性、具体性,因此将实践性范畴作为一个本体论后续的、补充性的环节。在马克思的思想视野中,因为实践真正被领会为具有存在论意义的中介范畴,存在是实践范畴中介的后形而上学概念,因此"自在的规律性"被作为抽象概念扬弃,就像自在的自然概念被本质地扬弃一样。在这个意义上,"物质的概念史……密切地和社会实践的历史结合着"③

---

① [德]施密特:《马克思的自然概念》,欧力同等译,北京:商务印书馆,1988年,第100页。
② 同上书,第99页。
③ 同上书,第59页。

这样的指认才具有本质性的意义,它潜在地意味着"规律"不论在实践还是在认识上的历史构成性。这样一来,实践中介才能贯彻到规律性的范畴之中,而不是外加在规律性之后。

施密特在客观规律的前提下补上目的性范畴,这种解释策略与第二国际的传统之间没有本质的区别。认识世界(因为世界存在着不以人的意志为转移的客观规律)和改造世界的(因为人应该利用对世界的客观认识来满足自己的需求)双重关系,以一种新的话语方式被重复。自然辩证法中规律的绝对性逻辑仍然坚硬地保持着,中介性在对规律的客观性和外在性的强调中被牺牲掉了。正像实践的中介性思想并不是批判而是被用来巩固本体论预设一样,目的性活动在此并没有成为辩证法概念的规定性。

我们说过,施密特虽然阐释了马克思物质和自然概念的"具体性"和"中介性",但却以物质与实践非同一性的概念来隐性地确认一种物质第一性概念。施密特在辩证法问题上的含混和犹豫,就根源于这种本体论问题上的失误。施密特最终从本体论上坚持物质的先在性、外在性,而不是用中介性的思想来批判这种抽象的物质观,由此延伸,外在规律或客观规律的概念被从本体论上保留着。"辩证法"实质上只是一个"物质本体论"的从属原则,还只是"物质"前提下的过程联系,哪怕是劳动和实践中的联系。施密特仍然非反思地确认未被触动的事实性和规律性,并反复强调马克思坚持外部自然及其规律对社会的中介因素的先在性。事实上,他是以一种潜在的"绝对客观性"为前提,他所阐释出来的辩证法概念是自然自身的规律性和人类活动的目的性的相加,最终没有走出思辨辩证法。

三、未将实践引入存在论的认识论后果

施密特指出,要在严格的意义上论述现代思想家的自然概念,就不能回避他们所持的认识论立场。[①] 施密特将本体论上的观点贯彻到对认识论的讨论中,以规律性和目的论的辩证关系阐释马克思的认识概念,将认

---

① [德] 施密特:《马克思的自然概念》,欧力同等译,北京:商务印书馆,1988年,第111页。

识论问题和实践的中介性问题紧密地联系起来,从而也就将认识论问题同存在论联系起来了。如他正确地指出的那样,在马克思看来,认识过程不单是理论的内在过程,也为生命服务;把认识过程看作一个自足的与生命相分离的存在过程的观点,不过是人的自我异化的表现。① 所以,施密特在具体论述马克思的认识概念之前,首先讨论规律性和目的性的相互关系问题。

施密特说:"所有对自然的支配总是以有关于自然的各种联系和过程的认识为前提的,而反过来,这些知识又是从变革世界的实践中才得以产生的。"②一般地说,认识根植于实践同时服务于生活的实践,在马克思的思想语境中,这是毫无疑问的。但是,简单地强调实践对认识的中介性并不构成马克思认识论的独到之处。如果仅仅是从理论与实践相互关系的认识论路向来理解"实践",势必导致理论与实践范畴之间循环规定的反思联系。在这种二元关系中阐释认识概念,认识往往会被单纯地理解为一个工具主义的范畴,尤其是在支配自然和改造自然的实践意义上,认识就只能从属于一种目的论解释。其实,"实用"的认识概念主要是现代性的产物,马克思对此也有明确的阐释。③ 施密特忽视了认识活动目的论化的历史性,在目的论和规律性的双重关系中阐释认识的规定性,严重局限了他对马克思认识论的阐释。他说:"唯物主义的辩证法在自然规律与目的论的后面,探索出必然与自由两者关系的普遍真理。"④

这样一来,施密特完全遵从"自由是对必然的认识"这一基本思想,认识就是为了实践的目的对客观规律的揭示,由此获得实践中行动的自由。他再次将自然规律的客观性和实践的目的性这一双重逻辑作为马克思认识概念的理论基础。在施密特看来,人类实践目的社会的、历史的具体性中介着自然规律的"实现形式",但"自然规律并不依赖于人的意识和意志而独立存在着。"他说:"一个物质在其固有的规定性界限内,同人对它进行创造的方式无关,这的确意味着不只是目的的设定从属于物质,物质也

---

① [德]施密特:《马克思的自然概念》,欧力同等译,北京:商务印书馆,1988年,第96页。
② 同上。
③ 可见本书第四章第三节的相关阐释。
④ [德]施密特:《马克思的自然概念》,欧力同等译,北京:商务印书馆,1988年,第97页。

从属于目的的设定。"①以此为理论的出发点,施密特首先批判了"模写"这一认识论概念。他说:"从认识论来说,自然与其是作为逐步地纯粹'给予的东西',不如说越来越作为'被创造的东西'出现的。这是从中世纪社会向资产阶级社会进行经济转换所伴随的现象。随着人对自然过程的有组织的干预越发无所不包,对客观结构的被动模写就越来越乏力,显然,所谓'模写'这个认识论概念是站不住脚的。"②因此,不能像"东欧的通俗论文"那样"把马克思的理论和所宣传的'模写说'混为一谈。"③

的确如施密特所说的那样,"马克思并不把概念看成是对于对象本身的朴素实在论的模写,而看成这些对象的被历史所中介了的关系的反映。""认识的要素是不同规定的历史的产物。"④不仅认识的主体,而且认识的客体本身也被历史所规定,主体与客体之间在实践中并不存在抽象的对立。施密特这种说法完全是正确的,它在一定程度上动摇了模写说的理论基础。但是,当施密特试图利用"历史中介",将"模写"这个概念作为直观反映论的概念来批判时,还是留下了一个理论缺口。他没有明确地区分"模写论"的产生具有历史的基础和人的认识本身是不是"模写",这是两个不同层次的问题。好像模写说的站不住脚,只是因为现代生产使世界越来越成为被建构的世界,自然越来越成为"被创造的东西"。在现代社会,由于感性的世界越来越具有被建构的性质,"模写说"才失去了历史的条件,也就是说,人们才意识到"认识不是模写"。但是,这绝对不意味着在古代社会人们的认识就是"模写",绝对不意味着由于现代社会生产中自然"客观性的规定逐渐进入主观之中",人们的认识才不再是一种简单的模写关系。"模写说""站不住脚",并不是因为人类的实践越来越具有"超出自然的直接性",而是源于理论本身的困境。

认识并不是一种模写,但认识到这一点却是现代思想的结果。正是在这个意义上,才可能领会康德先验认识论批判的意义,它使得"一切直

---

① [德]施密特:《马克思的自然概念》,欧力同等译,北京:商务印书馆,1988年,第103页。
② 同上书,第111—112页。
③ 同上书,第112页。
④ 同上书,第116页。

接的东西被主观概念所中介的思想成为主导的论题"①。的确如施密特所说,马克思并没有抛弃这种认识的"主观概念"中介性的思想,而是将这种中介作用与人类有限的历史生活过程联系起来。② 马克思批判和继承了康德认识论哲学的成果,他"意识到,唯心主义哲学,特别是在它的康德哲学形态中,一旦弄清了直观地给予的经验世界决不是终极的东西,而总已是主观作用使之形成与统一的结果之后,唯物主义的批判本质在于:它不指望返回朴素的客观主义,并不抽象地否认唯心主义的看法本身,而在于它对客观的经验世界和关于它的统一意识是能共存的问题,作出了已非唯心主义的解释"。③

虽然,马克思没有专门论述认识论的存在论基础问题,但认识论思想必定建立在一种存在论基础之上。由于对马克思实践范畴存在论意义的领会不足,施密特始终没有清楚明晰地解释马克思认识论同黑格尔的本质区别。这一点在如下的表述之中相当明显:"从实践上把上述的客观主义和主观主义结合起来,构成黑格尔与马克思的劳动的辩证法的特色,反映了现代认识论的根本立场。反过来,这正是在马克思的形态中才固有的唯物主义思想。这些认识论的根本立场反映着生产的实践阶段以及这些阶段的历史的转换。"④在这样一种含混的表述中,与其说区别不如说混同了马克思和黑格尔。施密特阐释历史、劳动、实践和工具等范畴时,都没有有效地将马克思和黑格尔区分开来。他虽然也说马克思"对黑格尔的主观和客观的同一性进行了唯物主义的批判"⑤,并且还正确地引证过马克思批判黑格尔的观点,但他这里所说的唯物主义(如前面我们指出的那样)不过是隐性的物质本体论,并没有真正抓住马克思的存在概念的核心原则。

在施密特看来,马克思在认识论上不过是批判地把康德和黑格尔连接起来。马克思"既保持康德关于主观与客观的非同一性观点,又坚持康

---

① [德]施密特:《马克思的自然概念》,欧力同等译,北京:商务印书馆,1988年,第112页。
② 同上。
③ 同上书,第118页。
④ 同上书,第121页。
⑤ 同上书,第127页。

德之后的不排斥历史的观点、主观与客观建立在彼此换位的关系上的观点"。这样一来,"马克思就在康德和黑格尔之间的转换中占据中介的位置"。① 康德的"非同一性观点"就是康德"自在之物"的唯物主义因素,"不排斥历史的观点"就是黑格尔的过程性和中介性的观点。很显然,作为马克思认识论思想基础的存在论及存在论视野中的"历史性"概念,无疑被遮蔽了。历史性和实践性并没有真正构成认识论批判的存在论原则。如果没有对"存在"本质上的、立足于历史中介性的理解,还坚持一种抽象的存在概念和第一性哲学,那么,中介性便只是"第一性"本体论预设之后的派生性范畴,就不可能彻底击倒模写说,而只能在模写说的底版上加上能动性的色料,在反映论的基础上加上能动的反映论。认识本质上仍然只是一种反映,真理被理解为符合论的知识。

施密特对"历史的实践是认识的基础,是真理的标准"这一命题的修正和限制是十分准确的,尤其是他明确指出,"仅仅由于实践——作为历史的总体——一般地构成人们的经验对象,即实践在根本上参与经验对象的内部组成,因而实践才成为真理的标准"②。但是,实践必须不只是作为认识论范畴才可能成为讨论认识论问题的基础。亦即是说,"实践"本身必须从认识论的框架中解放出来,成为存在论内在的原则,成为基本的世界观和方法论,才能有助于认识论问题的解决。由于受到本体论问题上的局限,施密特没有真正揭示出马克思实践范畴的存在论意义;换句话说,实践范畴没有在更根本的存在论的意义上得到探讨,对实践思想的深刻洞见始终无意识地纠缠在认识论哲学的路线上,实践只是被理解为认识的一个环节,而没有获得更为一般的意义。

总而言之,施密特试图抓住本体论问题,以"非本体论"来定位马克思的思想。然而,在西方马克思主义和传统马克思主义双重遗产的强大张力中,施密特自己的立场却显得飘浮不定,他以矛盾的方式实现两种立场的结合,一些深刻的见解与不同立场的折中大量并置在同一个文本中,结果是两种立场在其思想中各自的不彻底性。一方面,他以双向中介性的

---

① [德]施密特:《马克思的自然概念》,欧力同等译,北京:商务印书馆,1988年,第127页。
② 同上书,第125页。

范畴来批判对马克思的抽象本体论解释,在他看来,物质本体论的"物质同一性"忽视了中介性和具体性,而卢卡奇的"自然是一个社会范畴",虽然强调了具体性,但却将自然物质消融到社会关系的历史实践中;所以,另一方面,为了批判卢卡奇等人的"唯心主义"倾向,他又在作为劳动质料的"先在性"与"外在性"自然概念中再一次回收了所有的本体论前提,结果导致了对马克思思想的本体论与非本体论性质的双重指认。这种指认并不是因为对"本体论"范畴作了不同的规定性,从而只是一个形式问题;而是由于对本体论和形而上学缺乏前提性的批判,马克思思想的根基和基本视域没有得到彻底揭示。施密特对马克思思想"非本体论"的指认,并没有取得实质性进展。不仅在本体论问题上,而且在辩证法和认识论问题上,施密特仍然具有形而上学的残余,马克思思想的后形而上学性质没有被本质地揭示出来。

第二章　实践：存在的辩证过程

我们已经初步将历史唯物主义阐释为后形而上学的存在论视域，这个阐释的依据是本体论形而上学自身的理论困境和马克思对本体论抽象的批判。存在论是指"关于存在的学问"，传统本体论只是存在论的一种典型形态——形而上学形态。通过实践思维，历史唯物主义揭示的乃是一种后形而上学的非本体论存在概念。在这里，抽象的本体论及由此构成的认识论困境终结于实践贯穿的历史内在论。存在被理解为生产过程，不再以还原主义的方式追问最终的、绝对的本质和本体，而是在现象学的意义上把握存在，把握具体实践中的对象性关系和对象性存在。存在论的关键问题不再是"存在是什么"和"为什么存在存在"，而是"存在怎样存在"以及"怎样去存在"。形而上学的存在概念是本体论的，后形而上学的存在概念是现象学的。但是，对于历史唯物主义来说，后形而上学视域得以呈现的基础不在于现象对本体的颠倒，存在被归结为现象，而在于实践，在于通过实践规定的对象性和对象化，因此在于实践成为后形而上学存在概念的核心范畴。在历史唯物主义的实践思维中，现象学成为历史现象学或社会现象学。这不是说实践成为本体，而是说实践性在存在论上，亦即是在"论存在"上成为基本原则。本章对于历史唯物主义实践概念的存在论阐释，实际上是历史唯物主义作为实践贯穿的历史内在论的初步展开。

第一节　实践作为存在论范畴

实践是历史唯物主义的基本概念，实践的观点始终被认为是马克思主义哲学的根本观点。甚至有人直接地称马克思哲学为实践哲学。在西方,以葛兰西为奠基人形成了实践派的马克思主义。目前,国内也有学者在"实践本体论"的命名下领会马克思思想的哲学性质。一般地说,马克思哲学思想是一种实践哲学。实践是其思想的根本特征并不成问题,问题只在于怎样理解"实践","实践"范畴是在什么样的视域中被阐释,这些阐释是否真正与马克思的思想相关并进入马克思思想的基本境域。"实践"完全可能成为宿命论和唯意志论的共同范畴,如实证主义和费希特的行动哲学。在某些理论家那里,机械的经济决定论立场也没有影响他们对马克思主义实践性的强调。在机械反映论那里,实践仍然可以被看作认识论的基本范畴,成为认识的来源、动力、标准和目的。因此,这里,我们首先要在存在论的层面上阐释实践范畴。通俗地说,就是将实践思维看作一般意义上的世界观和方法论,从根本上改变形而上学的思维方式。

一、实践范畴的存在论性质

一般来说,实践性被看成是马克思主义哲学的根本特征。这种实践性大体上在理论来源于实践并且指导实践这一方向上得到理解。理论来源于实践决定了马克思主义反映现实的科学性,而来源于实践的理论指导实践决定了它改造现实的革命性,马克思主义因此是科学性与革命性的完美统一。这样的理解固然不错。但真正说来,在理论与实践二元架构中被理解的实践,本质上已经前提性地从属于认识论哲学(意识哲学)的基本路线了,实践只是被看作构成认识的一个环节,哪怕是根本重要的环节。实践越是作为认识论的基础被强调,便越是被本质性地定位在认识论哲学的航道上。更为有害的是,马克思的思想被作为实证主义或实用主义来理解,"实践性"的本质被粗疏地把握为实证性和实用性。实践范畴作为"一切从实际出发"的哲学依据,有时还不免充当意识形态的角色,简单地为"现实"辩护,而不再是一个批判的、革命的范畴。

当然,这并不是说实践范畴没有认识论的意义,甚至不构成认识的重要环节,而是说,实践思维开启了一种极端重要的后形而上学存在范畴,历史唯物主义的实践范畴具有更为基础的存在论性质。无疑,马克思并没有以实践范畴为核心建立起完善的哲学体系,本身也没有对"实践"范畴作直接的、体系化的阐释。但是,实践的思维方式却贯穿于他的整个思想之中,贯穿于他对世界的理解之中。在前面的导论中,我们已经阐释,以什么样的方式看世界与能够看到一个什么样的世界是一体的。存在论只能是论存在,方法论就是世界观。以实践的思维方式看待世界,我们看到的就是一个实践生成中的世界。就是说,将实践范畴引进存在论,以实践的观点看待存在的世界,存在就不是抽象的本体,而是对象化生成中的对象性存在。简言之,只有在存在论上把握"实践"思维对抽象本体论思维方式的超越,才能获得马克思对现代社会进行具体的存在论批判的理论入场券。

在马克思那里,作为感性活动的实践范畴首先具有存在论的意义。这就是说,马克思的"存在"范畴是在作为感性活动的实践中被领会的。由于将实践的中介性和过程性作为存在本身的规定,存在是对象化实践中的对象性存在,而不是还原论意义上的抽象本体,现实过程不再被理解为最终本源、最终实体或者最终本质在现象上的历演。对象性的存在意味着现象之外并无另外的本体或造物主,"存在"就是现象。这一点首先构成对先验哲学的批判。对象化的对象性存在进一步意味着存在不再被理解为自在存在和自在过程,而是实践中的生成。存在在人的对象化实践中作为对象性的存在,不仅是说人们无法证成实践(从而认识)之外作为本体的绝对存在概念;而且是说,人的实践创造和改变着存在的具体过程和形态。在一般的非本体论存在概念之后,通过实践的对象化范畴,历史唯物主义在后形而上学思想中获得了本质的优势。它不是一般地否定作为本体论的存在论,而是通过实践概念将存在论导向了社会性和历史性的维度。正是能够通过对象化的客观性概念,历史唯物主义避免了一般后形而上学思想,尤其是后现代主义没有避免的相对主义和虚无主义倾向。

存在在具体的实践关系中与人相联系而存在,它首先并不需要一种概念抽象中的本体论证明,也不需要崇拜自在的"事实性"。首要的问题不是存在是否存在、存在为什么存在,以及存在是什么等等本体论的追问,而是存在怎样存在,并且怎么样去存在。"存在"与具体的社会生活(实践上的、理论上的)相联系的观点,成为对本体论思维的直接克服。

"存在"概念只能是社会性的、历史性的,是感性实践中的统一,是对我们而在。因此,作为范畴的物质、精神、自然、社会等等的划分具有而且只是具有认识上的意义,是观念中的抽象,它们不是脱离"实践"中介性的任何抽象意义上的本体。

马克思对存在的理解决不停留于"先在性"和"外在性"的抽象上。建立于抽象主义和还原主义的思维与存在、物质与精神反思中的对立与统一,根本不是马克思的问题框架。与其说马克思实现了二元哲学建制的贯穿,毋宁说,他通过"实践"视域消解了本体论的思维方式及其二元论建制,阐释了一种内在于实践的存在概念。因此,马克思说:"从前的一切唯物主义(包括费尔巴哈的唯物主义)的主要缺点是:对对象、现实、感性,只是从**客体**的**或者直观**的形式去理解,而不是把它们当作**感性的人的活动**,当作**实践**去理解,不是从主体方面去理解。因此,和唯物主义相反,**能动的方面却被唯心主义抽象地发展了**,当然,唯心主义是不知道现实的、感性的活动本身的。"①

马克思这一经典表述被广泛引用,以至于其基本的意义变得模糊不清了。在终结本体论的意义上,我们认为,一提纲具有深刻的存在论意义,它以实践的对象化和对象性思维颠覆了任何形而上学的本体,开创了一种非本体论的后形而上学存在论视域。唯物主义和唯心主义作为两种基本的本体论形态,分享着同样的抽象前提,没有真正在感性活动中理解存在,因此构成存在与思维的二元对立。将存在作为感性的活动来理解,亦即是作为实践来理解,从对象化的对象性来理解,意味着以实践贯穿的"内在性"瓦解了二元论,同时也瓦解了第一哲学。这种"内在性"拆除了存在与思维"走进"与"走出"的门槛,因为现实的感性存在本身就是二者的统一,"对立"是脱离了感性实践的抽象结果。

马克思点名批判两种基本的本体论形态,揭示它们共同的形而上学本质,实际上是对本体论思维本身的批判。马克思在对象性关系中,以对象化的实践作为批判抽象本体论的根本范畴,确立了一种理解"存在"的新基础。正如葛兰西所说,即使可以称马克思的哲学为"一元论","它肯

---

① 《马克思恩格斯选集》第1卷,北京:人民出版社,1995年,第54页。

定既不是唯心主义的一元论,也不是唯物主义的一元论,而是具体历史行为中对立面的同一性,也就是与某种组织化(历史化)的'物质',以及被改造过的人的本性具体地、不可分割地联系起来的人的活动(历史—精神)中的对立面的同一性。行为(实践,发展)哲学,但不是'纯粹'行为的哲学,而是在最粗俗和最世故意义上的真正'不纯粹'的行为哲学"①。虽然笨拙地借用了"一元论"这一形而上学的本体论范畴,但葛兰西在这里对马克思的理解是深刻的。

这里的"同一性"和"一元论"与形而上学的"一元论"意义基本相反,它反对第一哲学,反对抽象的还原。马克思明确地批判以未被触动的、自在的感性存在(自然物质)作为在先的本体,在人的感性活动之外理解事物、现实、感性;同样也反对抽象地发展主观方面的唯心主义,将精神的、观念的东西作为存在的本质甚至本源。将现实实践中的主体方面或客体方面夸大为抽象的绝对,主体与客体、存在与意识本体论上的分离和等级制(不论是二元论,还是一种抽象的一元论)是传统形而上学的根本特征。在反对抽象形而上学的战斗中,历史唯物主义的实践范畴获得了基本的存在论意义,开启了理解存在的一种非本体论的方式。

实际上,在《关于费尔巴哈的提纲》之前的著作中,比如说在《黑格尔法哲学批判》中,马克思已经开始批判抽象的唯灵论和唯物论,主要是反对抽象主义,反对泛逻辑主义。到了《1844年经济学—哲学手稿》,由于实践概念,马克思已经在对象化的意义上理解对象性了,对象性不再是思辨的对象性,或者自在的对象性。马克思同意费尔巴哈对于抽象性的批判,强调统一性。他说:"我们在这里看到,彻底的自然主义或人道主义,既不同于唯心主义,也不同于唯物主义,同时又是把这二者结合起来的真理。"②但是在马克思这里,自然与人通过"工业"、"劳动"相互规定,在感性的实践中达成历史性的统一。马克思以此越出了费尔巴哈的逻辑。存在概念的根基并不在于抽象地坚持和论证自然对社会存在的基础性和先在性,同样也不在于抽象地主张人的精神、观念等等能动因素的绝对意

---

① [意]葛兰西:《狱中札记》,曹雷雨等译,北京:中国社会科学出版社,2000年,第287页。
② 《马克思恩格斯全集》第3卷,北京:人民出版社,2002年,第324页。

义,而在于深刻领会实践(在手稿中还被具体化为工业、劳动等等)作为感性活动的存在论意义。真正的自然主义不可能离开人及其活动得到理解,反之亦然。

在《1844年经济学—哲学手稿》中,"人化自然"和"自然的人化"概念已经表明了实践思维的初步出场,实践概念内含的社会性、历史性也在这一初次出场中表现出来。马克思说:"社会性质是整个运动的普遍性质;**正像**社会本身生产作为人的人一样,社会也是由人生产的。活动和享受,无论就其内容或就其**存在方式**来说,都是**社会的**活动和社会的享受。自然界的人的本质只有对社会的人来说才是存在的;因为只有在社会中,自然界对人来说才是人与人联系的纽带,才是他为别人的存在和别人为他的存在,只有在社会中,自然界才是人自己的人的存在的基础,才是人的现实的生活要素。只有在社会中,人的自然的存在对他来说才是自己的人的存在,并且自然界对他来说才成为人。因此,社会是人同自然界的完成了的本质的统一,是自然界的真正复活,是人的实现了的自然主义和自然界的实现了的人道主义。"①社会这一概念的存在论性质和存在论意义在马克思的这段表述中被完整而深刻地揭示出来了。当马克思谈论自然是人的存在基础的时候,明确地指出它是通过社会、在社会中以社会的方式成为人的存在基础的,而不是谈论抽象的社会实践之外的纯粹自然。

自然并不仅仅被看成是劳动的、经济的活动对象,不仅仅是被人改造意义上的对象性存在,而是人的整个感性活动的对象;自然在人的感性活动中与人相联系,是劳动、审美、道德等等对象性活动的对象性存在,因此不能自然地理解自然。《德意志意识形态》进一步阐释了这一观点,并且在此基础上开始批判费尔巴哈的自然概念。在马克思看来,那种自然地理解自然,"把人对自然界的关系从历史中排除出去"的做法才是真正地造成了"自然和历史的对立","好像人们面前始终不会有历史的自然和自然的历史"。② 正是在这个意义上,马克思批评了费尔巴哈的自然观:"先于人类历史而存在的那个自然界,不是费尔巴哈生活其中的自然界;这是

---

① 《马克思恩格斯全集》第3卷,北京:人民出版社,2002年,第301页。
② 《马克思恩格斯选集》第1卷,北京:人民出版社,1995年,第76页。

除去在澳洲新出现的一些珊瑚岛以外今天在任何地方都不存在的;因而对于费尔巴哈来说也是不存在的自然界。"① 每当有了一项新的发明,每当工业前进一步,费尔巴哈"外部自然界"的地盘也就越来越小了。② 可见,马克思的立足点始终不是非中介的"先在"的自然界,当然也不是这样的"物质",而是通过工业、劳动等等实践中介的自然。

卢卡奇在《历史与阶级意识》中简洁地指出:"自然是一个社会范畴",③因而也就是一个历史的范畴,不论现实的自然还是作为认识范畴的自然,都是为实践中介的。卢卡奇坚持将自然放在主客体辩证法的总体性中来理解,从而克服了那种抽象的"非人"的自然范畴,使其真正具备了历史的"具体性"。卢卡奇的阐释抓住了马克思思想的实质。实践范畴成为马克思存在论的根本范畴,获得了世界观和方法论的意义。

二、对象化实践中的辩证联系

历史唯物主义通过实践范畴终结了抽象的本体论形而上学,在对象化的实践中理解存在,存在因此成为实践建构中的动态过程。然而,在传统的历史唯物主义阐释中,由于"实践"范畴没有内在地被看成"存在"的本质规定,而只是被领会为一个后续的、补充性的概念,因此,相互关系和相互作用还只是表达一种反思性的联系,联系概念和发展概念指的还是事物自在过程中的自在运动。也就是说,联系指的是抽象的、孤立的事物之间的联系,而不是被理解为相互构成的事物之间内在的构成关系,更没有在实践的构成意义上理解这种构成关系。存在还是自在,而不是对象化实践活动中相互作用和相互构成的生成过程。实践和存在概念相互外在的状况严重地影响了对历史唯物主义的阐释。

我们知道,经济基础决定上层建筑,更一般地说,社会存在决定社会意识,这是历史唯物主义的基本命题。然而,由于没有实践中介的构成性思维,人们往往在形而上学本体论的框架中理解这一命题,将它看成是物

---

① 《马克思恩格斯选集》第 1 卷,北京:人民出版社,1995 年,第 77 页。
② 同上书,第 97 页。
③ [匈]卢卡奇:《历史与阶级意识》,杜章智等译,北京:商务印书馆,1996 年,第 67 页。

质本体论在社会历史领域中的具体应用,是"物质决定意识"这一命题在社会历史观上的辉煌胜利,从而埋葬了费尔巴哈"半截子唯物主义"(即历史唯心主义)。这里的关键在于,存在与意识,社会存在与社会意识在一种抽象还原主义的框架中,被看成相互外在的事物,然后在它们之间产生着一种自在的、非实践的因果关系。这一理解思路根本忽视了在实践中,真正的现实是二者相互贯穿和相互作用的统一。作为范畴,它们只是观念的抽象。现实的过程表现为各种要素在实践中的总体化以及由此形成的总体性的存在。由于没有坚持这种实践意识,马克思的关键命题屡遭误解。在最近国内的争论中,实践概念没有在后形而上学的视域中得到领会,有的人在批判物质本体论的同时,却又在同样的逻辑下以此命题为基础重构社会本体论或历史本体论等。

马克思说,"意识[das Bewußtsein]在任何时候都只能是被意识到了的存在[das bewußte Sein],而人们的存在就是他们的现实生活过程"①,"不是意识决定生活,而是生活决定意识"等,好像这些命题的意思是说:意识乃是由存在"分泌"或"派生"出来的,在意识之外存在一种没有意识的生活,它决定着意识,是终极存在和终极原因。马克思是在这样的意义上理解意识和存在吗?伽达默尔在《真理与方法》中有一句揭示解释学之根基的命题,"理解属于被理解东西的存在"。在我看来,伽达默尔的说法与马克思的命题"意识只能是被意识到了的存在"遥相呼应,本质相通。意识乃是存在显现存在的存在方式,存在论上的存在只能是被意识到了的存在。不论存在还是意识都是对象化实践中的对象性存在,而不是抽象的实体,而是在实践中的生成。

马克思通过批判黑格尔和青年黑格尔派这些"没有前提的德国人",击破了意识哲学的基地——观念的自足性。但是,这并不意味着马克思采取与之"针锋相对"的物质本体论立场,坚持一种外在性和第一性的自在存在概念。当马克思说"人们的存在就是他们的实际生活过程"时,无疑是肯定存在在具体实践中的中介性和过程性,社会存在和社会意识本身就是相互中介、相互构成的。实践的中介性并不是存在于两个独立的

---

① 《马克思恩格斯选集》第1卷,北京:人民出版社,1995年,第72页。

领域之间,使两个本身没有关系的自在领域发生关系,而是说二者本身就是相互贯穿和相互构成的。范畴只是方法论上的合理抽象,而不是说存在本身就是这样的抽象存在。"社会存在决定社会意识"这一命题,在被作为历史唯物主义的一元本体论来捍卫的同时,又被一些人简单地作为二元论来批判,其根本原因就在于二者都采取了抽象本体论的思维方式,而不是将现实的存在理解为实践中的对象化过程和对象化关系。

不存在意识之外的属人的关系,真正的关系是反思性的,即作为语言和意识中的存在。所以,马克思说:"凡是有某种关系存在的地方,这种关系都是为我而存在的;动物不对什么东西发生'**关系**',而且根本没有'关系';对于动物来说,它对他物的关系不是作为关系存在的。"[①] 正是意识和语言同关系的内在统一性,使现实世界成为总体性的存在并在实践中不断地总体化,表现为相互构成的统一状态。一般而言,意识和语言当然可以理解为人的一种工具性装备,但它们首先是现实存在的内在构成要素和实践中介性的基本规定,因此应该在存在论的基础上得到阐释。工具主义的揭示并没有触及问题的根本,它将语言和意识悬置于"存在"之外,而不是就其产生和意义而言,在存在之中。

对意识和语言的存在论揭示,马克思已经有了一些前提性的思想,或者说为存在论的语言观提供了思想前提,但至今并没有稳妥地奠定在马克思思想基础上的语言阐释,以至于常常出现对马克思个别论断的误解。在《德意志意识形态》中,马克思谈到意识和语言的产生时说:"'精神'从一开始就很倒霉,受到物质的'纠缠',物质在这里表现为振动着的空气层、声音,简言之,即语言。语言和意识具有同样长久的历史;语言**是**一种实践的、既为别人存在因而也为我自身而存在的、现实的意识。语言也和意识一样,只是由于需要,由于和他人交往的迫切需要才产生的。"[②] 人们忽视了这里蕴涵的语言与现实存在和意识的内在构成关系。福柯甚至批判马克思的语言观具有一种劳动还原论的基础,仅仅把语言看作工具性活动的需要,而忽视语言产生的多元因素。在历史唯物主义的存在论视

[①] 《马克思恩格斯选集》第 1 卷,北京:人民出版社,1995 年,第 81 页。
[②] 同上。

域没有被充分领会的情况下,这样一种对马克思的形而上学批判总是显得理直气壮,它将马克思抛弃了的东西再次确认为马克思思想的本质。从存在论的意义来看,"需要"本身是最没有目的论意义的无意识的存在论事实,需要不为了什么而需要,需要就是需要。语言和意识产生于"存在的需要",并不是说为了满足需要,语言和意识就后续地作为工具装备产生了,需要是第一位的,意识和语言是第二位的;而是说,我们只有在满足需要的实践活动中,才能理解意识和语言产生的根源和意义。意识和语言的产生表达了"需要"具有目的的意向性,并且在需要的发展中起到建构性的作用。马克思简洁地指出:"思想、观念、意识的生产最初是直接与人们的物质活动,与人们的物质交往,与现实生活的语言交织在一起的。"①

马克思从实践相互关联和相互构成的统一性视域中提出社会存在决定社会意识,以反对思辨唯心主义;而不是提出与社会意识相互外在的社会存在,并确认其优先性。正是在这个意义上,我们称马克思的存在论视域是实践贯穿的历史内在论,现实存在表现为实践中中介的辩证关系和辩证过程。没有"实践"的中介范畴,自然、社会和历史及其生成只能陷入不可理解的黑暗之中,抽象地表现非历史的自在过程。在这样的概念中,人们以外在的必然性概念理解存在对象和存在过程,人类实践的目的性与规律性之间就只能是一种外在的关系,而不是内在的相互构成。实践的目的性只能被外在的必然性规定,自由被理解为对自在必然性的认识。科学排除价值,保持中立,实证性成为原则。认识由此被理解为思想的本质,而认识的本质又被规定为对自在过程和自在对象的直观,目的是揭示绝对客观、必然性的规律,形成符合客观对象的真理。客观辩证法就等于普遍的客观规律,主观辩证法就是对这些客观规律的认识和反映。辩证法中规律的规律性是非实践的、自在的、决定论的。

至今这样一种存在作为自在过程的观念仍然主导着对历史唯物主义的理解,因此人的活动的目的性仍然被排斥在存在论之外,没有成为存在过程的本质中介。恩格斯认为,联系的观点、发展的观点、全面的观点是

---

① 《马克思恩格斯选集》第1卷,北京:人民出版社,1995年,第72页。

辩证法的本质特征,马克思主义哲学的辩证法是唯物辩证法,它使辩证法获得了唯物主义的基础。在他看来,形而上学就是用所谓孤立的、静止的、片面的观点看待问题的方法论,辩证法和形而上学可以与不同的本体论相结合,从而具有不同的形态。毛泽东更是直接把唯物主义和唯心主义、形而上学和辩证法看作哲学史上的两个基本对子,人们由此根据两个对子的结合与分离来梳理哲学史。作为思维方式的形而上学和辩证法,与存在论没有本质上的关系,它们可以与不同的本体论相结合。

在这样的思路上,黑格尔的辩证法与马克思的辩证法本质上就是相同的,只是与二者相结合的本体论对象不一致。同样,马克思的本体论与各种形态的物质本体论也没有什么不同,只是与它们相结合的方法论是形而上学还是辩证法不同。这样一来,从黑格尔到马克思只是一种外在的颠倒,只是不同因素之间的重新组合和搭配。马克思思想就成了费尔巴哈与黑格尔的相加和综合。马克思深邃的哲学就成了用发展的、联系的眼光来看问题,来看统一的物质世界的一种方法论。真正说来,这是一种比常识还常识的常识化。当人们试图将常识哲学化时,哲学也就沦落为乔装了的常识。

事实上,传统哲学的问题不在于是否肯定世界是物质本体的还是精神本体的,不在于是否用联系的、发展的观点看待世界,而在于形而上学的本体论本身,在于将联系和发展看作实践之外的自在联系和自在发展。从赫拉克利特到黑格尔,均是如此。我们知道,即使所谓的"机械唯物主义"或"形而上学唯物主义",其中根本不缺乏所谓联系的观点、运动的观点、全面的观点。关键在于这种哲学中没有实践,就自然本身来理解自然,因此是马克思所说的自然科学的唯物主义。同样,唯心主义的问题也不在于肯定了精神,肯定了意识的能动性,而在于没有实践,在生活的实践之外将精神看成是自在自动的存在及其过程。唯心主义和唯物主义作为本体论的基本形式,它们都是基于抽象主义、还原主义和本质主义的思维方式,在实践的辩证关系之外确认自在本体和研究自在过程。因此,它们的存在是抽象的绝对,而不是感性的现实。

历史唯物主义在对象化的实践中理解对象性的存在,理解人与存在过程之间在理论和实践上的关系。作为主客体辩证关联的感性实践活动成为存在论的基本范畴,存在成为实践中的生成过程,实践的目的性被引入存在过程从而成为基本的中介性范畴,而不是在这种中介性之外去坚持逻辑的必然性概念和自在本体论概念。因此,在历史唯物主义思想视域中,辩证法不再是指事物自在联系和自在发展的辩证法,而走出观念辩证法和自然辩证法之后、作为二者统一真理的实践辩证法。实践的辩证法本身就是一种实践的存在论。存在就是辩证实践中的过程。

三、辩证法成为实践的存在论

如果马克思只是在一种自在的联系中把握现实,只是从客体的或主体的形式去理解事物、现实、感性,他就不成其为马克思,而仍然是他批判的形而上学家。因为马克思是从主观和客观相联系的感性实践来把握现实,他看到的是历史性的丰富联系和动态过程,而不是绝对抽象的无内容的抽象形式。在谈到黑格尔"肯定、否定、否定的否定"这一神圣公式时,马克思说,这是"脱离了个体的纯理性的语言。这里看到的不是一个用普通方式说话和思维的普通个体,而正是没有个体的纯粹普通方式"[①]。马克思称这种纯粹抽象的理性为"没有肉体的理性"、"无人身的人类理性"。马克思尖锐地反问道:单凭运动、顺序和时间的唯一的逻辑公式,怎能向我们说明一切关系在其中同时存在又相互依存的社会机体呢?[②] 马克思批判蒲鲁东经济学的形而上学时说:"我们已经看到,在这一切一成不变的、停滞不动的永恒下面没有历史可言,即使有,至多也只是观念中的历史,即反映在纯理性的辩证运动中的历史。"[③]

马克思从实践思维出发,看到的不是抽象的历史公式,不是自在发展的逻辑,而是主客体相互作用的辩证运动,是生活中的现实。在实践中,主观性与客观性的相互中介和相互规定超越了传统辩证法自在的逻辑性和必然性的概念,同时也就瓦解了内在的主观辩证法和外在的客观辩证法之间的对立。辩证法成为扬弃观念辩证法和自然辩证法的实践辩证

---

① 《马克思恩格斯选集》第 1 卷,北京:人民出版社,1995 年,第 138 页。
② 同上书,第 138、143 页。
③ 同上书,第 147 页。

法,即主客体辩证法。

卢卡奇将他的《历史与阶级意识》规定为对马克思辩证法的探讨,将被实证主义地理解的辩证法概念解放出来,带进了历史的存在论视域。卢卡奇说,如果没有了历史过程中的主体和客体之间的辩证联系,"辩证方法就不再是革命的方法,不管如何想(终归是妄想)保持'流动的'概念"①。没有实践概念,辩证法就只剩下"必然如此"的规律性,存在就变成了人的实践活动之外的抽象逻辑。这是形而上学辩证法概念的核心。黑格尔的概念辩证法如此,自然辩证法的概念也是如此。在那里,过程和联系是"无主体"的,实践的目的性、选择性和超越性都没有进入过程和联系概念。马克思思想的基本贡献之一,就是通过实践思维扬弃了这种自在的辩证法,使辩证法与实践中介的存在论内在地统一起来。因为在现代主体性实践和观念确立的历史语境中,自然和历史不再被看作自在存在,真正本质的问题只能是思想、精神如何影响自然、走进历史,如何成为存在过程的内在因素。因此,过程的本质就是实践中的交互作用。实践的辩证法就是实践的存在论。在历史唯物主义这里,存在论与辩证法一同走向后形而上学的思想视域。

马克思曾经说过:"我的阐述方法和黑格尔的不同,因为我是唯物主义者,黑格尔是唯心主义者。黑格尔的辩证法是一切辩证法的基本形式,但是,只有在剥去它的神秘的形式之后才是这样,而这恰好就是我的方法的特点。"②马克思的这段话,常常被作为物质本体论和辩证法结合的典型证据广泛引证。好像事情是这样的:马克思给辩证法配上了唯物主义的物质基础,或者说给物质本体论配上了辩证法的形式,一场哲学革命就发生了。我们不要忘记的是:马克思这里所讲的方法,是指《资本论》的阐释方法和表述方法,并不是指辩证法的存在论涵义。这里所谓的"唯物主义者",是就他的阐释基础是物质生活的生产和再生产过程而言,是就人们现实的生产方式和交往方式的存在状态和实际过程而言,指向的是现实的社会历史过程,而不是实践之外的物质本体。马克思不是将概念和

---

① [匈]卢卡奇:《历史与阶级意识》,杜章智等译,北京:商务印书馆,1996年,第50页。
② 《马克思恩格斯选集》第4卷,北京:人民出版社,1995年,第578页。

范畴之间的联系看成自足的、逻辑的展开,这是黑格尔辩证法的实质。马克思将自己的理论看成是对"能动生活过程"的描述,在这种描述中,"历史就不再像那些本身还是抽象的经验论者所认为的那样,是一些僵死的事实的汇集,也不再像唯心主义者所认为的那样,是想象的主体的想象活动。"①即使仅就表述方法而言,马克思突出的也是事实和理论建构的统一,而不是僵死事实的堆积。

阿多诺指出,在黑格尔那里,在辩证法的最核心之处,一种反辩证法的原则占了优势,即那种主要在代数上把负数乘负数当作正数的传统逻辑,②其思想的基础就是自在性、绝对性和必然性。究其根本原因,就是缺失在实践和历史中得到理解的存在论,辩证法只能成为思辨的逻辑联系和逻辑规则,哪怕这种规则是所谓辩证的,而不是形式逻辑的。辩证法在本质上仍然是一种逻辑演绎。没有实践的中介,辩证法与存在论就是一种外在关系、一种可分可合的搭配。存在论本身还不是辩证的,辩证法也不是存在论的。很显然,这样一种理解,根本没有进入后形而上学的存在论视域。辩证法实质上还停留于自然科学意义上的规律性和联系概念。

青年卢卡奇曾经敏锐地发现,这正是一切宿命论和决定论的认识根源,从而是当时流行的唯科学主义的认识论根源。在这样的观念中,"历史的对象表现为不变的、永恒的自然规律的对象。历史被按照形式主义僵化了,这种形式主义不可能按照社会历史结构的真正本质,把它们理解为人与人之间的关系;人被推离了历史理解的真正起源,并用一条不可逾越的鸿沟隔绝了起来。"③这样,不仅自然而且历史本身都失去了历史性,它受到看不见的手和"理性狡计"的支配。

在以实践作为基础的存在论中,社会性和历史性成为存在论范畴。存在被理解为社会性、历史性的存在,存在的观念本身也就是社会性的、历史性的。由于实践的中介,不论客体是自然的客体,还是社会历史客

---

① 《马克思恩格斯选集》第 1 卷,北京:人民出版社,1995 年,第 73 页。
② 转引自张一兵:《无调式的辩证想象》,上海:上海三联书店,2001 年,第 61 页。
③ [匈]卢卡奇:《历史与阶级意识》,杜章智等译,北京:商务印书馆,1996 年,第 101 页。

体,都因此而失去了纯自在的性质。当然,"目的性"本身也是被中介的;在资本占主导地位的现代社会,这种目的性主要表现为经济价值、直接的有用性等。将人类实践的目的性(从而也就是将人的感性实践活动本身)纳入对存在的理解,存在就不再是观念的抽象——物质、自然或精神(进而上帝),而是具体的、在人类历史中生成或消亡着的鲜活的辩证总体。

一旦存在论达到了主客体辩证法中介的此种"历史性"高度,认识论上的困境就不再作为困境而存在。"外部"与"内部"之间的鸿沟,乃是通过脱离统一实践的纯粹抽象构筑起来的。在抽象反思中,先验主体和先验客体之间保持着一成不变的僵硬对立。认识也是一种主客体之间通过实践中介的辩证运动,根本就不存在脱离辩证实践关系的主体或者客体,它们的对立是反思中的对立。放弃了这种思辨,对立也就没有了。那个内在的意识如何可能切中外在存在的神秘问题,也就被瓦解了。马克思在《关于费尔巴哈的提纲》中说:"社会生活在本质上是**实践的**。凡是把理论导致神秘主义的神秘东西,都能在人的实践中以及对这个实践的理解中得到合理的解决。"[1]正如卢卡奇在阐释马克思的哲学时指出的那样,只有历史的生存才真正地消除事物和事物概念的真实的独立性及因此而造成的僵硬对立,它"迫使这种认识不让这种因素坚持其纯粹具体的独立性,而是把它们放到历史世界的具体的总体,放到具体的总的历史过程本身之中去,只有这样,认识才成为可能"。[2]

实践中介的存在论视域不仅为克服一切形式的怀疑论、不可知论和折中主义奠定了基础,而且为克服黑格尔抽象的同一哲学和机械的物质反映论奠定了基础。认识的客观性在对象性的意义上得到理解,如葛兰西所说的那样:"客观的总是指'人类的客观',它意味着正好同'历史的主观'相符合,换句话说,'客观的'意味着'普遍地主观的'。人客观地认知,这是在这个意义上——对被历史地统一在一个单个的一元文化体系中的整个人类来说,知识是实在的——上来说的。"[3]当主体与客体、思维与存

---

[1] 《马克思恩格斯选集》第1卷,北京:人民出版社,1995年,第60页。
[2] [匈]卢卡奇:《历史与阶级意识》,杜章智等译,北京:商务印书馆,1996年,第223页。
[3] [意]葛兰西:《狱中札记》,曹雷雨等译,北京:中国社会科学出版社,2000年,第362页。

在、物质与精神、个人与环境在社会历史中,从而在实践中得到总体性地理解的时候,克服了作为本体论范畴的抽象对立,它们在认识论上的对立也就失去了意义。

科西克在《具体的辩证法》中说:"实在最初不是作为直觉、研究和推论的对象(与它相反相成的另一极是存在于世界之外的超越世界的抽象认识主体),而是作为人的感性—实践活动的界域呈现在他面前,这个界域构成实在的直接实践直觉的基础。"①作为"界域",它就失去了纯客观或纯主观的性质,它作为实践活动的结果同时作为实践的前提在历史中不断地变化和生成。将实践作为认识的环节(前提、动力、标准等等),如果不理解在实践思维中产生的存在论革命,势必退回到抽象的认识论路线上去。在这一路线上,辩证法越是被强调,越将变成非辩证的游戏,变成非历史的抽象教条。

第二节　辩证实践中的总体化

历史唯物主义的"实践"是后形而上学存在论的根本范畴,它真正保持了流动的"存在"概念。一方面克服了把握和领会存在时的本体论思维方式;另一方面,由于"生产"中内在的主体性,克服了非历史的"过程"概念,在人的感性实践过程中理解现实的事物,存在不再是自在,而是历史中的生成过程。人与自然的统一过程就是社会历史这一基本的存在论领域。社会和历史是人和自然现实的、感性的存在,不仅社会历史存在,而且存在成为社会历史性的存在。历史唯物主义对于社会历史的研究,就是对人的存在论的探讨,就是探索人作为类如何存在并且如何去存在。将社会和历史把握为基本的存在范畴,这是历史唯物主义后形而上学思想视域的基本成果,是存在概念走出本体论抽象之后的基本走向。作为基本存在论范畴的实践,成为理解社会和历史的存在论前提。那种由神义或自然规定的社会和历史概念终结了,社会历史被理解为人类实践总

---

① [捷]科西克:《具体的辩证法》,傅小平译,北京:社会科学文献出版社,1989年,第1页。

体化中的存在过程和存在状态。

一、以实践为基础的总体化

实践概念内在地包含了对象化的对象性,它是从人与物动态统一的角度来把握世界的,将存在理解为过程和状态。世界通过实践范畴被横向和纵向地把握为社会和历史了。所谓我们在世,就是我们在社会和历史中存在,这不过是说社会和历史是我们现实的存在,因此我们也就只能社会地、历史地把握我们的存在。存在世界作为总体性的状态和总体化的过程就是社会和历史。马克思指出:"整个所谓世界历史不外是人通过人的劳动而诞生的过程,是自然界对人来说的生成过程。"①人们自己创造自己的历史,但不是随心所欲地创造,"创造"或"生产"过程是人的对象化和对象的人化之间双向的构成,表现为对既有成果的占有和不断创新,因此是不断总体化的、向未来开放的过程。

在这一过程中,社会并不是人的实践之外的自在绝对,而是实践对象化中的存在方式和存在关系。同样,主体精神和意志也不是实践之外的绝对理念,而是实践中内在化了的客观性和超越性。因此,社会是主体与客体、物质与精神内在统一的总体,是实践中的总体和总体化过程。在实践过程中(认识只是实践、只是人的存在方式之一种),对象(包括被作为对象的人类社会自身)由于实践的中介,具有了"社会性"和"历史性",是社会历史性的存在。存在在实践中呈现并生成,存在表现为不断"总体化"的过程。海德格尔的"去蔽"和"绽出"等范畴,大体表达的也是这样一层意思。

人类实践将自然和自身的各个构成要素不断地总体化,总体化是人类存在的根本功能和根本特征。作为总体的社会,就是不断地将自然过程纳入自身的生产,并将个体整合到总体之中,成为有序的有机整体。作为总体的历史是过去和将来不断地总体化为当下的存在状态,时间就是实践中绵延的总体,而不是物理时间的线性伸展。任何一个"当下"和事件都不是可以纯粹直观的绝对具体,"只有在这种把社会生活中的孤立事

---

① 《马克思恩格斯全集》第3卷,北京:人民出版社,2002年,第310页。

实作为历史发展的环节并把它们归为一个总体的情况下,对事实的认识才能成为对现实的认识。"①后形而上学存在论视域中的社会历史不是单向地指示当下或过去,而是一种总体性和总体化的存在概念。因此卢卡奇说:"无论是研究一个时代或是研究一个专门学科,都无法避免对历史过程的统一理解问题,辩证的总体观之所以极其重要,就表现在这里。"②

现实并不是静止的、孤立的存在,而是动态生成中的总体;现实性并不是僵硬的事实性,而是历史过程中实在与非实在、实然与应然之间辩证的总体化,是实践过程中统一的总体性。静止和孤立事物之间的联系,本质上仍然是静止的、不动的。辩证的总体不是静止单元之间的串联,而是作为事实不断地发生着,从而获得特定时空结构的动态系统。"实在是一个具体的总体,是一个结构性的、变化着的、自我形成的整体。"③人类文化横向上的交流与纵向上的传递就是差异中同一性的保证。也正是在多维度的双向互动中,历史保持着一种动态性、过程性和开放性,构成对象化的总体性结构和总体化过程。

经济、政治、文化等作为独立的范畴,是认识中的合理抽象;但不能由此以为它们指称的对象就其本身的存在而言,是相互孤立的。在感性活动世界中,它们相互反映,构成多元化的社会存在。这就像社会存在与社会意识相互规定,因此只能总体性地理解一样,社会存在之外的社会意识和社会意识之外的社会存在只是认识中的抽象,就其存在而言,它们是相互在对方之中的"共在",是总体。"所有这些外观上分离的和有明显差异的领域,一起构成了社会世界,在这个世界中,如同在一个活的有机体中一样,每一个部分都关系到其他的部分。"④毋宁说,"每一部分"都是在"其他部分"中获得自己的"存在",并通过其他部分而存在。这种内在关系根源于实践的总体化,而不是自在之物之间的相互关联。就像卢卡奇所指出的那样:"如果说相互作用仅仅是指两个一般不变化的客体彼此发

---

① [匈]卢卡奇:《历史与阶级意识》,杜章智等译,北京:商务印书馆,1996年,第56页。
② 同上书,第60—61页。
③ [捷]科西克:《具体的辩证法》,傅小平译,北京:社会科学文献出版社,1989年,第23页。
④ 转引自陈学明:《西方马克思主义教程》,北京:高等教育出版社,2000年,第282页。

生因果关系的影响,那末我们就不会向了解社会有丝毫靠近。"①

对现实的把握需要具有这种总体性的意识,在相互作用和相互关系中把握事物的存在的方式、状态和性质。比如,孤立地考察经济现象而不是将其从属于历史、社会的总体,经济学势必变成对"物"的研究,而不是对作为物而出现的人与人之间的关系的研究。这种抽象的原则一直左右着现代经济学的研究,并使之以实证科学的身份为荣。"科学想了解的一定的经济总体的生产和再生产,必定变成一定的社会总体的生产和再生产过程。在这个变化过程中,'纯'经济自然被超越,尽管这不是说我们必须求助于任何超验的力量。马克思常强调辩证法的这个方面。"②也只有如此,经济学才不会成为资本增值的工程学和股票炒作的技术学,经济学才不是作为经济学本身被规定。这一点,早已由马克思的"政治经济学批判"标志出来了。

作为《资本论》作者的马克思,不是一个专业的经济学家,他为总体性地理解社会历史提供了一个总体性的文本。在此,政治、经济、文化内在地汇合起来,"某一问题的历史实际上变成诸问题的历史"。③ 也正是在这个意义上,"对马克思主义来说,归根结底就没有什么独立的法学、政治经济学、历史科学等等,而只有一门唯一的、统一的、历史的和辩证的——关于社会(作为总体)发展的科学。"④马克思总体性地研究社会历史,因此只能总体性地理解马克思的研究。但是,在经济、政治、文化多个领域加速总体化的今天,却日益产生局限于狭窄领域的研究;与此遥相呼应的,是对总体性范畴的攻击。学术越精致,思想越贫乏。

二、社会历史作为总体性范畴

马克思说:"历史不外是各个世代的依次交替。每一代都利用以前各代遗留下来的材料、资金和生产力;由于这个缘故,每一代一方面在完全

---

① [匈]卢卡奇:《历史与阶级意识》,杜章智等译,北京:商务印书馆,1996年,第62页。
② 同上书,第64—65页。
③ 同上书,第85页。
④ 同上书,第77页。这是而且仅是讲马克思主义将社会历史作为总体来总体性地研究。在此意义上,它是一门唯一的、统一的科学,而不是否定其他专门性学科的存在地位,甚至以强制的方式取消专门研究,宣布他们为伪科学。这曾经是历史事实。

改变了的环境下继续从事所继承的活动,另一方面又通过完全改变了的活动来变更旧的环境。"①在文明的代际传递中,历史就是文明成果的间断与连续、沉淀与创新的统一,就是面对现实而又超越实存的总体化过程。诚如科西克所说的那样:"人类历史是连绵不断的对过去的总体化。……总体化就是生产和再生产的过程,是保存和更生。"②人类历史就是通过实践在实在与可能中创造现实,流动的现实是过去与将来不断转化的总体。"这种自我设定,自我生产和再生产,就是现实。"③马克思说,"生产力、资金和社会交往形式的总和,是哲学家们想象为'实体'和'人的本质'的东西的现实基础"。④这个基础作为对象化的存在,就是社会现实,就是人类存在的特定状态和特定关系。

表达人类存在演变状态的历史是可以分期的。这种分期,形式上是时间的,实质上是对人类文明阶段性特质的总体概括,是对人类存在状态的统一性和差异性的领会。因为任何一个环节只有在整个链条上,才成为一个环节,表现为一个环节。对每个历史阶段文明特质的理论抽象,本身并不能脱离作为总体的历史发展、文明演进,毋宁说它是总体中的具体,依赖于对人类存在的总体性领会,依赖于一种总体性的历史观念。不论是马克思的五种社会形态理论,还是三大社会形态理论,都是在历史的总体中把握具体的社会形态,同时也是在对具体社会形态的理解中把握历史总体。

没有总体性的历史观念和框架,就不可能形成特定的社会形态概念。在具体与总体的辩证历史观念中,才不会将某种具体形态夸大为永恒的存在,宣布历史的终结等等。⑤ 同时,也才不会将历史看作一种无差异的抽象的同一体。这两种错误的倾向分享着相同的前提:非辩证的抽象

---

① 《马克思恩格斯选集》第1卷,北京:人民出版社,1995年,第88页。
② [捷]科西克:《具体的辩证法》,傅小平译,北京:社会科学文献出版社,1989年,第107页。
③ [匈]卢卡奇:《历史与阶级意识》,杜章智等译,北京:商务印书馆,1996年,第65页。
④ 《马克思恩格斯选集》第1卷,北京:人民出版社,1995年,第93页。
⑤ 福山将资本主义现时代作为历史的实现和完成,他说:"关于作为一个统治体系的自由民主的正统性,一个值得注意的共识这几年已经在世界出现,因为自由民主已经克服世袭君主制、法西斯与共产主义这类相对的意识形态。可是,我更进一步指出,自由民主可能形成'人类意识形态进步的终点'与'人类统治的最后形态',也构成'历史的终结'。"(福山:《历史的终结和最后的人》,呼和浩特:远方出版社,1998年,第10页)但事实上,历史不会失去向度,只要人类还存在,就不会有历史的终结。所谓的历史的终结不过是失去了想象力的人为的虚构。

性——抽象的具体和抽象的总体。历史是具体的总体。具体在历史中与历史的总体相关联,脱离了历史性的具体和总体只能是两个孤立的、非辩证的范畴。"具体的总体"必须是历史的,从而是生存的。也就是说,具体性和总体性范畴在实践中从而在历史中辩证关联。离开了实践性和历史性,二者之间的关系就会变成一种反思中的思辨联系。

"历史"与"社会"在本质上是同一个范畴,总体性地表达人类存在。社会与历史分别从横向和纵向上指称人类存在总体,历史中文化的总体化是通过横向上的社会化实现的。通过整合、激励、控制、保障等机制,社会成为一个有机的系统性存在。这个存在总体在时间中的展开就是历史。总体化在空间和时间双重维度上展开,一方面,个人通过学习不断地融入社会,成为社会的人;另一方面,在这一过程中,社会的制度、规范、礼仪、知识和技能等一切文明的成果又内化为个体身上的存在,保持了一种时间中的连续。

在马克思那里,人与社会从来都是相互定义的。这不是形式逻辑上的循环定义,而是存在事实。"**生产关系总和起来就构成**所谓**社会关系,构成所谓社会**",[1]"而生产本身又是以个人彼此之间的**交往**[Verkehr]为前提的。这种交往的形式又是由生产决定的"。[2] 马克思的"生产关系"是以物的方式体现的人与人之间的相互关系,人与社会就在这种关系中得到理解。在不同的社会历史条件下,这种关系就会有不同的性质。以孤立的、鲁宾逊式的个人为出发点来理解人们之间的相互关系只能是一种错觉、毫无想象力的虚构。将抽象的个人作为真实的具体,"当它确实相信自己找到了万物中最具体的东西时,也就恰恰是它最偏离了作为一个具体总体的社会;……它就把某些完全抽象的东西当作具体的东西。"[3]真正的具体是作为整体性的存在,在社会中存在与发展的个体。现实个人的性格、气质、特长和爱好等所有属我的东西都是作为"自我"表现出来的社会的东西。这里存在着真正的现实实践:人创造环境的同时,

---

[1] 《马克思恩格斯选集》第1卷,北京:人民出版社,1995年,第345页。
[2] 同上书,第68页。
[3] [匈]卢卡奇:《历史与阶级意识》,杜章智等译,北京:商务印书馆,1996年,第103页。

环境也创造人。"环境的改变和人的活动的一致,只能被看作是并合理地理解为**变革的实践**。"①实践的观点就是总体化的观点,它不是将人与社会、人与环境抽象为对立的两极来探讨它们之间的相互关系,而是在社会中、历史中把它们看作感性活动中的具体的存在总体和总体化过程。

随着人类存在总体化的速度加快,人类文明的总体化特征或者说功能被以不同的方式进行探讨。在一些理论家那里的所谓"时空抽离"、"时空紧缩",不过是总体化这一存在论现象的概念表达,是进入意识的存在事实。海德格尔在《存在与时间》中对时空本质的分析当然十分深刻,并且自觉地是存在论的。但是,时间作为此在的存在论结构获得了某种先验的性质,时间本身的历史性没有被呈现出来。海德格尔存在论视域中的时间概念,为此后的"时空"批判奠定了基础——后来的吉登斯、齐格蒙特·鲍曼都是由此出发,但本身却没有成为现代批判的概念工具,因为时间性仍然从属于"此在"的生存论建制,仍然是在"向死而在"的本体论规定中获得意义,而不是建基于"客观"的对象化过程和对象性关系,因此是没有社会维度和历史维度的。

现在所谓的"时空压缩",表达的不过是人类文明加速总体化的趋势。这一趋势纵向上的概念表达为现代化,横向上的空间概念表达为全球化。今天资本主义及其主导下的全球化,只是人类社会存在总体化过程的结果和阶段。齐格蒙特·鲍曼的名为《全球化——人类的后果》一书,很好地说明了这一点。在这加速的资本全球化过程中,民族的、地方性的文明与全球化的关系,成为人们思考的焦点。在各种冲突与对抗中,存在的危机与风险被人们总体性地领会,人类文明的危机和困境成为真正的存在论问题。在我看来,根本的一点还是资本作为现代历史存在论建制的基本作用,这就是资本对存在的普遍抽象导致的总体化的加速和加深。

三、资本推动的世界一体化

马克思多次谈到历史向世界历史的转变,其实就是现在人们普遍谈论的全球化问题。真正说来,全球化现象不过是历史向世界历史转变的

---

① 《马克思恩格斯选集》第 1 卷,北京:人民出版社,1995 年,第 59 页。

表现,是人类存在总体化过程的现代后果。因此,正如约翰·卡西迪指出的那样,对于全球化这一时髦的语词,马克思早就预见到了它的许多后果。① 马克思不仅预见到了当今的全球化现象,而且率先揭示了这一过程的本质及其动力。现实的经验历史,不过是全面地展现和证实了马克思的一些基本见解而已。今天的全球化与马克思的时代当然存在程度上、范围上的差异,具体问题也有所不同;但是,今天的全球化研究如果脱离了马克思提供的宏大历史意识和基本的理论成果,将不会有本质性的收获。在马克思看来,现代作为世界历史时代,本质上是资本主义生产方式全面统治的总体化和一体化时代。

马克思指出,资本的大工业"首次开创了世界历史,因为它使每个文明国家以及这些国家中的每一个人的需要的满足都依赖于整个世界,因为它消灭了各国以往自然形成的闭关自守的状态"。② 在这一资本推动的人类总体化过程中,"人们世界历史性的存在而不只是地域性的存在"已经成为经验中的事实了。"随着贸易自由的实现和世界市场的建立,随着工业生产以及与之相适应的生活条件的趋于一致,各国人民之间的民族分隔和对立日益消失。"③人类历史进入在总体化过程中成为总体性的世界历史,不仅是商品资本按照经济原则的扩张,政治、文化和一切可能的领域都在加速总体化,成为一个全球总体。所以,马克思在《共产党宣言》中说:"过去那种地方的和民族的自给自足和闭关自守状态,被各民族的各方面的互相往来和各方面的互相依赖所代替了。物质的生产是如此,精神的生产也是如此。各民族的精神产品成了公共的财产。民族的片面性和局限性日益成为不可能……"④

重要的当然不是马克思指出了全球化现象,而是马克思将全球化与资本主义本质地联系在一起,在资本主义生产方式的扩张中揭示全球化的历史动力。对现代社会历史的这一理解,与黑格尔的观念论本质地区别开来了。在黑格尔那里,世界历史只是理性自我展开的过程。黑格尔

---

① 段义、杨学功:《马克思世界历史理论与全球化》,北京:人民出版社,2002年,第211页。
② 《马克思恩格斯选集》第1卷,北京:人民出版社,1995年,第114页。
③ 同上书,第291页。
④ 同上书,第276页。

曾经指出,"景象万千,事态纷纭的世界历史"是"精神"的发展和实现过程,只有这一种认识才能使精神和世界历史同现实相调和。① 马克思批判黑格尔说:"历史向世界历史的转变,不是'自我意识'、宇宙精神或者某个形而上学怪影的某种纯粹的抽象行动,而是完全物质的、可以通过经验证明的行动,每一个过着实际生活的,需要吃、喝、穿的个人都可以证明这种行动。"② 历史走向世界历史,是人类现实实践的结果,而根本不是任何理性精神的自我实现。在历史唯物主义的思想视域中,马克思以资本概念为核心,阐释了现代历史的总体化趋势,揭示了全球一体化的历史动力。马克思指出,"在资本的简单概念中必然自在地包含着资本的文明化趋势",③"创造世界市场的趋势已经直接包含在资本的概念本身中"。④

正是在资本的全面拓展中,"一切坚固的东西都烟消云散了"。到处游走的资本,不断地抹平地缘的、历史形成的界限。资本是现代的本质,是现代的"概念",现代不过是资本原则的经验。资本以空间来征服时间,使人类成为共时态的"现代",成为一个相互关联的存在总体:"资产阶级,由于一切生产工具的迅速改进,由于交通的极其便利,把一切民族甚至最野蛮的民族都卷到文明中来了。它的商品的低廉价格,是它用来摧毁一切万里长城、征服野蛮人最顽强的仇外心理的重炮。它迫使一切民族——如果它们不想灭亡的话——采用资产阶级的生产方式;它迫使它们在自己那里推行所谓的文明,即变成资产者。一句话,它按照自己的面貌为自己创造出一个世界。"⑤"正像它使农村从属于城市一样,它使未开化和半开化的国家从属于文明的国家,使农民的民族从属于资产阶级的民族,使东方从属于西方。"⑥ 资本按照自己的原则、自己的面貌来创造世界,使世界上的存在之物毫无例外地成为它的表象,成为它赋予灵魂的质料,它就是这个经验世界的本质,布置、安排和摆弄这个世界的整体,它用真正无所不摧的力量清除异己、排除他者。

---

① [德]黑格尔:《历史哲学》,王造时译,上海:上海书店出版社,2006年,第426页。
② 《马克思恩格斯选集》第1卷,北京:人民出版社,1995年,第89页。
③ 《马克思恩格斯全集》第30卷,北京:人民出版社,1995年,第395页。
④ 同上书,第388页。
⑤ 《马克思恩格斯选集》第1卷,北京:人民出版社,1995年,第276页。
⑥ 同上书,第277页。

今天看来,马克思深邃的历史洞见已经被现实一一证明,如卢卡奇所指出的那样:"资本主义生产的'自然规律'遍及社会生活的所有表现;在人类历史上第一次使整个社会(至少按照趋势)隶属于一个统一的经济过程;社会所有成员的命运都由一些统一的规律来决定。"① 人类历史的总体化在资本的推动下真正推进到了全球总体性的阶段,资本成了现实存在真正同一的原则,自然、个人和社会普遍地笼罩在资本抽象的幻象之中,资本是存在的主体。在资本生产方式占主导地位的世界历史时代,资本成为基本历史建制的时代,商品、货币就是世界历史与个体生命的抽象存在,一体化就是一种普遍的抽象化,在抽象中成为总体。阿多诺深刻地指出:"交换原则把人类劳动还原为社会平均劳动时间的抽象的一般概念,因而从根本上类似于同一化原则……不同一的个性和成果成了可通约的同一。这一原则的扩展使整个世界成为同一的,成为总体的。"② 全球化的商品经济时代本质上就是资本统治形式的全面拓展,这是一个坚硬的事实。没有资本的发动和推进,就不可能有如今的全球化;资本原则的不可抗拒,就意味着全球化的不可抗拒。正是在这种意义上,历史唯物主义思想视域中的资本是现代存在的根本规定,本质上是一个存在论概念,是现代社会历史的本质范畴。

今天,有人从现象的角度研究"全球化",试图通过全球化的范畴来置换和取代马克思的资本批判。它在批判马克思理论作为意识形态的同时,本身却无意识地成为一种意识形态。当资本的总体性普遍地确立的时候,资本成为事实,成为自然,成为没有阻力的力量;它遍布我们的感观,穿透我们的意识,成为我们呼吸的空气,我们感觉不到的再自然不过的空气。资本就是我们的社会空气,就是今天我们的社会存在。然而,一旦人们习惯了用肺顺畅呼吸,也就感觉不到空气的存在了,就像久居噪音的环境之后,噪音似乎不再成为噪音一样。不仅在今天的理论话语里,而且在现实的生活中,资本在它普遍的现身中普遍地隐身了,似乎要消逝得无影无踪。如今的"全球化"研究也好,现代性批判也好,"资本"范畴差不

---

① [匈]卢卡奇:《历史与阶级意识》,杜章智等译,北京:商务印书馆,1996年,第154页。
② 张一兵:《无调式的辩证想象》,上海:上海三联书店,2001年,第59页。

多已经成了不值一提的陈词滥调。因此,有人试图通过指认当代社会与马克思时代的结构性变化来质疑马克思的资本批判原则,以后工业社会、消费社会、信息社会等来命名当今的时代,宣布马克思思想的过时。

事实上,从早期资本主义到当代资本主义的所有变化,不过是以物为形式的资本取得了一种纯粹的形式。由"G—W—G′"到"G—G′"的演变以更加抽象的形式,将人无一例外地纳入一个全球总体,资本本身则像空气一样在全球上空无形地游走。"金钱从那具体的培育它的大地中挣脱出来,要展翅飞翔了。"①然而,看不到这一存在论实情的人还在构想一种非资本的现代性或全球化,提出将市场经济与资本的原则区别开来的理论。这样的意识形态玩笑不断地会被历史的事实所击碎。可以说,在资本全球化的背景下分析苏东剧变和伊拉克战争,乃至于能源危机、环境问题等等事件和现象,没有马克思资本批判的思想维度将会是十分肤浅的。

第三节 社会自身的再生产与暴力

社会和历史范畴内含着实践中的总体化和总体性。人类的实践实际上就是存在的总体化过程。然而,这样一种存在论上的事实完全可能是自在的、不自觉的实情,所以历史上产生了各种形而上学的存在概念,以及各种形式的"命运"观念。一旦实践观念成为把握存在过程的基本意识,也就是说,实践作为存在论的基本范畴进入意识,存在就不再被看作自在的绝对过程了。存在的生产和再生产进入自觉,这是现代在意识上和实践上的基本事实。历史唯物主义的存在概念充分地体现了这样一种时代精神和时代原则。在这一存在观念的指引下,改造现实的革命政治成为存在论变革的实践指向,历史唯物主义成为一种"革命哲学"。然而,在20世纪经历了历史的灾难之后,改造社会的革命实践如今被看作反人道的、非理性的暴力运动,质疑理论改造现实的实践功能也成了时尚,理论被理解为一种观念的游戏、思想的体操。今天,在历史唯物主义的思想

---

① [美]詹姆逊:《文化的转向》,胡亚敏等译,北京:中国社会科学出版社,2000年,第138页。

视域中反思这一趋势,重新肯定思想的存在论性质和意义,具有理论和实践上的迫切性。

一、实践思维导向的革命政治

《关于费尔巴哈的提纲》(以下简称《提纲》)第十一条说:"哲学家们只是以不同的方式解释世界,而问题在于改变世界。"作为一条广为流传的语录,它不仅被群众作为口头禅表示对哲学家的嘲讽,而且被哲学院系作为哲学的语录悬挂。此话语的经典性与它被广泛阐释的模糊性并行。马克思的这一著名命题被复杂化了,甚至就要变成一个毫无意义的空洞形式。马克思的命题语境和具体含义被抽象地剥离。有人说,它仍然在理论与实践的二元论框架之中;有人说,它标志了一场深刻的哲学革命;有人说,它是实践家对空头理论家的痛斥;还有人说,它本质上是一个形而上学的命题,如此等等。一个经典性的能指却涣散在漂浮的所指之中。

就像雷蒙·阿隆所说的那样,如果没有成千上万的马克思主义者,马克思基本的指导思想其实不难确定。① 撇开后来者众多的解释不论,我们在《德意志意识形态》中,几乎可以看到马克思对这一命题直接的阐释和展开。马克思在批判青年黑格尔派时说:"他们只是用词句来反对这些词句;既然他们仅仅反对这个世界的词句,那么他们就绝对不是反对现实的现存世界。"②因为在马克思看来,"全部问题都在于使现存世界革命化,实际地反对并改变现存的事物。"③从《德意志意识形态》之前的《论犹太人问题》、《〈黑格尔法哲学批判〉导言》和《1844年经济学—哲学手稿》等著作来看,马克思具有强烈的实践诉求。因此,这一《提纲》只能被合理地理解为:不仅要以不同的方式解释世界,而且更重要的还在于改变世界。它绝对不是粗浅地认为改造世界可以脱离解释世界,解释世界与现实实践没有存在论上的关联。正如柯尔施在解释这一命题时所说:"它只

---

① [法]雷蒙·阿隆:《社会学主要思潮》,葛智强等译,北京:华夏出版社,2000年,第91页。
② 《马克思恩格斯选集》第1卷,北京:人民出版社,1995年,第66页。
③ 同上书,第75页。当然,马克思这样说,绝不意味着他一般地反对理论的解释和理论工作的意义。他说:"思辨终止的地方,即在现实生活面前,正是描述人们的实践活动和实际发展过程的真正实证的科学开始的地方。"见(同书,第73页)。

是表达了对于所有那些不同时是实践——现实的、世俗的、内在的、人类的和感性的实践——和基本上只理解它自身的哲学观念的思辨活动的（不论是哲学的还是科学的）理论的明确拒斥。理论上的批判和实践上的推翻在这里是不可分离的活动。"①

马克思并不停留在抽象的二元论基础之上，《提纲》的第一条本身已经充分地说明了这点。由于实践的概念成为世界观和方法论的基础，现实被看作实践中的统一和生成，因此一种"生产社会历史"的主体性取向在最后这条《提纲》中得到了简洁的表达。黑格尔思辨哲学中的"创造性"和"推动性"原则在这里走出了意识哲学的藩篱，不再是观念内部的自我旋转，而是结出了实践的果实。主体性不再抽象地表现为概念的自我推动，而是实践地改造现实的能动性。对于历史唯物主义来说，存在不再是一个自在的、天命般的过程，而是实践中的生成。因此，思想的目的不是对自在过程的理论直观，而是变革现实的内在因素。现实的实践就是面对现实而又超越现实的过程。

改变现实、改造社会内含的是主体性的存在概念、一种现代的存在论意识。如果说在前现代社会，存在的"主体"向度还处于自发的、非反思状态的话，那么，现代社会的典型成果就是这种主体意识的确立，也就是人的实践能动性进入意识并成为不可更改的历史事实。社会和历史作为总体，不仅在认识上，而且在实践上，成为主体的对象。在这种存在论语境中，即使反对改造社会、主张社会历史的自发性本身，也是一种对社会历史的参与，表达了主体性的实践意志。正是这样一种存在论观念，奠定了马克思革命政治的思想基础。革命政治不过是特殊的、具体的社会历史实践。

这种革命的实践取向并不是指马克思对全部哲学和思想的否定，也不表明马克思要把"实践"做成一个变革哲学的哲学范式；而是说马克思显著地跃出了认识论哲学的框架，认识世界和解释世界要指向改变世界并且成为改变世界的一个内在环节。认识在实践之中并且成为实践的一

---

① ［德］卡尔·科尔施：《马克思主义和哲学》，王南湜、荣新海译，重庆：重庆出版社，1989年，第52页。

个环节,而不是相反;实践在认识之中,成为认识论的一个环节。前者是历史唯物主义存在论的基本立场,而后者是认识论哲学的典型特征。这是世界观层面的基本变革,这一变革当然带动了认识论上的革命。

当然,这种观念的革命只有在社会历史本身的革命运动中才能得到正确的理解。历史唯物主义的实践思维,不过是现代社会历史实践在观念上的体现而已。马克思说:"意识的一切形式和产物不是可以通过精神的批判来消灭的,不是可以通过把它们消融在'自我意识'中或化为'幽灵'、'怪影'、'怪想'等等来消灭的,而只有通过实际地推翻这一切唯心主义谬论所由产生的现实的社会关系,才能把它们消灭;历史的动力以及宗教、哲学和任何其他理论的动力是革命,而不是批判。"①革命乃是实践的批判,观念地批判观念只是一些"震撼世界"词句,它们并不改变世界存在本身。马克思批判思辨的理论家说:"哲学家们反对'实体',他们完全轻视分工,即产生实体怪影的物质基础,这只是证明这些英雄们仅仅想消灭言词,而根本不想改变那些一定会产生这些言词的关系。"②只有产生这些词句的现实关系改变了,这些词句本身才可能最终改变。

马克思是一位革命家,同时是一位革命的理论家。马克思的理论是革命的发生学,其旨趣并不在于对现实的理论直观,而在于从现实中探索未来世界的发生原理并且促成这种发生。马克思和恩格斯在《神圣家族》中指出:"**历史什么事情**也没有做,它'并不拥有**任何**无穷尽的丰富性',它并'没有**在任何**战斗**中**作战'!创造这一切、拥有这一切并为这一切而斗争的,不是'历史',而正是**人**,现实的、活生生的人。'历史'并不是把人当作达到**自己**目的的工具来利用的某种特殊的人格。历史**不过**是追求着自己目的的人的活动而已。"③改变现实的革命理论,正是体现了世界观和历史观本身的变革。没有革命的意识,就不会有革命的实践。

如今,在马克思思想指引下的现实历史运动已经深刻地改变了人类社会的基本面貌,马克思的思想已经成为"历史"。这不是说它已经过时

---

① 《马克思恩格斯选集》第1卷,北京:人民出版社,1995年,第92页。
② 《马克思恩格斯全集》第3卷,北京:人民出版社,1960年,第460页。在我看来,马克思手稿中删除了的这段话仍然能表达马克思的看法。删除也许只是因为文字表达方面的原因。
③ 《马克思恩格斯全集》第2卷,北京:人民出版社,1957年,第118页。

了,而是说它已经成为我们生活的现实而与我们同在;我们今天就生活在马克思思想的历史效果之中。然而,经历了 20 世纪的各种灾难,面对改造现实的各种革命运动的衰退,思想界出现了一种普遍的潮流,宣布告别革命的"后革命时代"的到来。甚至还有"革命未必是好事"这样颇为出名的抽象议论,好像革命的发生学不是来源于现实的生存条件,而只是几个理论家思想鼓噪的结果,似乎揭发了这些鼓噪也就取消了革命的基础。

海德格尔批评马克思的政治学乃是一种社会生产理论,即所谓的"社会之社会性生产",按照一定的纲领和规划,生产出未来的社会。在他看来,这种"可订造的"存在观念,乃是一种形而上学。海德格尔说,马克思主义把生产设想为"社会之社会性生产"和"人作为社会存在体的自身生产",然而"人的自身生产带来了自身毁灭的危险"。海德格尔从存在论的层面批判了马克思的政治学说,这种政治学批判的实质是对马克思革命和解放学说的批判。与海德格尔从形而上学角度的批判不同,不少的人直接将马克思的理论指认为一种暴力理论,一种非理性的、反人道的理论;不仅在改造社会的革命政治中主张暴力,而且在征服自然和改造自然的生产力概念中同样表达了这样一种人类中心主义的暴力。马克思的思想因此成为现代的主体性形而上学,在实践中表现为通过暴力实现对现实的"齐一化"和"同一化"的强制。马克思主义被与专制主义和极权主义等同起来了,要求它对现实的暴政承担思想责任。在这样一种批判性的理解中,马克思以实践思维为基础的革命政治不再是解放的政治、自由的政治,反而是以解放的名义向专制的急剧倒退。这样一种理解,离马克思实在是太遥远了。

二、总体化不等于抽象的同一化

前面我们指出,在人类的生存中,总体化乃是人类实践的基本功能和存在论上的特征。人的实践或存在方式本身就是总体化的,随着现代资本主义的到来,人类历史呈加速总体化的趋势。在这种以资本为基本动力的总体化过程中,当商品价值通过抽象确立起了普遍同一的时候,个体也因此成了孤立的、原子式的个人,抽象的同一和抽象的具体构成了物化(异化)存在的内在环节。一方面,全面的、普遍的关系通过"作为社会存在物"的商品和资本广泛地建立起来；另一方面，在这种普遍的总体联系中，人与人之间通过社会的物普遍联系的同时构成普遍对立，社会的物取得了主体的地位，这种物按照自身的原则组织和安排人的生活，人在时空上被切割成生产的动物、交换的动物、消费的动物。现代存在论上的基本状况，就是普遍抽象中形成的普遍对立。这种对立表现为总体性与具体性的联系与对立、个人与社会的联系与对立等等。因此，只有在社会与历史的具体处境中，才能把握总体与具体、个人与社会以及个人与个人之间的存在关系。

马克思对资本的批判，并不是对现存社会的抽象批判。超越资本规定的存在方式，并不是用一种抽象的同一性来反对抽象的具体性，比如用所谓的集体主义反对个人主义，以社会本位反对个体本位等等。马克思并不处在这种抽象的对立之中，而是从社会历史条件出发来理解二者之间的关系，并且实践地处理和改善二者之间的关系。在马克思看来，应该将"过去的生产和交往所产生的条件看作无机的条件"，将自主生活的桎梏变成自主生活的条件，从而就像《共产党宣言》中所说的那样，使"每个人的自由发展是一切人的自由发展的条件"。马克思不像粗陋的共产主义者主张的那样，通过对私有财产的公有化，"用普遍的私有财产来反对私有财产"，从而"到处否定人的个性"。[①] 马克思主张的是：在社会中实现个人的自由、全面发展，而不是通过集体和社会的抽象同一性反对个体，遏制自由。

一切都要与具体的历史条件和历史状态联系起来考察，而不是陷入观念中的单纯应当。当马克思主义用"具体性"来反对"抽象性"的时候，总是与历史现实相联系的具体，是作为过程和历史总体环节中的具体，而不是抽象的个体、绝对孤立的"他者"，因为这样的个体和他者本身还是抽象，而不是历史中的真实。马克思总是在现实的关系中谈论个体，谈论个体与社会和历史的关系。比如在用"现实的个人"批判现代资产阶级"抽象个人"的时候，马克思就指出："这是一些现实的个人，是他们的活动和他们的物质生活条件，包括他们已有的和由他们自己的活动创造出来的

---

① 《马克思恩格斯全集》第3卷，北京：人民出版社，2002年，第295页。

物质生活条件。"①并且还明确地指出:"这里所说的个人不是他们自己或别人想象中的那种个人,而是**现实中的**个人,也就是说,这些个人是从事活动的,进行物质生产的,因而是在一定的物质的、不受他们任意支配的界限、前提和条件下活动着的。"②所谓的自由、个性等等,必须在社会的、历史的总体中得到理解,得到实现。马克思用社会性和历史性范畴,批判抽象的个人主义、利己主义,并不是对个人自由、平等、民主等等价值的否定,更不是对个性特长、偏好欲望的消除和强制,而是要使它们获得实现的社会历史基础。社会和集体并不是与个体对立的原则,以实现抽象的同一化和齐一化;而是要实现个人的自由全面发展,成为自由人的联合体。

未来对于现代的超越是辩证的历史过程。这不仅是说,这一过程要在主客体相互作用的实践过程中才能实现,而不是一个自发的过程;而且是说,未来的实现不是对现代的抽象反动,站到现代自由和民主的对立面,而是为自由民主的实现提供现实的社会历史基础。马克思指出:"全面发展的个人——他们的社会关系作为他们自己的共同的关系,也是服从于他们自己的共同的控制的——不是自然的产物,而是历史的产物。要使**这种**个性成为可能,能力的发展就要达到一定的程度和全面性,这正是以建立在交换价值基础上的生产为前提的,这种生产才在产生出个人同自己和同别人相异化的普遍性的同时,也产生出个人关系和个人能力的普遍性和全面性。"③未来社会并不是一种抽象的齐一化,而是在历史提供的现实条件的基础上的自由联合。此种联合不是人为的暴力强制,不是按照理想的状态和目标来人为地消灭差异、消灭特殊。正如特里·伊格尔顿所言:"对于马克思来说,关键不是使我们朝着大写的历史目的前进,而是从这一切的下面解放出来,以使我们能够从此开始——以便严格意义上的历史,带着所有它们的丰富差异,能够从此开始。……在这里,普遍性和多元性携手并进。"④

---

① 《马克思恩格斯选集》第1卷,北京:人民出版社,1995年,第67页。
② 同上书,第71页。
③ 《马克思恩格斯全集》第30卷,北京:人民出版社,1995年,第112页。
④ [英]伊格尔顿:《后现代主义的幻象》,华明译,北京:商务印书馆,2000年,第78页。

在历史唯物主义的存在论视域中,总体与个体、抽象与具体、同一与差异不再是抽象的对立关系,而是历史实践中的辩证关联。当代的一些思想家将总体性看作抽象的形而上学范畴,表达的是抽象的同一性内涵,因此要求批判总体性和总体化,其实批判的是抽象的同一性和抽象的同一化。同时,由于没有实践思维中的历史性和社会性,对这种总体性的批判诉诸的却是抽象具体,破碎、差异、他者、零散等等成为主导原则,从抽象同一倒向了抽象差异。这种对马克思的批判,将马克思的理论看成是抽象的齐一化、同一化,本质上是由于自身还受形而上学框架的规定,而没有意识到历史唯物主义已经从根本上瓦解了这种抽象的对立,置身于后形而上学的存在论视域之中了。在形而上学的框架中,将变革现实的实践理解为抽象的齐一化、强制的同一化,因此将马克思的理论与经验历史中的专制和暴政本质地联系起来,更是一种无思的理论粗暴。

因为将实践思维引入存在论,马克思的总体性思想便不再是近代认识论上抽象的同一性和黑格尔意义上的反思"总体",而是内在于历史实践活动中的具体的总体性,社会性和历史性范畴成为基本视域。在马克思看来,国家、私有财产将人的存在化为抽象,同时它们成为抽象的人的产物,而不是具体的人的实现。资本主义统治的全面建立已经完成并真正实现了这种总体性抽象,因此对资本的扬弃必然走总体化的道路。这一切是由现实的历史条件促成的,并且只有通过实践的批判才能实现。马克思说:"只有在现实的世界中并使用现实的手段才能实现真正的解放;没有蒸汽机和珍妮走锭精纺机就不能消灭奴隶制;没有改良的农业就不能消灭农奴制;当人们还不能使自己的吃喝住穿在质和量方面得到充分保证的时候,人们就根本不能获得解放。'解放'是一种历史活动,不是思想活动,'解放'是由历史的关系,是由工业状况、商业状况、农业状况、交往状况促成的。"[1]

简言之,在马克思的理论视野中,共产主义社会并不是旧有观念中的"大同"社会和宗教的天堂。马克思思想中的革命观和未来社会并不是对所谓的"个体"、"他者"、"差异"等等的强制同一和"总体化"。在那里,并

---

[1] 《马克思恩格斯选集》第1卷,北京:人民出版社,1995年,第74页。

不是无个性的个体组成抽象总体,而是个性的解放,是对现代资本主义抽象总体化和同一化的真正扬弃。诚如伊格尔顿所说:"不寻求总体性,正是不正视资本主义的代码。但是,一种对于总体性的怀疑,无论是左的还是右的,通常都是假冒的。它通常转化成意味着对某些种类总体性的怀疑和对其他种类总体性的热情认可。"①这就是对现实资本圈地运动的热诚或无意识的冷漠。然而,正是马克思的历史唯物主义在批判抽象总体性的同时,以实践的思维方式拯救了辩证的总体性;而且正是马克思的总体性意识,实现了对现代社会的总体批判,并发展了超越现代的总体性视域。

三、重申实践中的辩证总体性

一些站在经验主义立场上的人总是认为,总体是虚假的,它不能作为一个真实的方法论概念。波普尔认为:"这种总体论的方法,必然始终只是一个单纯的纲领而已。从来没有人举出过任何对完全而具体的社会情况作出科学描述的例子。它是不可能举出的……"不仅如此,他批判地指出,总体论者不仅计划着用一种不可能的方法来研究整个社会,还计划着"作为一个整体"来控制和重建我们的社会,它只能被恰当地形容为"空想的"②。与波普尔的逻辑相同,哈耶克认为,建立在总体性思维基础上的任何计划的社会主义必然走向奴役,是一种专制的"暴政","是极权主义者这个新词真正意义上的极权主义者"③。诸如此类的批判,不胜枚举。

波普尔和哈耶克所描绘的这种"总体"概念,在多大程度上远离了马克思主义的具体的总体,并且又在多大程度上同样成为马克思主义的批评对象,不是问题的关键。问题的关键在于,他们在马克思主义、社会主义与"总体性"和专制之间建立的联系。他们认为:"斯大林主义就是社会主义,它是国有化和集体化不可预料但却是不可避免的政治附属物,而这

---

① [英]伊格尔顿:《后现代主义的幻象》,华明译,北京:商务印书馆,2000年,第16页。
② [英]卡尔·波普尔:《历史主义贫困论》,赵平等译,北京:中国社会科学出版社,1998年,第70—71页的相关论说。
③ [英]哈耶克:《通向奴役之路》,王明毅、冯兴元译,北京:中国社会科学出版社,1997年,第59页。

两者都是他赖以建立一个无阶级社会计划的一部分。"①在他们看来,在社会主义的计划中,"随着有组织管理的增加,目标的多样化必定会让位于一体化。这是对有计划的社会和人类事物中独裁主义原则的报应。""马克思主义已经导致法西斯主义和民族社会主义,因为就其全部本质而言,它就是法西斯主义和民族社会主义",但是,"现在难能有人还记得,社会主义从一开始便直截了当地具有独裁主义的性质"②。在他们看来,未来社会的产生和建设纯粹是一个主观的强制过程,是抽象的计划对现实的剪裁,本质上就是暴力和专政,就是抽象的齐一化和总体化。

的确,马克思主张暴力革命,但需要强调的是:"暴力"的前提本身是非暴力的。马克思并不是鼓吹暴力,认为暴力好,而是说现代资本主义社会会产生出暴力革命的历史条件,使之不可避免。但是,一些反总体论者"只把注意力集中于法西斯主义或者斯大林主义,他们能够想象的唯一一种总体性就是一种完全赤裸裸的'极权主义'"③。只把"总体化"、"总体性"与法西斯的集中营、斯大林的清洗,甚至与中国的"文革"联系起来,而且将现实的实践中的社会主义与马克思理论上的社会主义抽象地同一起来,好像现实的实践就是那个理论的探索本身,而不是一个更加复杂的具体过程。在反对"马克思主义"的总体化和"极权主义"的同时,这些反总体论者却欢呼更强劲的资本对人类存在抽象的"总体化"、自由主义对人类的总体化:"在官僚社会主义突然崩溃之后,政治自由主义……戏剧性地高涨了起来,并且我们现在正一起朝着一种共同的后极权主义的政治风气迈进。"④这种乐观主义的语调,宣布资本主义和政治自由主义全面地扫除了专制和集权的社会主义,难道这不也是一种现实的总体化和齐一化吗?

问题不在于总体性,而在于什么样的总体性;不在于总体化,而在于什么样的总体化。早在一百多年前,马克思批判了资本主义和自由主义

---

① [英]哈耶克:《通向奴役之路》,王明毅、冯元兴译,北京:中国社会科学出版社,1997年,第32页。
② 同上书,第33页。
③ [英]伊格尔顿:《后现代主义的幻象》,华明译,北京:商务印书馆,2000年,第146页。
④ [美]理查德·沃林:《文化批评的观念》,张国清译,北京:商务印书馆,2000年,第32页。

的洋洋得意:"断言自由竞争等于生产力发展的终极形式,因而也是人类自由的终极形式,这无非是说资产阶级的统治就是世界历史的终结——对前天的暴发户们来说这当然是一个愉快的想法。"① 我们读到的福山的《历史的终结和最后的人》也是一个愉快的想法。这一想法表明的是资本对于存在的普遍中介在观念上的全面胜利。但是,福山将这一历史的胜利试图当作没有历史的永恒,当作历史的终结。这无疑也是总体化和总体性的叙事。历史唯物主义不过是对这种资本的总体化和同一化过程的批判和瓦解而已。今天所谓"后革命时代"的提法,将马克思思想简单地漫画为一种暴力和主体冲动,试图重新在资本的原则内安置公平、正义、平等和自由等等,或者在资本的框架中抽象地主张多元、差异、具体,以对抗同一性和总体化等等。这表面上存在着不同,实际上没有深入社会历史的存在深处,因此本身只是表现为一种观念中的应当。资本的普遍总体化,才是今天的存在论实情。离开了社会历史的总体性和总体化,离开了实践中的存在意识,对总体性叙事的批判本身仍然是观念论的。

  作为一种思维方式,总体性与人自身的存在论特征本质相关。人固然是一种有限的存在,人的认识有限性从属于这种存在论上的有限性。然而,在人的有限存在中,能不断地超越有限的无限存在者,即齐美尔所谓的"生命比生命更多"、"生命超出生命"等等。生命的此种超越性,使人成为能够思及无限的有限存在。他可以形成一种总体性的存在概念,而不是仅仅停留于有限的具体存在,停留在实在的层面上。然而,这种总体性是一种形而上学的本体论抽象,还是实践意识中形成的辩证总体性,则具有本质的不同。抽象的总体性概念在传统哲学中形成了本体论的范式,本体不过是没有具体规定的同一性,抽象的绝对,它自身的无规定性使之能成为本源和所谓的起点。而非本体论的总体性范畴却可以在后形而上学的视域中被重新被建构起来,以克服抽象的同一性、齐一性与差异性、具体性的对立,使得存在成为一个非本体论的范畴。这就是历史唯物主义视域中的实践思维具有的基本意义,它从存在论的基础上拯救了总

---

① 《马克思恩格斯全集》第31卷,北京:人民出版社,1998年,第44页。

体性概念。

然而,后现代理论家认为,革命和解放都是立足于危险的总体性叙事,由此转向了"自由的主体性和欲望漂泊无定的个人主义范式"。抽象的具体和差异不仅在文本中而且在日常生活中表现为瞬间化的"拼贴"和"戏仿"。在杂乱和破碎的体验中,"总体性"叙事被弃如敝屣。回到当下、守住感觉,快感的张扬得到了欲望美学的肯定,成为反对僵化总体性的战场。然而真正说来,绝对的"当下"并不能成其为"当下",就像在绝对非理性的感觉中找不到感觉一样,只有在历史的辩证总体中,具体才能获得自身的存在和意义。脱离了历史总体的"现在"、"当下",都只能是没有时间向度的抽象具体,没有意义关联的碎片。

经历了噩梦般自相残杀的20世纪,暴力,哪怕是以自由和解放为叙事基础的暴力革命,总是引起人们本能式的反对。但是,暴力并没有因此而消失。和平也好,暴力也好,并不是通过观念的批判或赞成就能够消除或唤起的。它们的到来或消退,具有社会历史的存在论基础。就像总体化和总体性,它并不是观念本身,而是人类存在论上的存在事实。生存的实践过程就是总体化,就是依赖人的意志不断地将各种生存要素纳入存在的总体。问题只在于是什么样的总体化,因此存在表现为什么样的总体性。今天,面对全球的资本主义化,面对人类历史真正地成为总体性的"世界历史",放弃了总体性的思维根本就不可能形成对人类存在具有本质意义的理解和批判。同样的,放弃了总体性,就必然放弃关于人类未来的总体性想象,因此是放弃未来本身。

历史唯物主义的思想震撼力就在于总体性,不仅是它的总体性意识,而且是它的辩证的总体性实践。正如卢卡奇在他的《历史与阶级意识》一书中说的那样:"只有当人能把现在把握为生成,在现在中看出那些他能用其辩证的对立创造出将来的倾向时,现在,作为生成的现在,才能成为他的现在。只有感到有责任并且愿意创造将来的人,才能看到现在的具体真理。"①

---

① [匈]卢卡奇:《历史与阶级意识》,杜章智等译,北京:商务印书馆,1996年,第298页。

第四节 "当今之思想":海德格尔的误判

在前面揭示马克思思想非本体论性质的时候,我们已经初步提及了生产概念。在那里,生产概念被赋予存在论范畴的性质和意义,并且成为马克思思想走出形而上学思维的关键之一。"存在就是生产过程"这个命题突出地成为实践范畴的基本规定,被领会为后形而上学存在概念的核心理念。在实践范畴的这一规定中,重要的不在于它是传统本体论和认识论困境的消毒剂,而在于它表达了现代社会历史的实情,并且表达了现代人基本的存在意识。"存在的生产性"在马克思那里已经牢固地树立起来了,他批判抽象的自然概念,自然在实践的中介中被看作历史的、工业的产物。法国大革命对社会历史的"创造",以及德国古典哲学自我意识的"能动性",在马克思这里融贯为一种根本的存在领会。我们将它阐释为具有本质重要性的后形而上学存在论视域。然而,被我们借用的这一海德格尔评价马克思的命题,在海德格尔那里却具有完全不同的意义。在《晚期海德格尔的三天讨论班纪要》(以下简称《纪要》)①中,海德格尔通过"存在就是生产过程"这一命题,从根本上将马克思的思想判定为形而上学和"当今之思想"。理解并回应海德格尔的这一判定,对我们而言,具有重要的意义,它关系到我们对历史唯物主义实践范畴的后形而上学阐释是否能够成立。通过本节与海德格尔的对话,我们将表明,马克思如何凭借着实践思维方式走出了形而上学,而不是停留在形而上学存在概念的基地上。

一、形而上学的极端可能性

海德格尔没有专门著文讨论过马克思,他对马克思的论说大多散见在不同的文本之中,而且为数不多。这一状况往往使人们忽视他对马克思批判的根本重要性和内在统一性。实际上,海德格尔一以贯之地认为,马克思思想是颠倒了柏拉图主义的形而上学。此一指认不是就思想的某

---

① 发表在《哲学译丛》2001年第3期上。本节在引用该文时不再注明出处。

一枝节,而是就思想的根基,从而是就思想的全体和原则而言的。在《哲学的终结和思的任务》中,海德格尔说过:"纵观整个哲学史,柏拉图的理想以有所变化的形态始终起着决定性作用。形而上学就是柏拉图主义。尼采把他自己的哲学标示为颠倒了的柏拉图主义。随着这一已经由卡尔·马克思完成了的对形而上学的颠倒,哲学达到了最极端的可能性。哲学进入终结阶段了。"①在海德格尔看来,此种颠倒"还只不过是倒转为它的非本质"②,"把一个形而上学的命题倒转过来仍然还是一个形而上学的命题"③。马克思同尼采既然只是颠倒了形而上学,他们便因站到了形而上学最极端的对立面,从而仍然保持在形而上学之中。如果海德格尔对马克思的"形而上学"指认从根本上说是正确的,他摧毁的将不只是"马克思主义哲学对传统形而上学的超越"、"马克思主义的当代性"这些学术的命题和理论活动,而是将击垮关乎无数代人的一段波澜壮阔的历史。

《纪要》简明地体现了海德格尔哲学的核心思想,也较为清晰地反应了海德格尔判定马克思思想形而上学性质的内在理路。不过从形式上看,在晚期三天讨论班中,海德格尔只是就马克思的《〈黑格尔法哲学批判〉导言》中的一句话和《关于费尔巴哈的提纲》第十一条进行了阐释和评价,并且说"这一个命题的意思无非是……","肯定要把马克思的这个命题理解为形而上学命题"之类的话。海德格尔仿佛只是"就事论事",随意地点击了马克思的个别命题,而无关乎马克思思想的根本。然而,事实绝非如此。从相隔数年的三天讨论班内容来看,海德格尔不是只针对马克思的此一命题或彼一命题,而是以这些命题为依托,一以贯之地从根本上将马克思思想定性为形而上学。海德格尔在讨论班的补充说明中明确地指出,他对马克思的解释并非政治的,这个解释向着存在而思,向着存在

---

① [德]海德格尔:《哲学的终结和思的任务》,见《海德格尔选集》,孙周兴选编,上海:上海三联书店,1996年,第1244页。

② [德]海德格尔:《尼采的话'上帝死了'》,见《海德格尔选集》,孙周兴选编,上海:上海三联书店,1996年,第703页。海德格尔关于"倒转"的说法是很有意思的,倒转只是倒转为非本质。如前所述,马克思批判唯灵论和抽象唯物主义的时候也是持这一观点,认为二者之间只是一种"极端"之间的倒转关系(见第一章第二节)。海德格尔这种指认马克思本身只是一种"倒转"的随意性,也就显而易见了。

③ [德]海德格尔:《关于人道主义的书信》,见《海德格尔选集》,孙周兴选编,上海:上海三联书店,1996年,第372页。

送出自己的方式而思,从这个观点和角度看,可以说,马克思达到了虚无主义的极至。我们知道,在海德格尔的思想中,虚无主义就是形而上学的本质。① 马克思作为形而上学的完成者而成为最后的形而上学家,这一指认是根本性的,而且在海德格尔那里是内在一贯的。

1969年9月7日的讨论中,海德格尔在批判语言之衰败的意义时追问道:"从这一说法中可以引出什么样的实践结果来呢? 换言之,留给思想者去做的是什么呢?"关于思想的职能和意义的问题,《纪要》写道:"海德格尔说'我正是为此呆在这里的'。这取决于,有那么几个人在公众之外孜孜不倦而鲜活地保持一种专注于存在的思想;他们在这里知道,这一工作的目的必须是为一个遥远的未来奠定(对这种思想的)传承之可能性的基础。"对于思想者地位的这种思考,自然就引出了《关于费尔巴哈的提纲》第十一条那个令人震撼的命题:"哲学家们只是以不同的方式解释世界,而问题在于改变世界。"《纪要》记录了海德格尔分析这一命题的四个追问:其一,解释世界与改变世界之间是否存在着真正的对立? 其二,难道对世界每一个解释不都已经是对世界的改变了吗? 其三,对世界的每一个解释不都预设了:解释是一种真正的思之事业吗? 最后,另一方面,对世界的每一个改变不都把一种理论前见预设为工具吗?

作为《纪要》,我们看不到海德格尔和参与者是如何具体地展开和分析这些问题的。但从马克思的立场来看,对于第一个和第四个问题,马克思可以肯定地回答:思维与存在在实践的基础上得到统一,而不是抽象的对立。马克思在《提纲》之前的《〈黑格尔法哲学批判〉导言》中就提出了不仅思想要趋向现实,现实也要趋向思想的辩证过程概念。像我们已经阐释过的那样,马克思绝对不是在二元分离的立场上谈论解释世界与改变世界之间的对立。马克思要质疑的恰恰是这种对立,是以解释世界、直观现实为思想之本质的本体论和认识论哲学,历史唯物主义强调实践构成思想的本质,认识只是实践的环节,而不是相反。这当然不意味着马克思

---

① 关于这一点,可见《纪要》中的原注:海德格尔将"虚无主义"思为"西方历史的根本运动……而并非只是一个当代现象,也不只是19世纪的产物……"(《林中路》,1950年,第201页及以下两页;也可参见1955年的《向着存在问题》,收在《路标》,1967年,第213—253页,以及《尼采》第一、二卷,1961年)。

的实践是"无思想"的本能活动。因此,对第二个和第三个反问,从实践的、辩证的而非思辨的统一性来看,马克思会说:思想中的进展绝对不等于现实的改变,它只是观念内部的自我旋转;观念要以实践为基础和指向,才能走出形而上学思辨的自我封闭。按马克思的说法,我们不能沉溺于"震撼世界的词句",改变现实的不是观念的批判,而是革命的实践。真正的思想不仅听从于存在而且指向存在,将自身看成是存在过程内在的环节,而不是在实践之外的孜孜不倦的"沉思"。

为了将马克思的命题逼为一个形而上学的命题,海德格尔接着追问道:"在马克思那里谈到的是哪样一种改变呢?是在生产关系中的改变。生产在哪里有其地位呢?在实践中。实践是通过什么被规定的呢?通过某种理论,这种理论将生产的概念塑造为对人的(通过他自身)生产。"很显然,海德格尔的这种追问本身就陷入了反思中的循环。这种循环恰好表明了马克思实践的对象性和对象化思维瓦解本体论的重要之处,思想本身不可能在对象性的关系中找到非对象性的自在起点。在对象性的统一中,实践与理论本身就是相互关联和相互构成的,根本没有本体论上的绝对起点。

海德格尔认为,将生产塑造为对人的生产,就必然有一种确定的关于人的理论想法,"这个想法作为基础包含在黑格尔哲学之中","对于马克思来说,存在就是生产过程。这个想法是马克思从形而上学那里,从黑格尔把生命解释为过程那里接受来的。生产之实践性概念只能立足在一种源于形而上学的存在概念上"。在这里,"生产"作为解释马克思的关键,不再是指与劳动含义大体一致的狭义的生产概念,而是与存在这一本质的哲学范畴联系起来,内含了特定的存在观。生产范畴被赋予了一般的存在论意义,这是海德格尔阐释马克思最本质的贡献,它指出了马克思思想阐释的存在论方向。

马克思曾经说过:"正是在改造对象世界中,人才真正证明自己是类存在物。这种生产是人的能动的类生活。通过这种生产,自然界才表现为他的作品和他的现实。"[①]马克思在"生产"中理解人类社会的产生和发

---

① 《马克思恩格斯全集》,第3卷,北京:人民出版社,2002年,第274页。

展变化,从直接的物质生产出发阐述现实的生产过程。在《德意志意识形态》中,马克思虽然肯定以意识、宗教或者随便其他什么东西来区别人和动物,但还是赋予生产更根本的意义:"一当人开始**生产**自己的生活资料的时候,这一步是由他们的肉体组织所决定的,人本身就开始把自己和动物区别开来。"① 马克思的"生产"概念的确蕴含着一种特殊的存在理解,我们因此将马克思的存在概念理解为一种后形而上学的存在论视域。然而,在海德格尔看来,将存在的过程理解为人通过自身的生产过程,这个想法是马克思从形而上学那里学来的,从黑格尔那里学习来的。生产之实践性概念只能立足在一种源于形而上学的存在概念上。

的确,作为有目的的自为的活动,"生产"中必有一种理论的想法、观念等等。但是,这种想法是否一定是观念的预设并因此是形而上学的呢?在马克思看来,现实的存在是实践中的过程。我们的观念产生于社会存在,即现实生活的生产和再生产,因此应该从现实实践来理解思想观念的形成,真正能够洞穿现实的理论绝对不是观念的预设和想象。马克思甚至因此指出,观念的东西并不具有自在的独立性,"意识形态没有历史"。当然,超越性的观念不可能是现实的简单派生物,更不是站在现实之外为现实立法的抽象应当,而是辩证实践中面对现实与超越实存的维度,是事实性与价值性的统一。正是通过辩证的实践思维,黑格尔的如下看法可以在历史唯物主义的视域中获得新的存在论意义:哲学研究的对象是理念,而理念不会软弱无力到永远只是应当如此,而不是真实如此的程度。②

马克思虽然在一定程度上吸收了黑格尔的"过程"思想,但更重要的是,他揭示了黑格尔"过程"概念抽象主义的逻辑本质,"过程"还不是历史的、实践的。我们不能低估黑格尔对马克思至关重要的影响;甚至的确可以说,没有黑格尔就不会有马克思。黑格尔的"过程"范畴对于马克思批判抽象本体论具有前提性的意义。在这个意义上,说马克思的"生产"概念立足于黑格尔的"过程"意识和"形而上学"之上,当然是对的。但是,马

---

① 《马克思恩格斯选集》第 1 卷,北京:人民出版社,1995 年,第 67 页。
② [德]黑格尔:《小逻辑》,贺麟译,北京:商务印书馆,1980 年,第 45 页。

克思的意义恰恰在于对黑格尔"过程"范畴形而上学性质的批判,在于将思辨的非实践的过程概念奠定在历史实践的基础之上,将现实的生产过程看成是理解人类存在的基础。对此,恩格斯有一个清晰的概述:"生产以及随生产而来的产品交换是一切社会制度的基础;在每个历史地出现的社会中,产品分配以及和它相伴随的社会之划分为阶级或等级,是由生产什么、怎样生产以及怎样交换产品来决定的。所以,一切社会变迁和政治变革的终极原因,不应当到人们的头脑中,到人们对永恒的真理和正义的日益增进的认识中去寻找,而应当到生产方式和交换方式的变更中去寻找;不应当到有关时代的**哲学**中去寻找,而应当到有关时代的**经济**中去寻找。"[①]

海德格尔强调马克思思想的形而上学性,更多地看到了马克思与黑格尔的同一性,他低估了马克思"生产"概念的后黑格尔性质。马克思那里具有本质意义的"实践"范畴完全被等同于黑格尔的"异化",即先验理念的外化和对象化过程,因此,引导实践的理论被看成是脱离于实践的抽象的预设。本质重要的是,马克思的存在并不是没有"意识"的抽象广延性,而是物质—精神的共属一体,是感性实践活动中的现实。马克思强调存在过程的"实践性",目的正是要从思辨的逻辑中解救非实践的"过程"范畴,将现实生活的生产作为自己理论的出发点,反对立足于抽象本体论或观念论的形而上学预设。海德格尔忽视了马克思对黑格尔本质性的扬弃,他不是把马克思意义上的"存在就是生产过程"这一命题看作对抽象形而上学的克服,而是认为它奠基于形而上学,本质上就是形而上学最极端的形式。

二、自我生产的形而上学

在肯定了马克思有一种关于人的形而上学预设之后,海德格尔进一步批判"理论"的现代含义,并以此揭示"生产"的形而上学本质。海德格尔追问道:"当今人们如何理解理论?是否意味着一种纲领:对一个规划的展示、预先确定和告知。"海德格尔指出,这样的"理论"概念奠基于开普

---

① 《马克思恩格斯选集》第3卷,北京:人民出版社,1995年,第740—741页。

勒的《宇宙论》、伽利略的《物理学》和牛顿的《原理》。最终的结果是马克斯·普朗克关于存在的论题:"现实的东西就是可以计量的东西。"存在之意义因而就是可计量性,最终的结果只是有助于对作为对象的存在者的控制和统治,不管这个对象是作为人自身、作为自然,还是作为社会。也就是说,可计算性的存在决定了可订造性的生产。

海德格尔认为,马克思的革命政治也不过是纲领指导下社会的"一种自身生产方式",因此完全在现代形而上学的规定中。1973年9月7日的讨论中,海德格尔念了马克思下面的话,"所谓彻底就是抓住事情的根本。而人的根本就是人本身。"海德格尔解释说,全部马克思主义都以这个论题为依据,马克思主义把生产设想为:社会之社会性生产——社会生产其自身——与人作为社会存在体的自身生产。既然马克思主义这么想,它就正是当今之思想,在当今进行统治的就是人的自身生产与社会的自身生产。关于马克思思想的这一特征,哈贝马斯也指出过:"毫无疑问,马克思把使用意志和意识去创造历史的问题视作从实践上掌握迄今为止未被控制的社会发展进程的任务。"①可以说,在这个意义上的马克思的生产概念,的确是现代存在意识的自我确证,表明了现代存在的基本状况和现代基本的存在论意识。在这个意义上,马克思的思想确实就是"当今之思想",就是所谓时代精神的精华。

马克思思想中当然有所谓"纲领"或理论。不过,这个纲领是现实的观念表达,而不是在现实的实践之外预设指导生产现实的原则。在马克思看来,在现实的斗争中,理论家不用在"自己的头脑中寻找科学",共产主义是消灭现实状况的现实的运动,而不是在现实之外需要我们去与之符合的抽象理想。人们往往在"实存"、"实在"的意义上来理解现实性,理解存在,从而批判变革现实的理论和理想为乌托邦。这只是一种单向度的、非批判的实证主义态度,是一种与主观主义对立的客观主义形而上学。真正的现实就是实践中应在与实在的辩证统一,是超越的理想性与客观的现实性之间的争执与和解。

---

① [德]哈贝马斯:《作为意识形态的技术与科学》,李黎、郭官义译,上海:学林出版社,1999年,第74页。

在思想与现实相互生产的辩证过程中,我们可以质疑马克思论断的正确性,怀疑他是否正确地揭示了"此岸世界的真理",但无可质疑的是马克思思想境域的非形而上学性质。马克思自觉地将理论活动定位为对现实存在的分析,并且不把自己的理论成果当作一成不变的教条。这一点在《德意志意识形态》中表达得相当清楚。马克思说:"思辨终止的地方,即在现实生活面前,正是描述人们的实践活动和实际发展过程的真正实证的科学开始的地方。关于意识的空话将销声匿迹,它们一定为真正的知识所代替。对现实的描述会使独立的哲学失去生存环境,能够取而代之的充其量不过是从对人类历史发展的观察中抽象出来的最一般的结果的综合。这些抽象本身离开了现实的历史就没有任何价值。"[①] 为了表明与空想社会主义的区别,马克思将自己的理论命名为科学的社会主义,它不是关于未来的抽象理想或原则,而是现实及其趋向的理论表达。

在海德格尔看来,"可计量性"的存在观念以及在此基础上的"可订造性"生产,或者说创造历史和改造历史的"创造性原则"和"推动性原则",乃是"形而上学"历史的天命。关于这一点,海德格尔在批判唯物主义时说得相当清楚:"唯物主义的本质不在于一切只是素材这一主张中,而是在于一种形而上学的规定中,按此规定讲来一切存在者都显现为劳动的材料。劳动的新时代的形而上学的本质在黑格尔的《精神现象学》中已预先被思为无条件的制造之自己安排自己的过程,这就是通过作为主观性来体会的人把现实的东西对象化的过程。……技术在其本质中实为一种付诸遗忘的存在的真理之存在的历史的天命。"[②]

对于现代思想、现代技术、现代生产,不仅是海德格尔,而且大多数思想家都从各自不同的视角进行了批判。不同的是,海德格尔以"生产"概念为核心,将技术的批判纳入对形而上学的总体批判中。如果说"可计算性"的存在观念和"可订造性生产"内在地同一,并且如海德格尔所说,是"存在的真理之存在的历史的天命",那么,问题就恰恰在于如何"生产",

---

① 《马克思恩格斯全集》第3卷,北京:人民出版社,1960年,第30—31页。
② [德]海德格尔:《关于人道主义的书信》,见《海德格尔选集》,孙周兴选编,上海:上海三联书店,1996年,第283—384页。

如何从现实中获得未来的定向。这正是马克思的"生产"概念的主导观念。人们不仅实际上创造了历史,历史不过是人们实践的过程和结果;并且可能自觉地创造历史,这是一个存在论上的基本事实,也是现代性历史意识的基本观念。自然的或者神义的历史观念从原则上讲,已经一去不复返了。人走向了存在论的中心。

人成为存在论的中心与生产成为存在论的基本范畴,实际上是一回事。所以在《纪要》中,我们看到,海德格尔对生产的形而上学批判和对人道主义的形而上学批判是直接地联系在一起的。在海德格尔看来,人的优先性地位的确立是在笛卡尔将我思主体确立为认识根据的基本思想中完成的。萨特的《存在主义是一种人道主义》继续肯定人的优先性,认为"我们存在于一个只有人的平面上",而人的优先性不过是意识优先性的直接后果,因此人道主义在本质上仍然是一种形而上学。海德格尔认为,"所谓彻底,就是抓住事情的根本。而人的根本就是人本身",这是表明马克思思想形而上学和人道主义本质的基本命题。在海德格尔看来,黑格尔把知识的事情作为辩证生成中的绝对,而费尔巴哈不过是把人而不是把绝对做成知识,从而颠倒了黑格尔。马克思所说的"对宗教的批判最后归结为人是人的最高本质"这一命题,"与费尔巴哈式批判意义完全一样"。海德格尔指出:"这一命题的意思无非是:在那个说明'人是人的最高本质'的学说中得到了最终论证和确认的是,作为存在的存在对于人不再存在。"

海德格尔在这里有一个根本性的错误。不是说马克思"与费尔巴哈式批判的意义完全一样",马克思本来就是用这一命题来总结费尔巴哈宗教批判的思想史后果,因此并不像海德格尔所说的那样,是马克思主义论题的依据,更不是马克思思想的根本原则。对马克思来说,这一命题充分表达了建立于形而上学基础上的抽象人性论的全部的、最后的成果,意味着以人的根本地位的确立结束了宗教批判。这是现代解放,从而也是费尔巴哈思想的意义。就在"所谓彻底,就是抓住事情的根本。而人的根本就是人本身"这一著名的命题后面,马克思接着说道,德国理论的彻底性在于它是从坚决彻底废除宗教出发的,它最终也就归结为必须推翻一切奴役人的现实关系这一绝对命令。① 在马克思看来,"对宗教的批判是其他一切批判的前提",②历史的任务是要"确立此岸世界的真理"。

很显然,作为"宗教批判之结果"的"人是人的最高本质",只是真正的问题开始的地方,是新的思想升起的地平线,而海德格尔把它看作"结束",看作"全部"。在马克思这里,抽象人性论完成了对宗教的批判之后,现实的任务就是对尘世的批判、政治的批判、法的批判等等。新的思想不仅不再诉诸抽象"人性论"反对宗教,毋宁说它本身必须是对抽象人性论的理论批判,对现代人性解放历史限度的揭示。历史唯物主义在社会性、历史性维度中对人的存在状况进行具体的现象学式的分析,反对抽象的人道主义。马克思讲得十分清楚:"费尔巴哈把宗教的本质归结于**人的**本质。但是,人的本质不是单个人所固有的抽象物,在其现实性上,它是一切社会关系的总和。"③马克思正是通过社会性和历史性维度的引入,揭示人的现实存在,由此瓦解了抽象人道主义。

海德格尔将马克思看成马克思批判的费尔巴哈了。在海德格尔看来,人道的人性是从一种已经确定了的对存在者整体的讲法的角度来规定的。它在规定人的人性的时候,不仅不追问存在对人的本质关系,甚至还阻止这种追问,因为人道主义源于形而上学并始终是形而上学的,④形而上学的历史是"忘在"的历史,也就是这里所说的"作为存在的存在对于人不再存在"。因为形而上学的本质就是虚无主义,由此,海德格尔说"马克思达到了虚无的主义极至"。海德格尔没有充分注意到:通过对黑格尔法哲学的批判,马克思注意到了现实的物质生活关系的重要性,并以此为出发点推进政治经济学批判,而政治经济学批判实际上是对现代人类存在的存在论描述和存在论批判。由此出发,马克思克服了黑格尔的"异化劳动"概念和费尔巴哈的抽象人本学,历史性和社会性成为根本原则,对抽象本体论的批判最终走向了后形而上学的存在分析。

---

① 《马克思恩格斯选集》第1卷,北京:人民出版社,1995年,第9—10页。
② 同上书,第1页。
③ 同上书,第60页。
④ [德]海德格尔:《关于人道主义的书信》,见《海德格尔选集》孙周兴选编,上海:上海三联书店,1996年,第366页。

三、通过"生产"走出形而上学

在海德格尔看来,马克思以生产理解存在,"在当今进行统治的就是人的自身的生产与社会自身生产","人的自身生产带来了自身毁灭的危险"。马克思既然这么想,他就只是"当今之思"。海德格尔说:"按照马克思,人,每一个人(他自身就是他自己的根本),正是这种生产以及隶属于生产的消费的人。这就是我们现时代的人。"然而实情在于,马克思不谈抽象的人性和人的存在。在马克思那里,人和生产恰恰是在具体的社会历史关系中被考察,他没有将现代生产中对人的理解看成是一般的人的观念。马克思在《〈政治经济学批判〉导言》中说,"在社会中进行生产的个人,——因而,这些个人的一定社会性质的生产"自然成了他研究的出发点。① 马克思并不是在一种还原论的意义上使用"生产"范畴的。这与《德意志意识形态》中的说法,意思也完全一致:"事情是这样的:以一定的方式进行生产活动的一定的个人,发生一定的社会关系和政治关系。经验的观察在任何情况下都应当根据经验来揭示社会结构和政治结构同生产的联系,而不应当带有任何神秘和思辨的色彩。"②

在《1844年经济学—哲学手稿》中,马克思的确高度地称赞黑格尔"把人的自我生产看作一个过程"的思想,说他"把对象化看作非对象化,看作外化和这种外化的扬弃;可见,他抓住了**劳动**的本质,把对象性的人、现实的因而是真正的人理解为他**自己的劳动**的结果。"③但是,即使在这一早年手稿中,马克思对黑格尔的肯定也必须同时在批判黑格尔的前提下来理解。就在这一著作中,马克思同时指出:"人的本质,人,在黑格尔看来是和自我意识等同的。因此,人的本质的一切异化都不过是自我意识的异化。"④在这个意义上,"劳动"只是"概念""精神"自我运动构成的一个环节,而不是相反。所以马克思认为,黑格尔"只是为历史的运动找到抽象的、逻辑的、思辨的表达,这种历史还不是作为一个当作前提的主

---

① 《马克思恩格斯选集》第2卷,北京:人民出版社,1995年,第1页。
② 《马克思恩格斯选集》第1卷,北京:人民出版社,1995年,第71页。
③ 《马克思恩格斯全集》第3卷,北京:人民出版社,2002年,第320页。
④ 《马克思恩格斯全集》第42卷,北京:人民出版社,1979年,第165页。

体的人的现实历史。"①黑格尔的这种"自我产生、自我对象化的运动",只是一个"与人自身有区别的、抽象的、纯粹的、绝对的本质所经历的过程","这就是在自身内部的纯粹的、不停息的圆圈"。② 马克思清楚地指出了黑格尔思想中"推动性原则"和"创造性原则"的观念自足性。

海德格尔只是注重马克思"生产"概念与黑格尔"过程"范畴、"劳动"范畴的联系,从而导致了对马克思思想根本性的错误定位。当海德格尔以"生产"为核心来理解马克思主义时,他的生产有两层含义:第一,生产是被作为纲领化的理论规定,即是预先有一个确定的外在于生产的理论想法规定之下的生产,其实质就是黑格尔理念在先的"异化";第二,其根本特征是可计量性基础之上的可订造性,实质乃是通常所说的工具理性活动,所以进步的强制引导生产强制,生产强制引导需求强制。海德格尔从这样的意义来理解马克思的"生产"概念,其实质在于海德格尔所说的"生产"乃是"当今之生产",或者说,抽象地将特定形态的生产奉为"生产之一般"。

在马克思看来,当今的资本主义生产,或者说生产的这一历史形态把"自我活动、自由活动贬低为手段",因而不是"自由自觉的活动",由此种生产规定着的人只是"我们时代的人",而不是"全面发展的人"。这是马克思批判当代资本主义的一个基本立场。这当然并不意味着马克思主张有一种"本真状态",发展乃是对这一状态的复返或到达。对于马克思来说,并不是人类都要被迫地朝着一个大写的"目标"前进,并以此目标来规划现实的历史。毋宁说,马克思的使命在于从理论和实践上批判"当今之生产"及其对人的规定,为历史之可能性阐发其现实的根据,并主动地促成此种可能性的实现。

问题的关键根本不在于人是否放弃"作为生产者的规定性",限制或拒绝生产,我们始终是"生产者",这是一个不可更改的存在论事实,而在于何种生产。生产不是抽象的范畴,而是现实的、历史中的、具体的活动。如果说"当今之生产"是一种"异化",而"自我异化的扬弃同自我异化走的

---

① 《马克思恩格斯全集》第3卷,北京:人民出版社,2002年,第316页。
② 同上书,第333页。

是同一条道路",我们就必须扬弃特定的生产形式,而不是一般地批判生产本身。这就像海德格尔自己所说的那样,哪里有危险,哪里就生成拯救。看不到一般与具体在历史中的辩证关系,将特殊状态作为一般来批判,不是批判当今之生产,而是批判生产本身,势必将"历史性"的当下状态作为一种永远被抛的无家可归天命来描述。这正是存在主义,包括海德格尔存在主义的思想根源所在。对此,卢卡奇在《历史与阶级意识》的新版序言中指出,这是"将一种社会的批判升华为纯粹的哲学问题,即将本质上是一种社会的异化转变为一种永恒的'人类状况'"。①

在形而上学思维导致的困境中,面对诸种"强制",海德格尔的思想最终走向了神秘主义。"对于人来说只有一种可能性,就是对这个崭新境地有所准备……思使人首先准备去呼应这种投身之可能性。"但投身到这个境地并不是由思引起的,因为"思毋宁总还是按照生产的模式来表象的,如果人们相信能够改变人的居所。"这样一来,由于"生产"成了一种"原罪",对现实的"革命"和"改造"都只是一种作为"社会之社会性生产"的形而上学态度。因此在海德格尔那里,"留给我们唯一的可能是:在思想与诗歌中为上帝之出现作准备或者为在没落中上帝之不出现作准备;我们瞻望着不出现的上帝而没落"。② 在我们看来,海德格尔思想的这一归属,是他将"生产"范畴作为形而上学来批判,同时又不可能无视历史存在的生产性这一事实的矛盾表现。

历史唯物主义正是通过"生产"概念在多重意义上克服了形而上学,而不是停留在形而上学的思辨之中。在思想史上,海德格尔不是第一位,也不会是最后一位指认马克思思想的形而上学性的思想家。在批判马克思时,海德格尔的错误不在于他自己的立场,而在于将马克思漫化为自己立场的对立面来批判。海德格尔深刻地批判了形而上学本身和当今生产的形而上学本质。但是,他错误地将马克思看成是颠倒形而上学的形而上学家,并且无视马克思实践思维方式的后形而上学性质。照马克思批

---

① [匈]卢卡奇:《历史与阶级意识》,杜章智等译,北京:商务印书馆,1996年,第19页。
② [德]海德格尔:《只还有一个上帝能救渡我们》,见《海德格尔选集》,孙周兴选编,上海:上海三联书店,1996年,第1306页。

评费尔巴哈的说法,我们可以说,海德格尔毕竟也只是一个"理论家"、"哲学家"。这一点,尤其体现在经历了纳粹事件之后,陷入"思"的海德格尔身上,海德格尔再次把思做成存在了,这个做成不仅是在理论上,而且是就其生活本身而言的。

海德格尔只是在思想史中理解马克思,并且预设了黑格尔和费尔巴哈的阅读立场。在海德格尔看来,马克思虽然颠倒了黑格尔的观念论,"要求给予存在先于意识的优先地位"。然而由于存在在生产中,而生产在理论中得到规定,马克思思想复又成为一种形而上学。海德格尔是在还原主义和抽象主义的意义上首先二分地规定了"存在"和"意识",从而认定马克思只是实现了一种简单的"颠倒";他没有看到马克思正是要在"现实生活的生产"或者"感性的实践活动"中克服哲学上抽象的存在与意识、物质与精神、主观与客观等的循环论证或者片面立场。就此而言,青年马克思的如下说法还是需要我们认真地领会的:"主观主义和客观主义,唯灵主义和唯物主义,活动和受动,只是在社会状态中才失去它们彼此间的对立,从而失去它们作为这样的对立面的存在;我们看到,理论的对立本身的解决,只有通过实践方式,只有借助于人的实践力量,才是可能的。因此,这种对立的解决绝对不只是认识的任务,而是现实生活的任务,而哲学未能解决这个任务,正是因为哲学把这仅仅看作理论的任务。"①

当然,需要指出的是:虽然实践是马克思思想得以呈现的核心范畴,但对马克思来说,这里的"实践"并不只是解决理论对立的理论范式,像海德格尔的"此在"一样,而主要是直接的现实的感性活动本身。在马克思那里,作为根本实践的革命政治开启了一段波澜壮阔的历史,使自己成为历史的参与者。马克思从"哲学"走向"实践",并不是说他把"实践"又做成一种哲学,而是他使理论的批判成为直接的实践批判、现实活动的内在构成部分。今天,随着由他开启的宏大历史运动的"失败"或"低潮",马克思的后继者们似乎又只好从"实践"走向"哲学",从而至多为马克思争取和保持一种思想上的领先地位。对于马克思的批判者们,远离了马克思

---

① 《马克思恩格斯全集》第3卷,北京:人民出版社,2002年,第306页。

的实践指向而要理解马克思的实践范畴,恰恰是导致各种歪曲和误解的根源。面对各种莫衷一是的阐释,也许记住马克思的如下箴言是必要的。马克思说:"社会生活在本质上是**实践的**。凡是把理论导致神秘主义的神秘东西,都能在人的实践中以及对这个实践的理解中得到合理的解决。"①

---

① 《马克思恩格斯选集》第 1 卷,北京:人民出版社,1995 年,第 60 页。

第三章　劳动：人自为生成的实践

　　通过实践概念，马克思的历史唯物主义开启了后形而上学的思想视域。在这一视域中，存在的概念不再停留于形而上学的本体论路线。存在论在本质上成为现象学，成为对实践中介的存在关系、存在过程、存在状态、存在原则的现象学揭示。并不像海德格尔所说，马克思的思想像一般的人道主义那样处在"只有人"的层面上。相反，历史唯物主义通过实践中的对象化关系探讨人的存在状态和存在关系，作为对象化实践的劳动成为理解社会历史的钥匙。劳动不仅是人的存在方式和存在活动，人与自然、人与人、人与社会以及自然与历史通过劳动的中介不再是形而上学的抽象存在，而是对象化过程中相互关联的对象性存在。历史唯物主义作为实践贯穿的历史内在论，并不只是停留于对劳动一般的理解，而是揭示了现代劳动的抽象本质，并通过异化劳动这一概念揭示了现代人类基本的存在状况。马克思指出，在现代的抽象劳动中，只要一有可能，人们会像逃避瘟疫一样逃避劳动。由于劳动的异化，现代解放仅只是抽象的、形式的解放，人类全面的解放需要通过劳动解放的方式才能够实现。历史唯物主义的劳动解放开启了关于人类未来的思想视域和实践运动。然而，当代思想家哈贝马斯却认为，马克思的理论是一种劳动还原论，对于今天的社会历史已经失去解释效力。哈贝马斯试图通过对人类活动的二元论划分，以交往理性的合理化重建历史唯物主义。问题的实质在于：作为哈贝马斯理论出发点的这种人类活动的二元划分，恰恰是异化劳动的历史后果。哈贝马斯试图将历史唯物主义建立在交往行为理论的基础上，新的解放最后变成了人类理性精神的更新换代。他对历史唯物主义劳动范式的批判实际上抛弃了劳动范式的精髓。

第一节　劳动范畴的存在论性质

在历史唯物主义的理论体系中,劳动是基本范畴,本身具有不同层次的含义。就劳动作为人类基本的活动方式和存在基础,并因此是理解社会历史发展的根本钥匙这一点而言,它是历史唯物主义视域中的基本存在论范畴,是比在一般哲学层面得到理解的实践更具体的范畴。本节将首先在后形而上学的存在论视域中讨论劳动概念的基本性质,然后讨论现代生产方式中的劳动异化。在异化劳动中人本质上受抽象的统治,而不是真正的解放,因此,人类真正的全面解放在历史唯物主义这里是以劳动解放为基础的人的自由全面发展,而不是止步于思想的自由和政治的平等。历史唯物主义以劳动解放打开了关于人类未来的根本想象。

一、后形而上学存在论视域中的劳动

我们的阐释已经表明,在后形而上学的存在论视域中,事物的存在通过现实的具体运动、具体关系得以表现。不是说在这些表现之外还有存在,存在在这些表现之外通过这些表现表现出来,而是说存在就是现象,在这些具体的现象之后不再有任何抽象的本体。人的存在就是人实际的活动过程本身,就是生活,就是生存。人以特殊的对象化方式在对象性的世界中肯定和实现自身。在人的实践活动中,对象性成为对象化中的对象性。劳动是基本的对象化活动,是人存在的基本方式。这是马克思历史唯物主义的基本命题。

马克思说:"每一种本质力量的独特性,恰好就是这种本质力量的独特的本质,因而也是它的对象化的独特方式,是它的**对象性的、现实的**、活生生的**存在**的独特方式。因此,人不仅通过思维,而且以**全部**感觉在对象世界中肯定自己。"[①]我们不可能脱离事物独特的对象性存在方式去谈论事物抽象的本质或存在,而人的对象性是对象化的对象性,这种对象性不是一种自在的存在差异和差异中的关联。马克思说,人不仅在思维中而

---

① 《马克思恩格斯全集》第3卷,北京:人民出版社,2002年,第305页。

且以全部感觉在对象性的世界中肯定自己和实现自己。那么,人的现实的、活生生的存在的独特方式是什么呢?是人有思维或者人有感觉吗?人当然具有思维,具有感觉等等,但是如果只停留于人具有思维、具有感觉,历史唯物主义就没有走出观念论,也没有走出直观唯物主义,比如费尔巴哈的感性的唯物主义立场。

马克思和恩格斯在《德意志意识形态》中指出:"可以根据意识、宗教或随便别的什么来区别人和动物。一当人开始**生产**自己的生活资料的时候,这一步是由他们的肉体组织所决定的,人本身就开始把自己和动物区别开来。人们生产自己的生活资料,同时间接地生产着自己的物质生活本身。"①马克思讲的感性不只是感觉,而且是感性活动,是使对象满足自身并由此改变对象也创造和改变自身的对象化活动。劳动就是这种基本的对象化活动,是人类存在区别于动物存在的基本存在方式。人通过劳动生产自己的生活,"生产生活就是类生活。这是产生生命的生活。一个种的全部特性、种的类特性就在于生命活动的性质,而人的类特性恰恰就是自由的有意识的活动。"②这里强调的是生产生活的活动,这种活动是自由的、有意识的,而不是自由的意识活动本身。也就是说,人的劳动区别于动物的猎食,它不是直接的本能反应,而是有意识的生产。这种生产就是人基本的存在活动,人的存在与他们生产什么和怎样生产是一致的。马克思在《德意志意识形态》中深刻地指出:"个人怎样表现自己的生活,他们自己就是怎样。因此,他们是什么样的,这同他们的生产是一致的——既和他们**生产**什么一致,又和他们**怎样**生产一致。"③人不是抽象地存在,而是通过具体的劳动和生产而存在的。历史唯物主义在理解人的时候,根本不是在人的活动之外、之先去寻找人的抽象的本质规定,而是在现实的劳动过程和劳动关系中理解和把握人的现实生活。

劳动是人的本质活动,历史唯物主义还说劳动创造了人本身等等。这是否也陷入了劳动还原论,不仅将人类活动还原为劳动,而且将劳动还

---

① 《马克思恩格斯选集》第 1 卷,北京:人民出版社,1995 年,第 67 页。
② 同上书,第 46 页。
③ 同上书,第 67—68 页。

原为抽象的规定呢？就像对存在的理解可以是本体论的，也可以是后形而上学思想视域中的一样，这里问题的关键不在于劳动，而在于如何理解劳动。只有在对象性的相互构成关系之外理解劳动，在人与劳动之间进行一种抽象的、还原论的区分，才会导致抽象的本质主义。好像存在非人的劳动，同时存在非劳动的人，然后劳动才使人成为人，创造了人。在这种无历史性的抽象中，要么先有劳动，劳动创造人；要么先有人，然后才有人的劳动。这样，劳动是人的本质活动和劳动创造人就构成了所谓的悖论。历史唯物主义实践思维中介的劳动概念恰好是反对和打破了这种抽象，将劳动和人类生成看成是同一过程。

劳动创造人中讲的"创造"，不是上帝从"有"还是从"无"中创造万物的创造，而是指历史中辩证的生成过程。马克思在评价黑格尔的劳动概念时清楚地说明了这一点："劳动是人在外化范围之内的或者作为外化的人的自为的生成。"[1]劳动不是与人分离的一种活动，而是人的存在的对象化活动，是人的自为生成。劳动是外化的对象化的活动，它同时具有一个外在的方面和内在的方面，表现为统一。一方面，劳动改变了对象性的世界，形成一种客观化的存在关系和存在状态；另一方面，劳动在改变客观世界以满足人的需要时，也改变了人本身，不仅是人的主体性力量的改变，而且是人的需求本身的不断提高和改变，因此劳动又是人的自为的生成活动。劳动本质上是人的自我产生和自我实现，劳动与人的存在和生成是自为的同一的。

在劳动中展开了一个新的世界，或者使世界成为世界，在自在自动的物性存在中生成了现实的、为人的世界。社会历史是在实在世界之中展开的可能性的存在空间，它不离实在却又使实在具有了丰富多彩的意义和自然必然性之外的多种可能性。人在这个世界中生成，世界也在人的实践中生成。展开就是自我生成，实践中的生成就是存在过程本身。在劳动中形成和展开了人与自然、人与人以及人与自身之间的在关系，并不断地改变着这些关系。作为劳动的对象化结构和对象化形式，这种客观化的关系能够表征历史的发展，以及特定时代人们的存在状况。因此，对

---

[1] 《马克思恩格斯全集》第3卷，北京：人民出版社，2002年，第320页。

具体劳动过程和劳动形式的分析,实质上是关于人的存在论意义上的现象学,是对受历史和社会制约的人的存在状况的揭示。正是在这个意义上,我们认为,马克思解剖现代资本主义生产方式的《资本论》是现代性批判的基础存在论。①

历史唯物主义通过一系列概念工具,展开了对这种历史存在论的分析。生产力这个概念,表述的是劳动过程中人使自然对象满足自己不断发展的需要的维度,是人利用中介性工具作用于劳动对象的对象化力量。它指向的是人与物之间人改变物的方面。现实的劳动是生产力各个要素之间的结合,而这个结合的形式是社会的、历史的。生产关系则是指生产力要素结合的社会性形式,也就是在劳动过程中形成的人与人之间的关系。这一关系表现为生产资料归谁所有、劳动过程由谁支配以及产品如何分配几个环节。从形式上看,这几个环节讲的是劳动中人与劳动对象、劳动成果以及劳动过程本身的关系,讲的是生产力要素如何实现结合成为现实的劳动,实质是通过物表现出来的人与人之间的存在关系,是劳动的社会形式。这个形式是历史性的。生产力和生产关系辩证运动引起的生产方式的变化,表征了劳动本身的历史性和具体性、人类存在本身的过程性。

生产力与生产关系从不同的方面把握统一的劳动过程,是历史唯物主义把握劳动的概念工具,因此也是历史唯物主义理解社会历史的基本概念,是历史存在论的基本范畴。马克思如下经典表述充分地揭示了这些范畴的历史存在论意义:"人们在自己生活的社会生产中发生一定的、必然的、不以他们的意志为转移的关系,即同他们的物质生产力的一定发展阶段相适合的生产关系。这些生产关系的总和构成社会的经济结构,即有法律的和政治的上层建筑竖立其上并有一定的社会意识形式与之相适应的现实基础。物质生活的生产方式制约着整个社会生活、政治生活和精神生活的过程。"②这里的生产力、生产关系,包括经济基础和上层建

---

① 罗骞:《现代性批批判的"基础存在论"——论政治经济学批判的历史唯物主义性质和意义》,《马克思主义研究》2007 年 11 期。
② 《马克思恩格斯选集》第 2 卷,北京:人民出版社,1995 年,第 32 页。

筑等等范畴的基本意义以及相互之间的关系,在一般分化了的学科领域中,比如说孤立的社会学、历史学、政治学和经济学等等更具体的学科中难以得到深入的理解。我们认为,正确理解这些范畴所表达的社会历史现象及其相互之间的关系,正是这些具体学科得以沿着正确方向前进的真正需要。不过今天看来,远离基础存在论的具体学科却把放弃这些范畴看成本质的进步,研究往往指向社会历史的表象和局部细节,而这些基本范畴及它们之间的相互关系反倒被看成没有实际内容的思辨抽象遭到鄙视。

问题的要害不在于这些范畴作为抽象——范畴始终是抽象——而在于人们只是在抽象的意义上理解这些范畴。在历史唯物主义这里,真正重要的是超越一般抽象之后的具体规定,因此总是在历史性、社会性的时空中讨论具体的劳动形式和劳动关系。按照马克思的说法,人的生产总是指在一定历史阶段上的生产、特定社会条件中的生产。生产对象、工具、方式和性质都是发展变化的。关于生产的研究,就是要揭示特殊性、阶段性。只有研究了特定历史阶段的物质生产活动,才能把握特定时代人的生活方式和存在状况。生产的共同规定和要素不过是通过对不同生产进行比较而得到的抽象规定,它们并不能告诉我们特定生产的具体内容和性质,也不能告诉我们生产发展的历史进程。

马克思说:"如果说最发达的语言和最不发达的语言共同具有一些规律和规定,那么,构成语言发展的恰恰是有别于这个一般和共同点的差别。对生产一般适用的种种规定所以要抽出来,也正是为了不致因为有了统一(主体是人,客体是自然,这总是一样的,这里已经出现了统一)而忘记本质的差别。那些证明现存社会关系永存与和谐的现代经济学家的全部智慧,就在于忘记这种差别。"[①]与这些现代经济学家相反,马克思突出差异,在劳动批判中展开对社会历史的存在论分析。他通过对现代异化劳动的研究,揭示了现代人受到抽象的统治这一存在论状况,而不是停留在对劳动的一般抽象中,这也正是马克思走出形而上学观念思辨的具体步骤。

---

① 《马克思恩格斯选集》第2卷,北京:人民出版社,1995年,第3页。

二、作为现代存在状况的异化劳动

马克思在《1844年经济学—哲学手稿》中批判黑格尔的劳动概念时说:"黑格尔是站在现代国民经济学家的立场上的。他把**劳动**看作**人的本质**,看作人的自我确证的本质;他只看到劳动的积极的方面,没有看到它的消极的方面。劳动是人在**外化**范围之内的或者作为**外化**的人的**自为的生成**。"①马克思在这里肯定了黑格尔将劳动看作人的本质活动,看作人的自我实现和自我确证。但重要的是:马克思指出,黑格尔只是看到了劳动积极的方面,即对人的肯定的方面;也就是说,黑格尔没有看到在劳动中人的本质的失落,没有看到劳动否定人性的消极方面。黑格尔的劳动表达的只是一种对象化和对象性的活动,而没有揭示这种对象化活动如何历史地导致了非人的存在。在这个意义上,黑格尔的劳动概念是抽象的,没有历史的。马克思在黑格尔之后的贡献,恰恰就在于历史性,在于对现代劳动的分析和解剖。马克思以异化这一概念来揭示劳动的现代特征,异化劳动批判在马克思的思想中具有枢纽性的地位。通过这一概念,马克思将黑格尔的哲学批判、政治经济学的批判和对空想社会主义的批判本质地联系起来了。

马克思在《1844年经济学—哲学手稿》中,将私有财产和异化劳动本质地结合起来进行分析。在马克思看来,"我们把**私有财产的起源**问题**变为外化劳动**对人类发展进程的关系问题,就已经为解决这一任务得到了许多东西。因为人们谈到**私有财产**时,认为他们谈的是人之外的东西。而人们谈到劳动时,则认为是直接谈到人本身。问题的这种新的提法本身就已包含问题的解决"。② 也就是说,不能将私有制和社会分工等等看成是与人无关的东西,这些社会性的制度和关系实际上是对象化了的,即外化了的劳动。对劳动的对象化形式的分析,实际上就是对人本身的分析,就是对人发展进程的分析。

马克思通过对异化劳动的描述,精辟地阐释了当今人类存在的历史

---

① 《马克思恩格斯全集》第3卷,北京:人民出版社,2002年,第320页。
② 《马克思恩格斯选集》第1卷,北京:人民出版社,1995年,第52页。

特征。马克思指出:"人的依赖关系(起初完全是自然发生的),是最初的社会形式,在这种形式下,人的生产能力只是在狭小的范围内和孤立的地点上发展着。以**物**的依赖性为基础的人的独立性,是第二大形式,在这种形式下,才形成普遍的社会物质变换、全面的关系、多方面的需要以及全面的能力的体系。建立在个人全面发展和他们共同的、社会的生产能力成为从属于他们的社会财富这一基础上的自由个性,是第三个阶段。第二个阶段为第三个阶段创造条件。因此,家长制的、古代的(以及封建的)状态随着商业、奢侈、**货币**、**交换价值**的发展而没落下去,现代社会则随着这些东西同步发展起来。"①

在这里,马克思以人们之间的相互关系和存在方式作为划分社会形态的标准,在一种总体性的历史观念中揭示了现代的本质。马克思以人的存在关系为尺度指出,在自然经济形态的传统社会中,人们之间是一种直接的以地缘、血缘为主的关系,为自然所中介的人类存在还没有建立起一种真正普遍的社会联系,马克思称之为"原始的丰富性"。这当然不是说原始的人类存在是非社会性的,而是说这种社会性主要地是由自然中介,受自然规定的,因此体现出一种自然的、原始的丰富性和差异性。在第二大社会形态下,人们之间通过劳动抽象和商品交换建立了普遍的社会联系,但商品的普遍抽象只是形成了一种形式的全面性和多样性。通过商品交换建立的社会关系不是人们之间的自由的联合,人的独立性建立在对作为商品这种客观"物"的依赖基础上。第二大社会形态,其实就是异化劳动中客观化的商品资本关系对人的普遍统治。

现代社会的发展建立在"普遍的社会物质交换"的基础上,克服了早期那种单纯的原始丰富性。就此意义而言,现代也有其辩证的本质,交织着进步与衰退、文明与野蛮、和谐与冲突。所以马克思说,留恋原始的丰富性是可笑的,不过是早期小资产阶级的一种浪漫情怀。"在发展的早期阶段,单个人显得比较全面,那正是因为他还没有造成自己丰富的关系,并且还没有使这种关系作为独立于他自身之外的社会权力和社会关系同

---

① 《马克思恩格斯全集》第 30 卷,北京:人民出版社,1995 年,第 107 页。

他自己相对立。"①到了现代社会,以劳动抽象为基础的商品交换价值确立起来的普遍抽象,建立起丰富的关系。

然而,这种关系在异化劳动中作为外在的力量与人自己相对立。因此,马克思提出了一个根本性地追问:"把人类的最大部分归结为抽象劳动,这在人类发展中具有什么意义?"②马克思说:"这一事实无非是表明:劳动所生产的对象,即劳动的产品,作为一种**异己的存在物**,作为**不依赖于生产者的力量**,同劳动相对立。劳动的产品是固定在某个对象中的、物化的劳动,这就是劳动的**对象化**。劳动的现实化就是劳动的对象化。在国民经济学假定的状况中,劳动的这种现实化表现为工人的**非现实化**,对象化表现为**对象的丧失和被对象奴役**,占有表现为**异化**、**外化**。"③正因为如此,马克思:"劳动的异己性完全表现在:只要肉体的强制或其他强制一停止,人们会像逃避瘟疫那样逃避劳动。"④

我们不必纠缠于马克思在概念使用上的不确定性,比如异化概念和外化概念在《1844年经济学—哲学手稿》中并列使用,但其思想是十分明确的。马克思对资本主义条件下劳动异化的批判贯穿始终,有时只是发生了表述方式的变化。所谓成熟时期的阶级剥削、阶级压迫等范畴的思想基础,仍然在异化劳动概念中。劳动是人的本质规定,人通过劳动而产生,并且在劳动中持存。以异化劳动为核心范畴,马克思揭示了分工、资本主义私有制和雇佣劳动条件下的生存状况,并作了尖锐的批判。这一批判是资本主义生产方式批判的出发点和诞生地。马克思后来的著作完善和具体化了异化劳动思想,尤其在《资本论》中,使之具备更为合理的理论形态。异化劳动批判和资本批判并不存在思想的断裂或飞跃,而是在原则一致基础上的视角转换。马克思在《〈政治经济学批判〉序言》中就明确地指出,1853年之后的政治经济学研究是继续1844年之后中断了将近10年的工作。

马克思异化思想与资本批判之间的联系,在《政治经济学批判》的这

---

① 《马克思恩格斯全集》第30卷,北京:人民出版社,1995年,第112页。
② 《马克思恩格斯全集》第3卷,北京:人民出版社,2002年,第232页。
③ 同上书,第267页。
④ 同上书,第270页。

一段话清晰地表现出来:"在资产阶级经济以及与之相适应的生产时代中,人的内在本质的这种充分发挥,表现为完全的空虚化;这种普遍的对象化过程,表现为全面的异化,而一切既定的片面目的的废弃,则表现为为了某种纯粹外在的目的而牺牲自己的目的本身。"① 在马克思看来,人的存在的丰富性变成了一种单纯追求财富的运动,从属于"纯粹外在的目的",被外在的关系所支配,从而牺牲掉了人本身的存在。在这种情况下,不论是穷得只剩下钱,还是穷得一点钱都没有,资本、货币都成为人存在的唯一的尺度、价值、意义,客体获得了真正主体的支配地位。马克思说,作为媒介,"货币是真正的创造力","货币把这些本质力量的每一种都变成它本来不是的那个东西,即变成它的对立物"。②

在异化劳动中人变得越来越失去人的机能和属性,越来越失去人本身的存在,人的属性乃至于人的身体本身都变成可以被货币衡量的对象:"你表现自己的生命越少,你拥有的就越多,你的外化的生命就越大,你的异化本质也积累得越多。[ⅩⅥ]国民经济学家把从你的生命和人性中夺去的一切,全用**货币和财富**补偿给你。你自己不能办到的一切,你的货币都能办到:它能吃,能喝,能赴舞会,能去剧院,它能获得艺术、学识、历史珍品、政治权力,它能旅行,它**能**为你占有这一切;它能购买这一切;它是真正的**能力**。但是,货币尽管是这一切,它除了自身以外**不愿**创造任何东西,除了自身以外不愿购买任何东西,因为其余一切都是它的奴仆,而当我占有了主人,我就占有了奴仆,我也就不需要去追求他的奴仆了。因此,一切情欲和一切活动都必然淹没在**贪财欲**之中。……"③ 在异化劳动中,财富和货币是人存在的基本尺度,你的能力、你的情趣、你的风度、你的梦想、你的个性没有货币和财富的外化,都只是"唯灵论的观念的存在"。"即使钱不是万能的,但没有钱是万万不能的"成了颠扑不破的存在真理。不是人们观念上崇尚金钱,而是生存让人们产生金钱崇拜,是社会的基本原则使人们的"一切情欲和一切活动都必然淹没在发财欲中"。

---

① 《马克思恩格斯全集》第30卷,北京:人民出版社,1995年,第480页。
② 《马克思恩格斯全集》第3卷,北京:人民出版社,2002年,第363页。
③ 同上书,第342页。

这样的时代,"占有"成为存在关系的本质方式,人与人的关系、人与物的关系,都化约为一种占有关系、交换关系,占有、征服是人最基本的价值取向和生命活动。叔本华的生存意志和尼采的权力意志不过是从两个不同的角度再现了这一存在论事实,并将这一事实作了意志论的改造。在这种占有式的存在关系中,利益是主体存在的依据、自我确证的依据,不论是采取竞争还是合作的方式,追求利益的最大化是最终的目的,人类的活动成为一种单纯的工具性活动,合理的利己主义成为时代的道德律,并由此确定现代法制的规范基础。竞争和冲突成为时代的主题。至于具体采取的是什么方式,本身是无关紧要的,制度、秩序、法律、规则等等不过是这一主题顺理成章的表现。在这个时代,竞争、占有、交换、消费成为生命的本质活动,能力的集聚和释放成为一切主体存在的状态。

现代文明是一种能力型的文明。能力的本质是一种资本,是能够占有对象,使对象成为资本的资本。因此,人不仅使对象成为对象,而且首先使自己成为对象,成为能够占有资本的资本。比如说,今天的一切教育本质上是技术和职业培训,完全从属于资本运行的逻辑,是社会再生产的一个环节。对于个人来说,教育不过是一种投资和积累,一种不得不顺从的能力储备。如今到处讨论的大学精神的没落只是面对现实的一点微弱的回音。在劳动的普遍异化中,超越性的精神一定会被职业培训的现实要求击败,因为掌握技术和知识是劳动者作为劳动力商品的自身价值的积累。马克思说:"私有制使我们变得如此愚蠢而片面,以致一个对象,只有当它为我们拥有的时候,就是说,当它对我们来说作为资本而存在,或者它被我们直接占有,被我们吃、喝、穿、住等等的时候,简言之,在它被我们**使用**的时候,才是**我们的**。尽管私有制本身又把占有的这一切直接实现仅仅看作**生活手段**,而它们作为手段为之服务的那种生活,是**私有制的生活**——劳动和资本化。"①

在这种"占有"的支配下,一切存在物都变成了算计的对象,并由货币和资本来标志。关系的多样性单面化为一种"工具"或者说"效用",一切存在的东西都遵循"被计算和能被计算"的合理化原则(卢卡奇语)。真正

---

① 《马克思恩格斯全集》第3卷,北京:人民出版社,2002年,第303页。

说来,劳动抽象及交换价值是现代社会全面工具理性化的现实基础。忽视这一现实的抽象性原则,而谈理性的交往和所谓平等的沟通,终究只能提供一种形式的抽象原则。

三、以交换价值为基础的抽象统治

马克思说:"个人现在受**抽象**统治,而他们以前是互相依赖的。但是,抽象或观念,无非是那些统治个人的物质关系的理论表现。"[1]抽象的统治不仅是指物质的生活方面,而且贯穿到精神的、观念的领域。资本打破了"原始的丰富性",发展了一种全面的关系,但这种全面的关系却是以人对物的依赖为本质特征的。这里的物当然不是单纯的自然物,本质上说,是指体现了人们一定社会关系的已经资本化了的商品,是作为非物性的社会的物。正是商品通过量化的交换价值的抽象在存在物之间确立起可计算的同一性,从而成为普遍的存在中介。

马克思通过对商品二因素和劳动二重性的分析,为揭示资本的抽象功能提供了坚实的理论基础。马克思对交换价值、抽象劳动的分析,从来不局限于单纯的经济学领域,而是把它延伸到人类学、社会学、心理学和政治学所有的层面,从而提升到哲学的高度。本质上说,它是一种以经济学为基础的存在论分析。关于这一点,卡尔·洛维特有准确的阐释。他说,作为现代世界所有对象可出售性之代表的商品是人的异化的经济学表达,马克思意义上的商品并不是指所有对象中一种特定类型的对象,相反,对他来说,商品包含了我们所有对象基本的存在论性质,即商品形式。《资本论》从对商品的分析开始,恰恰就是以现代社会基本的存在论事实为出发点,因此它本质上就是社会批判,就是对现代社会的存在论分析。

马克思说:"活动和产品的普遍交换已成为每一个单个人的生存条件,这种普遍交换,他们的相互联系,表现为对他们本身来说是异己的、独立的东西,表现为一种物。在交换价值上,人的社会关系转化为物的社会关系;人的能力转化为物的能力。"以这种"物"的依赖为基础的人的独立

---

[1] 《马克思恩格斯全集》第30卷,北京:人民出版社,1995年,第114页。

性,被马克思称为社会发展的第二大形态。① 在这里,马克思总结了资本主义条件下人们之间的相互关系的特点,一方面,人们在交换之中确立起了一种普遍的社会关系,马克思甚至说过,在此意义上,人真正成了社会性的人;但另一方面,这种普遍关系的建立乃是因为交换价值的普遍抽象,人与人之间的关系表现为通过物的交换中介的社会关系,这种普遍的社会联系对人本身来说是异己的,人通过对物的占有来占有社会权力,实现自己的本质和满足自己的生存需求。

人的存在依赖于普遍的抽象关系。也就是说,这种抽象关系统治着人的现实生活。通过对这种物化关系中普遍抽象之本质的有力揭示,马克思把握了时代的基本主题和基本特征,并将这一分析总体性地贯穿到对时代的全面分析之中。正如列菲弗尔指出的那样,马克思建立了私人生活、国家的抽象和侵入社会实践的普遍抽象与形式主义之间的关系,同时,他指出了那个被认为是资产阶级(资本主义)社会的文明时代,是分离、分裂和两重性的。② 马克思在《神圣家族》中说:"必须加以说明的是,国家、私有财产等怎样把人变为抽象概念,或者它们怎样成为**抽象的**人的产物,而不是成为单个的、具体的人的现实。"③

"**私有财产**是**外化劳动**即工人对自然界和对自身的外在关系的产物、结果和必然后果。因此,我们通过分析,从外化劳动这一概念,即从**外化的人**、异化劳动、异化的生命、**异化的**人这一概念得出**私有财产**这一概念。"④马克思完全是将分工、私有制等等作为人的生命活动的形式来阐释的,对分工和私有制产生、发展过程的描述,可以看作是马克思人类历史的存在论描述。分工和所有制直接地表现了特定历史时代人的存在论状况、人与人之间和人与物之间的基本联系方式的特殊社会性。分工使人局限在固定的领域,它表明了人和人在劳动中的分离,以及人与自己全面发展潜能的分离。生产中分工要求的局部性和同一性,与人性本身的

---

① 《马克思恩格斯全集》第 30 卷,北京:人民出版社,1995 年,第 107 页。
② 包亚明主编:《现代性与空间的生产》,上海:上海教育出版社,2003 年,第 3 页。
③ 《马克思恩格斯文集》第 1 卷,北京:人民出版社,2009 年,第 358 页。
④ 《马克思恩格斯选集》第 1 卷,北京:人民出版社,1995 年,第 50 页。

丰富性和特殊性要求相对立,人成为抽象的存在。①

有了私有制和分工,才存在交换的可能性和必要性。人们之间不仅由于分工而相互依赖,而且通过财产和所有物相互对立,通过价值抽象建立起来的可通约的交换关系,才成为可能。"一切产品和活动转化为交换价值,既要以生产中人的(历史的)一切固定的依赖关系的解体为前提,又要以生产者互相间的全面的依赖为前提。每个个人的生产,依赖于其他一切人的生产;同样,他的产品转化为他本人的生活资料,也要依赖于其他一切人的消费。"②在这样的条件下,交换价值就取得了本质性的地位,"个人的产品或活动必须先转化为**交换价值**的形式,转化为**货币**,并且个人通过这种**物**的形式才取得和证明自己的社会权力,这种必然性本身证明了两点:(1)个人还只能为社会和在社会中进行生产;(2)他们的生产不是**直接的**社会的生产,不是本身实行分工的联合体的产物。个人从属于像命运一样存在于他们之外的社会生产;但社会生产并不从属于把这种生产当作共同财富来对待的个人"。③

必须社会地生产,不仅是说生产离不开社会的现实条件,而且是说生产的成果必须社会地实现。因为由于私有制和分工的同时存在,生产(过程和结果)以商品交换的形式实现,并不直接地从属生产者本身,而是表现为生产者异己的存在物通过交换价值获得社会的认可,不再是一种自给自足的自然经济条件下的生产。虽然是"在社会中""为社会"生产,但这种"社会生产"的本质却是非社会性的,因为它不是直接的社会的生产,不是人的本质力量的直接实现而是作为一种异己的力量与人抽象地对立,使人的命运从属于商品和资本中介的外在性。商品的资本化才真正使商品成为普遍的形式,资本是商品形态的完成。在这一完成形态中,最根本的是生产中最本质的因素"人"成为商品,劳动力的商品化是资本主义条件下对人进行存在论分析的基本概念工具。马克思指出:"生产不仅把人当作**商品**、当作**商品人**、当作具有**商品**的规定的人生产出来;它依照

---

① 关于这一方面的阐释,卢卡奇在《历史与阶级意识》"物化现象"一节中的讨论值得认真对待。
② 《马克思恩格斯全集》第 30 卷,北京:人民出版社,1995 年,第 105 页。
③ 同上书,第 108 页。

这个规定把人当作既在**精神上**又在肉体上**非人化的**存在物生产出来。——工人和资本家的不道德、退化、愚钝。这种生产的产品是**自我意识的和自主活动的商品……商品人**。"①分析价值抽象普遍的中介意义，实际上就是在商品经济的普遍统治中呈现现代独特的对象性存在形式，而不是单纯从经济学的角度阐释考察商品的具体运行。

商品这种存在论上的结构性地位，卢卡奇在《历史与阶级意识》中有深刻的揭示。卢卡奇指出，马克思从商品开始分析资本主义社会，这不是偶然的，"因为在人类的这一发展阶段上，没有一个问题不最终追溯到商品这个问题，没有一个问题的解答不能在商品结构之迷的解答中找到"。当然，只有在马克思那样的提问高度和广度上，只有在商品范畴获得了普遍性意义的情况下，"才能在商品关系的结构中发现资本主义社会一切对象性形式和与此相适应的一切主体性形式的原形"。②按照卢卡奇的说法，商品形式的普遍性在主观方面和客观方面都制约着在商品中对象化的人类劳动的抽象，"在客观方面，只是由于质上不同的对象——就它们自然首先获得自己作为商品的对象性这一方面而言——被理解为形式相同的，商品形式作为相同的形式，即质上不同的对象的可交换性形式才是可能的。……在主观方面，抽象人类劳动的这种形式相同性不仅是商品关系中各种不同对象所归结为的共同因素，而且成为支配商品实际生产过程的现实原则。"③

不论是产品，还是劳动力的交换价值，本质上都是一种存在的抽象。这种抽象抹掉了存在物的具体性和差异性，将其纳入一个普遍的交换网络之中，通过抽象的社会属性反映自己的存在价值和存在意义。"一切商品对它们的占有者是非使用价值，对它们的非占有者是使用价值。因此，商品必须全面转手。这种转手就形成商品交换，而商品交换使商品彼此作为价值发生关系并作为价值来实现。可见，商品在能够作为使用价值实现以前，必须先作为价值来实现。"④人的劳动不再是自足的活动，人不

---

① 《马克思恩格斯全集》第3卷，北京：人民出版社，2002年，第282页。
② [匈]卢卡奇：《历史与阶级意识》，杜章智等译，北京：商务印书馆，1996年，第143页。
③ 同上书，第148页。
④ 《马克思恩格斯选集》第2卷，北京：人民出版社，1995年，第143页。

是通过自己的劳动来直接地满足自己的要求,而首先要通过交换来满足别人的要求,实现对他人而言的有用性。"这种劳动对别人是否有用,它的产品是否能够满足别人的需要,只有在商品交换中才能得到证明。"① 由此,交换价值成了本质性的因素,成了一切活动的根本目的,而作为物的自然属性的使用价值不过是交换价值的物质承担者。

现在,不仅劳动产品和劳动力本身,而且一切的存在物都转化为商品,被抽象为交换价值。所以,马克思说:"人们一向认为不能出让的一切东西,这时都成了交换和买卖的对象,都能出让了。这个时期,甚至像德行、爱情、信仰、知识和良心等最后也成了买卖的对象","一个普遍贿赂、普遍买卖的时期,或者用政治经济学的术语来说,是一切精神的或物质的东西都变成交换价值并到市场上去寻找最符合它的真正价值的评价的时期。"② 市场成了一切存在物为自己的存在进行辩护的法庭。在交换中,金钱和货币成了唯一的尺度,"金钱是一切事物的普遍的、独立自在的**价值**。因此它剥夺了整个世界——人的世界和自然界——固有的价值。金钱是人的劳动和人的存在的同人相异化的本质;这种异己的本质统治了人,而人则向它顶礼膜拜。"③

人通过货币被标志为一个可以量化的存在物。"依靠**货币**而对我存在的东西,我能为之付钱的东西,即货币能购买的东西,那**是我**——货币占有者本身。货币的力量多大,我的力量就多大。货币的特性就是我的——货币占有者的——特性和本质力量。"④ 因此,"**我是什么**和**我能够**做什么,决不是由我的个人特征决定的。我是丑的,但我能给我买到**最美的女人**。可见,我并不丑,因为丑的作用,丑的吓人的力量,被货币化为乌有了"。⑤ 总之,"货币是一种外在的、并非从作为人的人和作为社会的人类社会产生的、能够把观念变成**现实**而把**现实**变成**纯观念**的普遍**手段**和**能力**,它把人的和自然界的现实的**本质力量**变成纯抽象的观念,并因而变

---

① 《马克思恩格斯全集》第 44 卷,北京:人民出版社,2001 年,第 105 页。
② 《马克思恩格斯全集》第 4 卷,北京:人民出版社,1958 年,第 79—80 页。
③ 《马克思恩格斯全集》第 3 卷,北京:人民出版社,2002 年,第 194 页。
④ 同上书,第 361 页。
⑤ 同上书,第 362 页。

成**不完善性**和充满痛苦的幻象"。①

商品的抽象摧毁了存在的"原始丰富性",但只是建立了这样一种抽象的普遍联系和全面关系。在商品普遍抽象占统治地位的社会条件下,存在变成了可计算的存在,一切现实的东西都变成了可以计量的东西。抽象成为普遍的存在原则。随着商品的量化和抽象化原则向社会生活的全面渗透,抽象性成为这个时代最根本的存在论特征。自然、人以及思维所有的一切都受到抽象的统治,并且本身表现出抽象性的特点。以劳动抽象为基础的价值抽象是存在论的基础。可以说,只要是作为商品完成形态的资本占统治的地方,就不可能结束这种"抽象"的统治。

普遍的抽象是现代的一个基本特征。马克思商品抽象功能的揭示和具体的存在论描述,为我们对现代性的存在论分析奠定了坚实的基础。"抽象存在"这一核心概念,可以说是对资本作为现代历史存在论建制的本质揭示。当然,马克思并没有穷尽存在论分析的所有主题,并且没有将他的这一分析以"存在论"来命名。但是,任何还谈得上是存在论的分析,今天都不可能回避马克思的这一思想维度。如果说马克思的分析还有待于进一步推进和展开的话,我们大体可以在基础存在论的意义上领会它的理论成果。马克思虽然提供了一些本质性的概念工具和基本命题,但总体上说,他只是标划出了后形而上学的存在论视域。并且,由于这种标划的初始性和隐蔽性,使得马克思遭遇到诸多的误解,此一视域还被历史地遮蔽着,有待于认真地领会。

第二节 立足劳动异化批判抽象人性论

马克思曾经明确地指出:"要研究精神生产[Ⅸ—409]和物质生产之间的联系,首先必须把这种物质生产本身不是当作一般范畴来考察,而是从**一定的历史的**形式来考察。例如,与资本主义生产方式相适应的精神生产,就和与中世纪生产方式相适应的精神生产不同。如果物质生产本

---

① 《马克思恩格斯全集》第3卷,北京:人民出版社,2002年,第363页。

身不从它**特殊的历史的**形式来看,那就不可能理解与它相适应的精神生产的特征以及这两种生产的相互作用。这样就不能超出庸俗的见解。这都是因为'文明'的空话引起的。"①马克思通过现代异化劳动揭示了现代人类生存异化的现代状况,以此说明了现代人性解放的抽象性。抽象劳动的统治,是观念抽象统治的基础。作为西方马克思主义的开创者,早年卢卡奇在阐释马克思的思想时,一定程度上呈现了马克思的这种存在论分析视域。他确立了这样一个基本的命题:近代批判哲学是从意识的物化结构中产生出来的,物化存在与物化意识之间具有一种内在的同一性。今天的思想批判必须揭示出这种内在的同一性,以回应各种立足于抽象人性论的纯粹现代解放的政治诉求。

一、现代解放只是政治解放

马克思的这一思想是在《论犹太人问题》中提出来的。在这一重要的文献中,马克思阐释了政治解放和人类解放的原则性区别,指出"政治的解放本身并不就是人的解放"。现代只是政治解放,此种解放并不以废除宗教为前提,也不以废除私有财产作为前提。现代解放将宗教的信仰、经济上的活动等等与政治生活分离开来,变成私人生活的领域,从而使"私人"获得自由。然而,这种解放恰恰没有消除信仰生活和人们实际生活中不自由的客观前提,而是以肯定这一前提为条件。

马克思说,现代政治解放从根本上确立了人生活的"二重性":"完成了的政治国家,按其本质来说,是人的同自己物质生活**相对立的类生活**。这种利己生活的一切前提继续存在于国家范围**以外**,存在于**市民社会**之中,然而是作为市民社会的特性存在的。在政治国家真正形成的地方,人不仅在思想中,在意识中,而且在**现实**中,在**生活**中,都过着双重的生活——天国的生活和尘世的生活。前一种生活是**政治共同体**中的生活,在这个共同体中,人把自己看作**社会存在物**;后一种生活是**市民社会**中的生活,在这个社会中,人作为**私人**进行活动,把他人**看作**工具,把自己也降为工具,并成为异己力量的玩物。政治国家对市民社会的关系,正像天国

---

① 《马克思恩格斯全集》第 33 卷,北京:人民出版社,2004 年,第 346 页。

对尘世的关系一样,也是唯灵论的"①。"政治解放一方面把人归结为市民社会的成员,归结为**利己的**、**独立的**个体,另一方面把人归结为**公民**,归结为法人。"②作为政治的人,只是"抽象的、人为的人",而不是市民社会的"私人"。人在政治生活中的自由和平等,并不意味着市民社会中真正的自由和平等。

政治解放只是一种形式的解放、抽象的解放。"形式主义国家"的完成和市民社会的形成是内在统一的过程:"国家的唯心主义的完成同时也是市民社会的唯物主义的完成。摆脱政治桎梏同时也就是摆脱束缚市民社会利己精神的枷锁。政治解放同时也是市民社会从政治中得到解放,甚至是从一种普遍内容的**假象**中得到解放。"③宗教、私有财产都被政治解放推到了市民社会的"私人的领域"。政治解放不是废除宗教、私有财产等等,恰好相反,政治解放"必然要以宗教、私有财产和市民社会一切要素的恢复而告终"。

《神圣家族》和《德意志意识形态》等著作批判青年黑格尔派,将现实抽象为思辨的范畴,抽象地谈论"实体"、"主体"、"理性"、"自由"、"人性"时指出:"在'德法年鉴'中已经向鲍威尔先生证明:这种'自由的人性'和对它的'承认'不过是承认**利己的市民个人**,承认构成这种个人的生活内容,即构成**现代**市民生活内容的那些精神因素和物质因素的**不可抑制的**运动;因此,**人权**并没有使人摆脱宗教,而只是使人有信仰**宗教的自由**;人权并没有使人摆脱财产,而是使人有**占有财产的自由**;人权并没有使人放弃追求财产的龌龊行为,而只是使人有**经营的自由**。……现代国家的**自然基础**是市民社会以及市民社会中的人,即仅仅通过私人利益和无意识的自然的必要性这一纽带同别人发生关系的独立的人,即自己营业的**奴隶**,自己以及别人的**私欲**的奴隶。现代国家就是通过**普遍人权**承认了自己的这种自然基础。而它并没有创立这个基础。现代国家既然是由于自身的发展不得不挣脱旧的政治桎梏的市民社会的产物,所以,它就用**宣布**

---

① 《马克思恩格斯全集》第3卷,北京:人民出版社,2002年,第172—173页。
② 同上书,第189页。
③ 同上书,第187页。

人权的办法从自己的方面来承认自己的出生地和自己的基础。"①

马克思从批判抽象理性主义和人本主义出发,他指出,思辨地谈论"天赋人权"、"自由人性"等等,不过是对"私人利益"和"经营自由"的承认。现代人不过是"自己经营的奴隶,自己以及别人的私欲的奴隶"。在《1857—1858年经济学手稿》中有一段与上面所引的《神圣家族》的话意思大体一致的话,马克思说:"在自由竞争中自由的并不是个人,而是资本。只要以资本为基础的生产还是发展社会生产力所必需的,因而是最适当的形式,个人在资本的纯粹条件范围内的运动,就表现为个人的自由,然而,人们又通过不断回顾被自由竞争所摧毁的那些限制来把这种自由教条地宣扬为自由。自由竞争是资本的现实发展。它使符合资本本性,符合以资本为基础的生产方式,符合资本概念的东西,表现为单个资本的外在必然性。"②

抽象的人性论认为,自由是人天赋的权利,同时把自由竞争看成是人类自由的终极发展,认为否定自由竞争就等于否定个人自由,否定以个人自由为基础的社会生产。马克思结合异化劳动和资本批判对这种抽象人性论的批判,具有深刻的历史洞见。马克思认为,现代并没有实现真正的自由,现代解放使人在资本主义的异化劳动中陷入新的剥削和压迫。然而,今天还不断地有人指出,资本主义社会就是"历史的终结",是人类自由理想的最后实现,资本主义条件下的人就是"最后的人"。他们根本无视资本主义条件下自由的局限性,将资本主义市民社会的自由看成永恒自由,非批判地认可现代解放的基本原则。与这种抽象的肯定相反,马克思充分地肯定现代解放的积极意义,他说:"**政治**解放当然是一大进步;尽管它不是一般人的解放的最后形式,但**在**迄今为止的世界制度内,它是人的解放的最后形式。"③但马克思在肯定资本主义社会巨大解放作用的同时,却没有忽视它的抽象性,"这种个人自由同时也是最彻底地取消任何个人自由,而使个性完全屈从于这样的社会条件,这些社会条件采取物的

---

① 《马克思恩格斯全集》第2卷,北京:人民出版社,1957年,第144—145页。
② 《马克思恩格斯全集》第31卷,北京:人民出版社,1998年,第42页。
③ 《马克思恩格斯全集》第3卷,北京:人民出版社,2002年,第174页。

权力的形式,而且是极其强大的物,离开彼此发生关系的个人本身而独立的物"。①

关于自由平等的天赋人权,马克思在《资本论》中批评道:"劳动力的买和卖是在流通领域或商品交换领域的界限以内进行的,这个领域确实是天赋人权的真正伊甸园。那里占统治地位的只是自由、平等、所有权和边沁。自由!因为商品例如劳动力的买者和卖者,只取决于自己的自由意志。他们是作为自由的、在法律上平等的人缔结契约的。契约是他们的意志借以得到共同的法律表现的最后结果。平等!因为他们彼此只是作为商品占有者发生关系,用等价物交换等价物。所有权!因为每一个人都只支配自己的东西。边沁!因为双方都只顾自己。使他们连在一起并发生关系的惟一力量,是他们的利己心,是他们的特殊利益,是他们的私人利益。正因为人人只顾自己,谁也不管别人,所以大家都是在事物的前定和谐下,或者说,在全能的神的保佑下,完成着互惠互利、共同有益、全体有利的事业。"②

马克思结合现实的历史条件对平等自由等天赋人权的抽象人性论进行的批判,尽管从《德法年鉴》时期就已经开始了,然而,却有一种较为普遍的观点认为:《1844年经济学—哲学手稿》中马克思以异化劳动为基础的思想还是一种抽象的人性论或人道主义,并由此跟晚年即成熟的马克思区别开来,形成了所谓的两个马克思。从上面较长的两段引文可以看出:即使更早的《论犹太人问题》中对自由人性论的批判与晚年的《1857—1858年经济学手稿》在本质上也是一致的。只不过晚年著作更明确地将市民社会规定为"资本主义",通过资本批判进一步说明了现代自由平等的抽象性和形式性,因此在概念和范畴上更成熟而已。但本质性的两点并没有改变:其一,坚持从现实的社会关系和社会条件来阐释自由、人权等观念上的要求,揭示天赋人权观念的先验哲学基础,反对抽象的人性论;其次,揭示现代政治解放中"自由"、"平等"的局限性,批判将资本中介的自由平等奉为"永恒"和"绝对"的形而上学方法论。

---

① 《马克思恩格斯全集》第31卷,北京:人民出版社,1998年,第43页。
② 《马克思恩格斯全集》第44卷,北京:人民出版社,2001年,第204—205页。

马克思批判抽象的人性解放,批评现代解放中的自由、平等、博爱,但绝对不能说:第一,马克思思想是反现代解放的专制主义、极权主义等等,恰好相反,马克思从人们现实生活出发,揭示了现代解放的局限性和不彻底性,因此要推进人类的解放。所以说,马克思是现代价值的继承者和完成者,而不是反叛者。第二,不能说马克思的理论没有人文精神和人道情怀,是一种实证的科学主义。恰恰相反,马克思的理论具有鲜明的价值取向,他的理论绝不是一种中性的冰冷的实证科学。以一种实证的科学概念来反对所谓的抽象的人道概念,是不可能获得彻底成功的。将人道主义精神看成是一成不变的形态,认为它只能以抽象的人性论为基础,在这样的教条中,必然产生人道主义的马克思和科学的马克思主义之间的对立。忽视马克思思想的人文主义渊源,以及将马克思与抽象人性论的直接等同,一直是马克思思想阐释中两种对立的倾向,其基本原因就是对马克思思想的根基缺乏原则性的揭示。

二、超越抽象的人性论

在 1845 年的《关于费尔巴哈的提纲》中,马克思高度概括地指出:"人的本质不是单个人所固有的抽象物,在其现实性上,它是一切社会关系的总和。"① 这是马克思人性观最核心的表达。这一论断是对《1844 年经济学—哲学手稿》中相关思想的概括和总结,为历史唯物主义对抽象人性论的批判奠定了理论基础。的确,马克思在《1844 年经济学—哲学手稿》中曾经说过,只有当以合乎人的本性的方式跟人发生关系时,我才能在实践上以合乎人的本性的态度对待物,"一个种的全部特性、种的类特性就在于生命活动的性质,而人的类特性恰恰就是自由的有意识的活动"。② 这些话往往被作为抽象人性论的证据加以引证。由这些话是否应该肯定早年马克思(如在阿尔都塞那里),甚至整个马克思的思想(如在海德格尔那里)都有一种抽象的人性设定呢?马克思异化劳动的概念是一个以抽象人性论为基础的概念吗?

---

① 《马克思恩格斯选集》第 1 卷,北京:人民出版社,1995 年,第 60 页。
② 同上书,第 46 页。

事实上,在《1844年经济学—哲学手稿》中,马克思通过"异化劳动"揭示人的存在论状况,本质上也正是从社会关系出发的,虽然他还使用了一些传统哲学的范畴,但这些范畴已经建基于一种新的思想视野,将自身同形而上学和抽象人性论区别开来了。在一些人看来,只要一谈到异化,就设定了非异化的存在状态,就有一种理想的、观念的设定在先,因而就是形而上学的,就是抽象的人性论。我们不要这样看问题,因为这样看问题本身就将问题抽象化了。抽象的思维似乎要求人们使用的概念都是没有立场的中性的科学概念,这无异于将人的精神、人的价值取向从概念中驱逐出去,以一种完全实证的方式看待和要求人的思想。这才真正是陷入了抽象、非现实的抽象。难道作为人,他不是应该并且本身就具有一种为人的尺度吗?难道人不应该应用属于人的尺度来规范和要求现实吗?难道人不应该从生活的实践中提出自己的应然的理想吗?难道所有的应然就一定虚弱得只是一种抽象的设定而没有现实实践的基础吗?

超越的意识并不都是以不可能为基础的,恰恰相反,真正的超越意识作为可能性思想,是在实践中对不可能和绝对必然的双重扬弃,它为生存的实践提供超越实存的应然维度。从来不可能有无标准的裁判,各种社会理想、社会运动,都有自己的目标、尺度,并以此对现实进行概念的把握。人类不可能只存在于经验(实存)的世界之中,反思意谓着超越的冲动,生产意味着对实存的突破。由此而言,信仰是人的天命(理智的或非理智的),超验设定(宗教或尘世的)的破灭就是生存的虚无和危机,此乃生命不能承受之轻。理想,虚无;建构,解构,这是一个无法逾越的存在论循环。理论与实践的关系必然是存在论的,不能从二元论退回到简单的混同。超验的理想,坚硬的现实,历史的过程性和连续性使二者相通、相融,而非抽象的同一或对立。

"异化"不只是作为一个范畴,而是一种批判话语或思维方式。异化的逻辑就是立足于现实同时超越现实的批判逻辑、反思逻辑。对现实的真正把握,并不是单纯的描述,而是事实和价值,因此是知识和立场的统一。马克思的异化概念真正体现了这种统一。"异化"思维的实质就是对社会现实的批判性反思,是立足于经验事实和科学研究基础上的描述和立场的统一,它内在地包含了面对现实而又超越实存的未来意识。反思就意谓着批判,没有批判就没有思想。但是,反思和批判绝不意味着只是道义上的激愤、抽象的否定,相反,它是通过阐释现实的存在原理来探询超越实存的生存向度。真正说来,未来乃是真正的"现实",它并不是一种抽象的观念设定,解放不是一种主体的强暴。前面我们已经说过,在马克思的思想体系之中,并不存在先验的本体论设定,也不存在目的论的设定,二者本质上都是形而上学的表现形式。

因此,我们不能将马克思的异化概念简单地看成是抽象的形而上学概念,将抽象的人性解放论看成是马克思异化概念的思想基础。马克思反对抽象的人性设定,而且从根本上揭示了抽象人性论的特征:"1,存在着一种普遍的人的本质;2,这个本质从属于'孤立的个体',而他们是人的真正主体。"① 在马克思的思想中,同其他任何存在物一样,人也只能是一种对象性的存在,而且是实践中的对象性存在。这就是马克思说的"人的本质在其现实性上是一切社会关系的总和"这一思想的要义所在。马克思说得很清楚:"不仅五官感觉,而且连所谓精神感觉、实践感觉(意志、爱等等),一句话,**人的**感觉、感觉的人性,都是由于**它的**对象的存在,由于**人化的**自然界,才产生出来的。"② 抽象地为人所固有的、不变的人性或本质等等,只是一种形而上学的抽象。

作为现代解放思想基础的"天赋人权"的观念,就是用人的"绝对"来取代上帝的"绝对"。这是从文艺复兴开始的西方文化的积极成果,它表现为对神秘主义的"祛魅"和对人的存在权利的高度颂扬。在马克思看来,到费尔巴哈为止,对宗教的批判实际上已经完成,"就德国来说,**对宗教的批判**基本上已经结束;而对宗教的批判是其他一切批判的前提"。③ 也就是说,用抽象的人来对抗神的事业已经结束了,其结果极端地表现为这样一个命题:"对宗教的批判最后归结为人是人的最高本质。"人性论完成了对宗教的决定性胜利。因此,马克思说:"**真理的彼岸世界**消逝以后,**历史的任务**就是确立**此岸世界的真理**。人的自我异化的**神圣形象**被揭穿

---

① [法]阿尔都塞:《保卫马克思》,北京:商务印书馆,1984年,第197页。
② 《马克思恩格斯全集》第3卷,北京:人民出版社,2002年,第305页。
③ 《马克思恩格斯选集》第1卷,北京:人民出版社,1995年,第1页。

以后,揭露具有**非神圣形象**的自我异化,就成了为历史服务的**哲学**的迫切**任务**。于是,对天国的批判变成对尘世的批判,**对宗教的批判变成对法的批判,对神学的批判变成对政治的批判**。"①在马克思看来,理论的任务不再是肯定抽象的人性解放,而是揭示在尘世生活中人的非解放,揭示人的现实的生活状况。在理论上,就要求批判抽象的人性论。

如果说在《1844年经济学—哲学手稿》和《神圣家族》中,马克思对费尔巴哈还持一种较为谨慎甚至是赞扬的态度,②那么,《关于费尔巴哈的提纲》和《德意志意识形态》就直接对费尔巴哈的抽象"人性论"进行了批判。在马克思看来,费尔巴哈是以人性论战胜宗教的典型完成,但是费尔巴哈的人性论本身的抽象性应该受到批判。马克思说,"费尔巴哈比'纯粹的'唯物主义者有很大的优点:他承认人也是'感性对象'。但是,他把人只看作是'感性对象',而不是'感性活动',因为他在这里也仍然停留在理论的领域内,没有从人们现有的社会联系,从那些使人们成为现在这种样子的周围生活条件来观察人们——这一点且不说,他还从来没有看到现实存在着的、活动的人,而是停留于抽象的'人'"。③

马克思自己则秉承费尔巴哈哲学的积极成果,不仅把人看作"感性的对象",而且看作"感性活动"本身,在"历史"与"社会"的中介性中阐释对人性的理解,目的在于揭示"非神圣形象的自我异化"。可以说,在马克思那里,人性本质上是一个对象性的范畴;这种对象性并不意指人是一个可以直观的确定对象,具有不变的抽象本质。人是在对象性活动中展示他们自己的存在,因此应该在人的现实活动中领会具体的人性。

三、作为感性存在的人

站在人性论的立场上对宗教和神秘主义的彻底批判,是人类精神的一次辉煌胜利,但抽象的人性论并不是人真正的历史存在论真理。相反,

---

① 《马克思恩格斯选集》第1卷,北京:人民出版社,1995年,第2页。
② 在《神圣家族》中,马克思肯定费尔巴哈揭露了黑格尔体系的秘密,摧毁了概念的辩证法,用"人"替代自我意识的破烂货,"从而完成了对宗教的批判。同时也巧妙地拟定了对黑格尔的思辨以及一切形而上学的批判的基本要点"(《马克思恩格斯全集》第2卷,北京:人民出版社,1957年,第118、177页)。
③ 《马克思恩格斯选集》第1卷,北京:人民出版社,1995年,第77页。

从历史的现实出发,对抽象人性论的批判成为马克思的基本主题,此种批判与对时代的现实批判本质性地结合在一起。马克思通过劳动过程和劳动关系来理解人的存在状态和存在方式,将对人的存在论分析导向了后形而上学的思想视域。马克思、恩格斯明确地指出,现实的人的概念是他们理论的出发点,他们的理论"从现实的前提出发,它一刻也不离开这种前提。它的前提是人,但不是处在某种虚幻的离群索居和固定不变状态中的人,而是处在现实的、可以通过经验观察到的、在一定条件下进行的发展过程中的人"。① 历史唯物主义总是联系现实的历史条件,对人的生存状况作出具体的分析,而不是讨论抽象的人性、固定不变的人的本质等等。

《德意志意识形态》指出:"人们怎样表现自己的生活,他们自己就是怎样。因此,他们是什么样的,这同他们的生产是一致的——既和他们生产什么一致,又和他们**怎样**生产一致。"②"生产不仅把人当作**商品**、当作**商品人**、当作具有**商品**的规定的人生产出来;它依照这个规定,把人当作既在**精神**上又在肉体上**非人化**的存在物生产出来。——工人和资本家的不道德、退化、愚钝。这种生产的产品是**自我意识的和自主活动的商品**……**商品人**……"③在《〈政治经济学批判〉导言》中,马克思开篇即道,只有在社会中进行生产的个人,而且是这些个人的一定社会性质的生产,才是其政治经济学研究物质生产的出发点。

在马克思看来,古典政治经济学作为出发点的单个孤立的"猎人"和"渔夫",不过是一种虚构。卢梭的"社会契约论"也是以抽象的、天生独立的主体为前提的。"这种18世纪的个人,一方面是封建社会形式解体的产物,另一方面是16世纪以来新兴生产力的产物,而在18世纪的预言家看来(斯密和李嘉图还完全以这些预言家为依据),这种个人是曾在过去存在过的理想;在他们看来,这种个人不是历史的结果,而是历史的起点。因为按照他们关于人性的观念,这种合乎自然的个人并不是从历史

---

① 《马克思恩格斯选集》第1卷,北京:人民出版社,1995年,第73页。
② 同上书,第67—68页。
③ 《马克思恩格斯全集》第3卷,北京:人民出版社,2002年,第282页。

中产生的,而是由自然造成的。"①事实上,古典政治经济学,与这之前的"自然状态说"、"自然法理论"以及"社会契约论"等等,都以抽象的人性假说为前提。抽象的孤立个体,恰恰是现实社会的结果和现实在观念上的反映。所以,马克思肯定卢梭,认为"卢梭关于政治的人的抽象论述是很对的","政治解放一方面把人归结为市民社会的成员,归结为利己的、独立的个体,另一方面把人归结为公民,归结为法人"②。问题不在于对人的抽象,而在于无视了这种抽象阐释的社会历史基础,而把它看作绝对的、先天的。比如说现代经济学中的经济人假定,本身是现代人类生存状况在观念上的抽象,但却被看成了永恒的无历史的绝对。

马克思对人的讨论,不再停留于这样的绝对抽象之中。弗洛姆在他的《马克思的人的概念》中认为,马克思区分了"人的一般本性"和"变化了的人的本性",前者是不变的或固定的,是人的本性的组成部分;而后者是"相对"的欲望,这不是人性的组成部分,如对货币的需求等等。中国古人也说"食色,性也"。但是,诚如弗洛姆自己所说的那样,"人的本性这个概念,对马克思来说不是一种抽象物"。既然如此,何以能"作为人性组成部分"的食欲、性欲又是"不变的或固定的"呢?事实上,在这里,食欲和性欲又被弗洛姆理解为两个抽象的从而没有具体规定性和内容的概念。弗洛姆阐释马克思"人性"的非抽象性,但当他以这样的"不变的或固定"的食欲和性欲作为人性的"组成部分"时,人性又变成抽象的了!这样抽象地理解的食欲和性欲,岂不就是动物的"动物性"?弗洛姆忘记了马克思在《1844年经济学—哲学手稿》中明确说的:"吃、喝、生殖等等,固然也是真正的人的机能。但是,如果加以抽象,使这些机能脱离人的其他活动领域并成为最后的和唯一的终极目的,那它们就是动物的机能。"③

将食欲和性欲看作固定不变的人性,恰恰是脱离了社会和历史的抽象。事实上,当马克思谈论"食欲"或"性欲"的时候,也总是从具体的"可变的"方面去理解,从其对象性形式,即从特定的社会关系和历史条件中

---

① 《马克思恩格斯选集》第2卷,北京:人民出版社,1995年,第2页。
② 《马克思恩格斯全集》第3卷,北京:人民出版社,2002年,第46页。
③ 《马克思恩格斯选集》第1卷,北京:人民出版社,1995年,第44页。

去理解的,而不是将其变为没有社会和历史内容的空洞抽象。马克思说:"**因此,这种关系通过感性的形式,作为一种显而易见的事实,表现出**人的本质在何种程度上对人来说成为自然,或者自然在何种程度上成为人具有的人的本质。因此,从这种关系就可以判断人的整个文化教养程度。从这种关系的性质就可以看出,人在何种程度上对自己来说成为并把自身理解为**类存在物**、**人**。男人对妇女的关系是人对人**最自然的**关系。因此,这种关系表明人的**自然的**行为在何种程度上成为人的行为,或者,**人的本质在何种程度上对人来说成为自然的本质,他的人的本性**在何种程度上对他来说成为**自然**。这种关系还表明,人具有的**需要**在何种程度上成为**人的**需要,就是说,别人作为人在何种程度上对他来说成为需要,他作为个人的存在在何种程度上同时又是社会存在物。"①马克思还说:"对于一个挨饿的人来说并不存在人的食物形式,而只有作为食物的抽象存在;食物同样也可能具有最粗糙的形式,而且不能说,这种进食活动与**动物**的进食活动有什么不同。忧心忡忡的、贫穷的人对最美丽的景色都没有什么**感觉**。"②

抽象的性欲、食欲等范畴,如果不从具体的对象性形式中去理解,本身是没有意义的,只是抽象人性论的具体表现。马克思说:"饥饿总是饥饿,但是用刀叉吃熟肉来解除的饥饿不同于用手、指甲和牙齿啃生肉来解除的饥饿。因此,不仅消费的对象,而且消费的方式,不仅在客体方面,而且在主体方面,都是生产所生产的。"③非对象性的、没有历史规定的饥饿本身只是抽象的概念,是人畜共有的生理需求。满足人需求的对象和方式"都是生产所产生的",具有历史的、具体的特征,不能将需求等等变成无规定的纯形式。马克思认为,由工业所产生的结果是人的对象性的具体存在,我们不能在如此丰富的对象性存在中只知道谈论所谓抽象的"一般的需求"等等。他说:"人的**对象化的本质力量**以感性的、异己的、有用的**对象**的形式,以异化的形式呈现在我们面前。如果**心理学**还没有打开

---

① 《马克思恩格斯全集》第 3 卷,北京:人民出版社,2002 年,第 296 页。
② 同上书,第 305 页。
③ 《马克思恩格斯全集》第 30 卷,北京:人民出版社,1995 年,第 33 页。

这本书即历史的这个恰恰最容易感知的、最容易理解的部分,那么这种心理学就不能成为内容确实丰富的和**真正的**科学。如果科学从人的活动的如此广泛的丰富性中只知道那种可以用'**需要**'、'**一般需要!**'的话来表达的东西,那么人们对于这种**高傲地**撇开人的劳动的这一巨大部分而不感觉自身不足的科学究竟应该怎样想呢?"①

在资本主义生产方式的主导下,由于作为人的本质活动的劳动是"被迫的强制劳动",结果是,"人(工人)只有在运用自己的动物机能——吃、喝、生殖,至多还有居住、修饰等等——的时候,才觉得自己在自由活动,而在运用人的机能时,觉得自己只不过是动物。动物的东西成为人的东西,而人的东西成为动物的东西。"②马克思并没有认为抽象性欲、食欲等等是不变的人性的组成部分。就像马克思多次批判抽象地谈论"爱情"一样,抽象地谈论性欲不过是把性欲"作为特殊的本质和人分割开来,并使它本身成为独立存在的东西"③。当然,人类的解放也不可能通过对这种抽象需要的呼唤来实现,恰恰要通过改变制约着人的需要和欲望的现实条件才能变成现实。

四、劳动解放作为全面解放的基础

整个现代是以自由、平等、博爱为旗帜的。这样一种现代意识通过"天赋人权"这一抽象的人性论得到论证,它对于打击传统的专制集权和愚昧迷信起到了巨大的解放作用。因此,现代被称为理性的时代、人本的时代,是人性普遍得到解放的自由时代。人们获得了思想言论的自由、政治参与的平等、经济活动的自由等等。启蒙主义和自由主义成为现代基本的意识形态。我们知道,马克思思想的出发点也是这种现代的启蒙主义和自由主义。他的博士论文和《莱茵报》时期的政治评论都表达了这样的立场,在实践上通过这样的立场来批判普鲁士德国的专制主义。不过,后来,通过《莱茵报》时期的物质困惑和对黑格尔法哲学思想的批判,马克

---

① 《马克思恩格斯全集》第 3 卷,北京:人民出版社,2002 年,第 307 页。
② 同上书,第 271 页。
③ 《马克思恩格斯全集》第 2 卷,北京:人民出版社,1957 年,第 24 页。

思开始批判现代政治解放只是抽象的、形式的解放,而不是人类的全面彻底解放。通过异化劳动批判和后来作为异化劳动批判逻辑深化的资本批判,马克思提出了劳动解放的理论。

在马克思看来,现代解放的理论基础是形而上学抽象的人性论,现代的思想自由、言论自由和政治自由因此只是抽象的形式的自由。在现实的生活中,尤其是在经济生活中,人们仍然处于普遍的异化存在状态。早年马克思将这一状态表述为劳动异化,后来表述为资本剥削。马克思以此指出,现代社会中人的实际生活状况与解放诉求,诸如自由、平等、博爱等等之间的反差,从根本上揭示了现代解放的历史限度。马克思、恩格斯在批判青年黑格尔派只是宣扬"唯灵论自由"时曾经指出,世俗社会主义的第一个原理就是否认纯理论领域内的解放,①也就是单纯观念的解放。真正的人类解放需要推进到物质经济生活的领域,只有作为人类社会历史基础的劳动获得解放,成为自由自觉的活动,而不再是异化劳动,在劳动中不再存在剥削和压迫,人类才能实现全面的彻底解放,人与人之间才能形成一种自由人的联合体,才能实现自由全面发展。

在马克思劳动解放范畴中,我们可以看到,一方面,马克思没有抽象地否定现代自由解放的主题和任务,而是通过劳动批判,揭示现代解放受制于社会历史的条件没有能够真正实现这一任务;马克思全面地坚持了现代自由解放的主题和任务,自由解放仍然是他的理论的核心和灵魂。另一方面,马克思的劳动解放理论将解放实践指向了人类基本存在领域,更改和深化了现代解放的主题和任务,由此将解放指向了对现代资本主义的超越。所以,马克思的劳动解放理论是对现代解放理论的发展和继承,它立足于对现代解放的内在批判,而不是一种抽象的肯定或否定立场。

劳动解放这个范畴,在历史唯物主义这里并不是一般地指获得劳动权利、承担劳动的义务等等,而是指从现代的自由劳动中获得解放;劳动不再是一种权利和义务,而是自由自觉的活动,是不再通过外在中介强制的自我实现和自我确证。因此,这种解放了的劳动被马克思称为"人的第

---

① 《马克思恩格斯全集》第2卷,北京:人民出版社,1957年,第121页。

一需要"。这不再是指人不劳动就不能生活下去,而是说劳动就是人的自由的实现,就是人的本质力量的自我确证本身。人们因此自觉自愿地劳动,劳动具有一种享受和游戏的性质,而不再需要价值抽象,不再需要以抽象劳动为基础的商品交换。

这是一种与现代自由劳动完全不同的存在状态。现代的自由劳动本质上是异化劳动,它指的是人们能够并且必须在劳动力市场上进行劳动力的交换。雇佣劳动以现代的自由和平等为原则,而不是像奴隶制和农奴制那样是一种强制劳动。未来的劳动解放恰恰不是要获得这样的自由劳动,而是要从这样的劳动中获得解放。劳动将不再是谋生手段,劳动中不再存在着强制和支配;劳动本身是自由的,而且为人的所有自由奠定基础。在那里,劳动者能够自愿地与劳动资料相结合,因为不再有生产资料的所有制;能够自由地进行劳动生产,因为不再有强制性的分工和监控;能够自主地取得消费品,因为不再有产品的匮乏。这就是通常所说的"各尽所能、按需分配"的原则。

这样的劳动解放是不是一种劳动的乌托邦呢?马克思劳动解放的理论是否立足于一种抽象的历史目的论预设呢?这一点历来是争论的焦点。前面我们已经阐释过,历史唯物主义的理论不是立足于人性完美假定的目的论,相反,作为历史唯物主义创始人的马克思和恩格斯多次批判一般的目的论和历史目的论。在马克思和恩格斯看来,历史并没有一个在先的目的,不是为了给理性充饥,为了证明真理而存在,它"不过是追求着自己目的的人的活动而已"。人类的实践活动是一种目的性的活动,因此历史表现为不断地超越现实的过程。但这种目的内在于实践本身,是在领会现实关系和现实条件的前提下对未来的预期,而不是抽象的设定和发明。马克思曾经说:"共产党人的理论原理,决不是以这个和那个世界改革家所发明或发现的思想、原则为根据的",它"不过是现存的阶级斗争、我们眼前的历史运动的真实关系的一般表述"。[①]

历史就是人类的生产过程本身,人类实践的目的性并不意味着历史本身存在着实践之外的绝对目的、终极状态。马克思和恩格斯曾经在《德

---

① 《马克思恩格斯选集》第1卷,北京:人民出版社,1995年,第285页。

意志意识形态》中指出:"共产主义对我们来说不是应该确立的**状况**,不是现实应当与之相适应的**理想**。我们所称为共产主义的是那种消灭现实状况的**现实**的运动。这个运动的条件是由现有的前提产生的。"①"只有在现实的世界中并使用现实的手段才能实现真正的解放,……'解放'是一种历史活动,不是思想活动,'解放'是由历史的关系,是由工业状况、商业状况、农业状况、交往状况促成的。"②因此,共产主义社会并不是旧有观念中的"大同"社会和宗教的天堂。伊格尔顿指出:"对于马克思来说,关键不是使我们朝着大写的历史的目的前进,而是从这一切的下面摆脱出来,以便我们能够从此开始——以便严格意义上的历史,带着所有它们的丰富差异,能够从此开始。……在这里普遍性和多元性携手并进。"③对马克思未来社会理论的形而上学目的论指认,以及由此陷入的唯意志论和决定论的争论,事实上远离了马克思辩证的历史观念,远离了马克思实践中介的后形而上学视域。

劳动解放的理论是从现代异化劳动的批判中得出来的未来历史的可能,它是资本主义发展和阶级斗争在实践统一中的历史趋势。一方面,这种趋势的实现内在于历史的实践本身,并不是一种自然的必然性,而且不是一定能够达到的状态;另一方面,劳动的解放本身表现为一个历史的过程,不意味着人类达到一种绝对的完满,因此历史就终结了。它只是意味着人类基本的存在方式不处于一种异化状态,人类劳动不再受资本的规定。由于劳动的解放人类进入一种新的文明状态,劳动解放是人类彻底解放的前提和基础。

异化劳动批判和劳动解放理论在历史唯物主义中具有重要地位,但却不能因此将历史唯物主义看成一种劳动还原论,一方面好像马克思将人类所有的活动都还原为劳动,另一方面好像马克思将人类全面解放还原为劳动解放。因此,只要推翻了资本主义生产方式这一现代异化劳动的形式,人类的解放就彻底完成了。在这样的理解下,解放问题就完全成

---

① 《马克思恩格斯选集》第1卷,北京:人民出版社,1995年,第87页。
② 同上书,第74—75页。
③ [英]伊格尔顿:《后现代主义的幻象》,华明译,北京:商务印书馆,2000年,第78页。

为一个经济问题、物质问题。这种理解实际是立足于庸俗经济人假定的基础之上，完全背离了历史唯物主义的思想基础。

历史唯物主义认为，历史存在的基础是生产劳动；在生产劳动中，逐渐形成了后续的派生性领域，这些存在领域当然受到物质生产活动的制约。因此，劳动解放不仅构成人类解放的一个重要领域，而且是其他领域得到彻底解放的前提。当劳动成为自由自觉的生命表现时，人类物质性劳动将进一步与精神性劳动融合，由此，工具性活动与规范性活动的分离、物质性需要与精神性需要的分离也将在新的存在境遇中得到统一。那种立足于二元论划分的理论，就会失去存在的历史基础。因此，下面我们将批判性地回应哈贝马斯立足于行动二元论对马克思的劳动还原论指认。

第三节 "劳动还原论"：哈贝马斯的误判

通过对现代劳动的分析，历史唯物主义揭示了现代人类生存的异化，提出了消灭资本主义生产方式以实现劳动解放的革命理论，建构了关于人类未来存在方式和存在状态的理论。劳动在历史唯物主义理论体系中具有基础性的作用，是比实践更为具体的范畴。正是在以劳动为核心对人的存在论分析中，历史唯物主义超越了本体论的思维方式，对抽象人性论进行了深入的批判。然而，当代著名理论家哈贝马斯却认为，历史唯物主义是一种劳动还原论，其自由解放理论因此也只是一种劳动解放的乌托邦，它忽视了规范性交往行为的解放和合理化。哈贝马斯将人类的行为区分为服从工具理性的劳动和服从交往理性的相互作用，从而以交往理性的合理化来探索新的自由解放道路。哈贝马斯虽然高度敬仰马克思，但深入的分析将使我们发现，由于远离劳动，因此远离资本主义批判，哈贝马斯的理论名为重建历史唯物主义，实际上已经从思想上离开了历史唯物主义的核心原则。

一、作为理论出发点的行为二元论

通过劳动概念，马克思揭示了现代资本主义条件下人类异化生存状况,并且指明未来人类的彻底解放将是以劳动解放为基础的全面解放。马克思对现代的理解和批判建立在劳动批判的基础上,批判资本主义生产方式乃是对现代劳动形式和劳动结构的批判。与历史唯物主义的这种现代概念不同,许多思想家从理性和人类的精神原则来理解现代,规定现代性的本质。对现代的批判和反思也就从这种理性主义的角度展开。哈贝马斯批判历史唯物主义的劳动还原论,通过交往理性的合理化来重建历史唯物主义和现代性批判理论,走的就是这样一条理性主义的批判道路。

哈贝马斯的现代概念明显地根源于现代的启蒙理性。在启蒙思想家和德国古典哲学家那里,现代就是理性的时代、主体性确立的时代。哈贝马斯指出:"黑格尔是第一位提出了清晰的现代性概念的哲学家,现代性与理性主义之间的内在联系直到马克斯·韦伯还是显而易见的,今天却成了问题。要想理解这种内在联系,我们就必须回到黑格尔。"[①]哈贝马斯肯定理性与现代性之间的内在联系,并像黑格尔一样,以主体性原则阐释现代理性主义。在这个意义上,十分明显,哈贝马斯对现代的理解从马克思回到了启蒙主义,从资本概念回到了理性概念。现代性批判从资本批判回到了现代的理性主义和主体主义批判。在哈贝马斯看来,不是理性和主体性本身出了问题,而是理性的工具理性化和主体的绝对主义化出了问题。因此,现代性是一个未尽的方案,通过主体性和理性的内在批判可以完成这个方案。从主体性提出主体间性,从工具理性提出交往理性,是哈贝马斯走出现代性困境的基本思路。

哈贝马斯的理论工作从历史和逻辑两个方面内在统一地展开。一方面,哈贝马斯以理性批判作为现代性批判的基本线索,完成了对现代思想史的重构。从青年黑格尔派一直延伸到对当代法国后结构主义者非理性主义的批判,勾勒了现代性批判话语的思想谱系。另一方面,以现代理性和主体性为批判的对象,建立了以主体间性和交往行为理性为基础的批判理论体系,揭示抽象主体性和工具理性的困境。思想史的梳理和理论

[①] Habermas, *The Philosophical Discourse of Modernity*, translated by Frederick Lawrence, Polity Press, 1987, p4.

体系的正面建构密切地结合起来,哈贝马斯完成了以启蒙理性的反思和推进为旨趣的现代性批判理论体系。

在一些后现代主义者那里,现代性的理性和主体性作为宏大叙事和虚假承诺的理论基础遭到批判,被指认为是当代专制主义、法西斯主义等等历史灾难的思想根源。而在哈贝马斯看来,理性本身的潜能并没有枯竭,通过对主体间性的阐释和交往理性的倡导就能释放出批判的能量,这样既可以批判抽象理性主义和主体主义,同时也构成对反现代主义的非理性主义和蒙昧主义的批判。显而易见,马克思主义以劳动概念为基础展开的现代资本主义存在论批判,通过第一代法兰克福理论家与理性批判的结合,到哈贝马斯这里变成了理性主义内部的批判和发展问题,逐渐远离了通过劳动和资本范畴展开的历史存在论批判。哈贝马斯被罗蒂称为德国理性的当代拯救者,是不无道理的。

哈贝马斯理论的出发点是人类行为的划分。他将人类的行为分成了工具—目的性行为和交往行为两大类。简单地说,第一种行为体现和遵循的是工具理性,它依据以经验知识为基础的技术规则作出合理的选择,其有效性来源于知识的正确与否;第二类行为依据规范行事,建立在行为主体之间相互理解和相互承认的基础之上,社会规范的有效性是在相互理解的主体间性中建立起来,它通过普遍承认得到保障。有时候,哈贝马斯将这两种不同的行为类型称为劳动和相互作用。通过对这两种行为的区分,哈贝马斯提出了工具理性和交往理性这一对基本概念,并且同系统与生活世界、主体性与主体间性结合起来阐释他对现代性的理解。哈贝马斯认为,在现代社会,由于与抽象的主体性相结合,理性成为主体性自我实现的功能,变成了工具理性;而相互作用中交往理性没有得到充分发展,支配"系统世界"的工具理性渗透到了应该是交往理性发挥作用的"生活世界",结果是"生活世界的殖民化"。批判理论的任务就是:澄清劳动(工具性活动)与相互作用(交往活动)之间严格的二元论区别,通过商谈伦理性、普通语用学的建构,在对话、沟通中重新释放交往理性的潜能,实现生活世界的合理化,以推动自由解放的事业。

通过这种人类行为的二元论划分,哈贝马斯认为,马克思对黑格尔的批判只是从现代哲学的反思主体性转向了实践主体性,实现了一次重心转移,对于马克思的实践哲学来说,不是自我意识,而是劳动被认为是现代性的原则。"马克思像黑格尔一样陷入了基本的概念困难……它仍然是另一种形式的主体哲学,将理性置于行动主体的有目的的合理性之中,而不是能知主体的反思之中。"①在哈贝马斯看来,劳动成为马克思现代性批判的基本范式,马克思忽视了工具理性的劳动和交往理性的相互作用之间的根本区别,在社会实践的一般标题下把相互作用归之于劳动,即把交往活动归之于工具活动,②从而将人类的解放理解为劳动解放。这使马克思的思想出现了根本性的偏差。

哈贝马斯说,由于马克思把人类自我生产的活动归结为劳动这样一个更具有局限性的概念,导致了一种实证主义的倾向。在马克思那里,严格的实证科学和批判之间的差别被掩盖了,自然科学的逻辑状况和批判的逻辑状况没有得到明确区分,从而混淆了批判与科学,将批判转化成了科学主义的实证科学。哈贝马斯由此认为:"马克思没有发展人的科学的这种观念;由于把批判和自然科学等量齐观,他甚至取消了人的科学观念。"③我们知道,第二国际的杰出理论家们曾经将马克思的思想阐释为一种实证科学并加以捍卫,"西方马克思主义"的一些思潮则通过阐释马克思的人道主义因素释放其批判的能量,批判第二国际的科学主义和实证主义倾向,二者构成了阐释上的原则对立,而哈贝马斯则直接指认马克思本人的实证倾向并进行批判。

从表面上看,产生这种理论误解的原因在于没有真正洞悉马克思在"历史唯物主义"的思想境域中对"科学"与"批判"、"事实"与"价值"抽象对立的瓦解,其实质是他们没有真正理解历史唯物主义的劳动范畴,没有在后形而上学的思想视域中把握劳动概念的根本意义,因此没有理解通过中介性的实践概念,马克思的劳动范畴所具有的存在论性质。不是马克思忽视了劳动与其他活动的区分,而是马克思的劳动概念在实践中扬

---

① Habermas, *The Philosophical Discourse of Modernity*, translated by Frederick Lawrence, Polity Press, 1987, pp. 63,65。
② [德]哈贝马斯:《作为"意识形态"的技术与科学》,李黎、郭官义译,上海:学林出版社,1999年,第33页。
③ [德]哈贝马斯:《认识与兴趣》,郭官义、李黎译,上海:学林出版社,1999年,第37—56页。

弃并因此统一了这些区分,物质生产和精神生产、事实和规范都统一在劳动之中。劳动应该成为自由自觉的活动,劳动本身是人的自我生成,因此是人的本质的自我实现和自我确证,而不仅仅是解决吃穿住行的工具性活动。在历史唯物主义看来,哈贝马斯所谓的交往理性等等在劳动的基础上产生并且贯穿在劳动的过程中。因此,恰恰是劳动本身的工具化,劳动成为统治人的手段应该遭到批判。一旦使劳动成为自由存在的"第一需要",劳动本身的异化和以这种异化为基础的其他领域的异化之历史基础也就被瓦解了。

在哈贝马斯看来,由于马克思没有对人类不同行为进行原则性的区分,将人类的解放或者说生活世界的合理化还原为劳动的解放,从而确认生产力的发展是人类解放的根本动力,社会革命就是打破束缚了生产力发展的生产关系。哈贝马斯认为,这是一种劳动还原论,它将解放的话语安置于劳动分析范式基础之上,以一种技术进步、目的理性的系统模式来改造相互作用的交往关系,最终只是一种"劳动的乌托邦"。哈贝马斯指出,劳动是人与自然之间的天然的关系,工具性的行为因此是必然的;只要工具理性局限在系统世界,实现技术的合理化,它就是合理的。因此,解放的要求不应该放置在劳动,即工具性行为的领域,而应该转向以规范为基础的交往领域,转向对经济关系之外的相互作用,即交往活动的批判,充分发挥交往理性的潜能,去除生活世界的殖民化,实现生活世界的合理化。

可以看出,相对于马克思的基本视域,哈贝马斯完成了一次根本转移。他认为,以交往行为理论就能"重建历史唯物主义",解决马克思主义理论中非反思的历史客观主义、真理的陈述与批判的规范之间的含混,以及对文化价值、道德观念在社会发展中的独立作用的忽视等等问题。[①]从这一点来看,哈贝马斯建立了自己超越历史唯物主义的基础,这个基础就是对马克思劳动概念和资本批判的远离。在这个基础上,他进一步批判马克思的历史唯物主义理论由于历史变迁导致的过时,从具体的内容

---

① [德]哈贝马斯:《重建历史唯物主义》,郭官义译,北京:社会科学文献出版社,2000年,第4—7页。

上瓦解历史唯物主义的劳动批判范式。

二、对劳动价值论和阶级理论的批判

从社会历史变迁来质疑马克思的理论,宣布马克思主义的老调过时,是一种常见的批判策略。因为马克思的理论明确地表明了自己的实践性及其与现实状况的直接关系,因此,以经验历史来指证马克思理论的过时似乎就成了以子之矛攻子之盾的有效方式。哈贝马斯不仅一般地在行动二元划分的基础上批判马克思劳动范式的还原论,而且以资本主义本身的变迁来批判马克思的自由资本主义理论和劳动价值论,试图通过瓦解劳动价值论来瓦解马克思的整个理论体系。

哈贝马斯认为,与马克思所处的自由资本主义时期相比,当代社会的组织原则已经发生了根本变化,当代社会可以称为"晚期资本主义"或者"有组织的资本主义"。将马克思的理论运用到晚期资本主义就会发生困难,因此需要对马克思的批判理论进行反思。哈贝马斯指出,自19世纪的最后25年以来,在先进的资本主义国家中出现了两种引人注目的发展趋势:第一,国家干预活动增加了;国家的这种干预活动必须保障(资本主义)制度的稳定性;第二,(科学)研究和技术之间的相互依赖关系日益密切;这种相互依赖关系使得科学成了第一位的生产力。于是,运用马克思根据自由资本主义社会正确提出的政治经济学的重要条件消逝了。①

我们知道,政治国家与经济基础的分离,国家沦落为消极的"守夜人"是自由资本主义的典型特征,实际上是确立了上层建筑对经济基础的从属地位。哈贝马斯认为,在"晚期资本主义"时期,社会的制度框架重新政治化,国家对社会经济生活的干预,使得国家不再仅仅是一种上层建筑的现象,社会和国家也就不再处于马克思的理论所规定的经济基础和上层建筑的关系之中,批判的社会理论也就不再能够采用经济学批判的唯一方式借以贯彻。自由贸易和公平交换的意识形态都瓦解了,不能再用生产关系直接地批判政治统治。

---

① [德]哈贝马斯:《作为"意识形态"的技术与科学》,李黎、郭官义译,上海:学林出版社,1999年,第58页。

在《合法化危机》一书中,哈贝马斯指出,自由资本主义的社会组织原则是雇佣劳动与资本之间的自由买卖关系,因此社会的危机也往往以系统危机的方式出现。到了晚期资本主义社会,国家干预的加强使得自由主义的经济关系和意识形态都遇到了挑战,社会危机发生了转移,出现了经济危机、合理性危机、合法化危机和动机危机交错并存的局面。马克思作为系统危机的经济危机理论,遇到了挑战。哈贝马斯认为,只有在忽视政治的介入,错误地以为经济结构完全可以引导政治体制的前提下,马克思的分析才是正确的。[①] 也就是说,资本主义不再是自由资本主义,马克思雇佣劳动为核心的现代批判理论的制度基础不再存在了。

与此同时,随着科学技术的发展,科学技术成为第一生产力,运用马克思的劳动价值论和剩余价值学说的条件不存在了。哈贝马斯与很多理论家的不同在于,他不是直接地从经济学的视角批判劳动价值论,而是以历史变迁来指认这一理论的过时。在哈贝马斯看来,科学技术成为第一生产力,意味着它成为独立的价值和剩余价值的源泉。"当科学技术的进步成为一种独立的剩余价值来源时,在非熟练的(简单的)劳动力的价值基础上来计算和研究发展方面大的资产投资总额,是没有多大意义的;而同这种独立的剩余价值来源相比较,马克思本人在考察中所得出的剩余价值来源,即直接的生产者的劳动力,就越来越不重要了。"[②]因此,不能再用以劳动价值论为基础的阶级剥削理论来对现代社会进行批判。

在批判剩余价值学说和阶级理论的同时,哈贝马斯还指出,科学技术不再像马克思指出的那样是一种解放的力量,而是一种统治的、异化的力量。哈贝马斯认为,由于社会进步越来越依赖科学技术的发展,劳动与相互作用、工具理性与交往理性之间的"二元论"在人们的意识中越来越模糊。科学技术成为准独立的变数,社会的发展被看成是依赖于科技发展的客观必然性逻辑,技术统治论本身成了一种隐形的意识形态。"这种意识形态的独特成就就是,它使社会的自我理解同交往活动的坐标系以及

---

① [德]《哈贝马斯访谈录》,李安东、段怀清译,上海:上海人民出版社,1997年,第32页。
② [德]哈贝马斯:《作为"意识形态"的技术与科学》,李黎、郭官义译,上海:学林出版社,1999年,第62页。

同以符号为中介的相互作用的概念相分离,并且能够被科学的模式代替。"①在当代社会中,作为生产力的科学技术不再是社会解放的力量,像马克思所期待的那样,而是成了统治的意识形态,是工具理性渗透进交往行为的典型表现。

由于晚期资本主义发生了这两大变化,哈贝马斯认为,马克思批判现代社会的基本概念系统被动摇了。② 首先涉及的是阶级斗争和意识形态概念。哈贝马斯指出,社会阶级斗争是资本主义生产方式发展的产物,人们根据阶级斗争形式确认传统社会的阶级结构。正是由于公开的阶级斗争给社会带来了危害,所以才产生了国家管理的资本主义,它根源于确保群众忠诚以避免冲突的社会需要,它平息了阶级之间的冲突,使阶级冲突处于次要的地位。在晚期资本主义社会,同维护生产方式紧密相关的利益不再是阶级的利益,不带有明显的阶级性质。为了避免社会的阶级冲突,现实统治制度本身就是对以政治统治或经济统治为媒介的社会统治的排斥。在其中,一个阶级主体把另一个阶级主体作为可以与自己相等同的集团来看待,因此具备一种超阶级结构的潜能。这样,阶级斗争的基础地位就让位于各种特权集团之间的斗争,虽然存在严重冲突的可能性,但它们不再具有阶级斗争和阶级冲突的性质,当然也就不再具有阶级革命斗争的可能性。

生产力的提高不再是当然的革命力量,使得现实的统治形式不堪一击。相反,在晚期资本主义社会,作为科学技术的第一生产力掌握在国家手中,它本身成了统治的合法性基础。也就是说,统治的合法性已经不再需要旧的意识形态为它辩护,由此,马克思"欺骗"意义上的意识形态概念就不能随便地采用了。技术统治的意识形态同旧的意识形态之间存在基本的差别。一方面,它的"意识形态性较少",也就是说,它不再是以虚假的、欺骗的方式为现有的统治形式辩护,而是以一种技术的合理性为统治

---

① [德]哈贝马斯:《作为"意识形态"的技术与科学》,李黎、郭官义译,上海:学林出版社,1999年,第63页。
② 以下阐释的哈贝马斯对马克思基本理论的批判,参见《作为"意识形态"的技术与科学》,李黎、郭官义译,上海:学林出版社,1999年,第65—77页。哈贝马斯的这篇文章集中地体现了他对马克思理论的反思,虽然很多地方没有作进一步的详细阐释,但同他的整个思想联系起来,他一贯的理论立场是显而易见的。

提供客观的合法性基础;另一方面,技术统治的意识形态更加广泛和难以抗拒,它不仅为既定阶级的局部利益作辩解,同时又站在另一阶级的一边,压制局部解放的需要,而且损害人们要求解放的利益本身。也就是说,这种意识形态同以阶级范畴阐释的意识形态概念相比,已经抹掉了阶级的概念,具有一种普遍的性质。它进一步从意识的、精神的方面消解了阶级斗争的理论。在哈贝马斯看来,技术统治的意识形态不是掩盖了阶级剥削之间的真实关系,而是使工具理性侵入到交往行为的领域,混淆了技术和实践之间的差异,因此要通过提倡交往行为理论,使生活世界去殖民化。

哈贝马斯指出,既然意识形态和阶级斗争理论的适用范围是相对的,换句话说,它只适用于自由资本主义社会,适用于自由的雇佣劳动制度,那么,作为历史唯物主义基础的生产力和生产关系这一基本的阐释框架就应该重新解释,代之以更为抽象的劳动和相互作用范畴。在哈贝马斯看来,这种以生产力和生产关系之间的矛盾运动作为人类解放动力的解释模式,忽视了这种以劳动解放为基础的理论本身只是涉及人类的工具性活动,而忽略了交往行为领域本身需要的合理化和解放过程。换句话说,人类的解放不能建立在劳动乌托邦的基础之上。在哈贝马斯这里,劳动属于工具性活动的领域,遵循必然性的逻辑,解放应该在相互作用即交往行为领域进行和展开。

今天,生产力的发展本身成了统治的意识形态,侵入了相互作用的交往行为领域,而不是成为解放的力量。哈贝马斯指出,生产力的发展,只有当它不能取代另一种合理化形式的时候,才能成为解放的力量。不论是晚期资本主义,还是现实的社会主义,都把人类社会的发展和解放看成一个技术的问题,以一种工具—目的理性的系统模式来建立本身应该遵循交往理性的制度框架,实际上是牺牲了人本身。人的解放必须要充分地发挥交往理性的作用,而不是单纯地依赖生产力的发展和生产关系的变革。人类的解放当然不是一种依赖于生产力和科学技术自在发展的过程;但是,如果离开作为基础的劳动解放,亦即是说,劳动中的强制和剥削还普遍存在,劳动还是一种外在必然性,交往行为领域的解放至多达到一种形式的自由和平等。这恰恰是现代的基本理念和基本成果。因此显而易见,哈贝马斯对现代性的批判实际上完全在现代规定的框架和逻辑之内。

三、远离历史唯物主义的理论重建

对马克思现代性理论的批判构成哈贝马斯思想的重要出发点,哈贝马斯理论的建构同他对历史唯物主义的批判之间具有一种内在的关系。可以说,哈贝马斯对马克思思想的反思,代表了当代解释马克思思想的最高水平,既涉及马克思理论的规范基础,也涉及对马克思具体命题的批判。马克思在黑格尔的理性哲学之后,以劳动概念为基础,以资本定义现代,我们将这一现代概念理解为后形而上学思想视域中的历史存在论概念。现代批判变成了对现代人类劳动状况和劳动方式的批判,对现代的批判不再是以批判理性的方式展开,而是变成了对现代社会历史存在状态和结构的具体分析。与此相反,哈贝马斯依据后现代启蒙理性批判的主题,以黑格尔的理性范式为基础展开现代性批判,现代性批判变成了一种以哲学方式进行的理性批判。二者之间存在着根本的差异。

我们曾经指出,马克思不再在观念的范围之内,不再在理性发展的逻辑之内来理解现实,理解社会历史,而是从实践、从生活的生产和再生产过程来理解历史,理解观念的形成。因此,劳动成为历史唯物主义的基本存在论范畴。而劳动作为人类的实践,作为人类的生成过程,本身是历史的、变化的,因此是具体的。对劳动历史形式和具体实现方式的批判就成为社会历史的存在论分析,是社会现象学和历史现象学。因此,对资本主义生产方式的政治经济学批判就成为马克思理论的核心主题,它揭示了现代劳动的异化。从历史唯物主义的理论逻辑来看,劳动仅仅作为工具理性的活动恰好是现代异化的一个特征。

受制于现实的生产力和生产关系,劳动只是一种"现代劳动"、一种"抽象劳动",因此,劳动的解放就是要从这种抽象劳动的统治中获得解放,使劳动成为自由自觉的活动,而不再是人与人之间的剥削和压迫关系。显然,马克思的劳动概念,涉及人与自然的关系,但基本的方向是人与人之间的社会关系。哈贝马斯将它阐释为一种狭义的工具性活动,指认它是人类活动的天然必然性,然后再进行批判,认为马克思的现代性批判是一种遮蔽了交往行为的还原论批判,原因在于哈贝马斯将自己的劳动概念附加给马克思了。马克思的劳动概念不是将所有的行为都还原为工具性的行为,而是强调了在劳动的过程中包含并且形成各种性质的行为,劳动是历史存在的基础,是人类存在的基本方式。

另一方面,马克思的劳动概念不是一个抽象的范畴,他不是将人类劳动的具体状态和结构抽象掉,一般地讨论劳动,讨论劳动中的目的性或规范性等等;而是强调劳动的历史形态,强调劳动结构变化的历史性,因此才有生产力、生产关系的变化,以及以此为基础的社会历史形态概念。正是这样一种历史性的意识,资本主义批判才成为历史唯物主义的根本主题。马克思自己多次指出,不能泛泛地谈论劳动,谈论劳动的必然性,这实际上是将劳动抽象化了,根本上忽视了劳动的社会性质和社会形式。在《哥达纲领批判》中,马克思指出,抽象地谈论劳动的人不能从资本主义生产关系的批判中指出工人阶级解放的道路。马克思批判说,《哥达纲领》虽然也提到了"劳动解放",但完全陷入错误的提法,"不应当泛泛地谈论'**劳动**'和'**社会**',而应当在这里清楚地证明,在现今的资本主义社会中怎样最终创造了物质的和其他的条件,使工人能够并且不得不铲除这个历史祸害"。[①]

与马克思相比,哈贝马斯劳动与交往行为的二元划分恰恰是建立在抽象的基础之上,没有真正看到工具性活动与规范性活动之间内在的历史关联。而且,将劳动仅仅一般地规定为"工具性活动",理解为一种抽象的必然性,忽视了对现代劳动的历史性分析,从而不是推进而是回避和放弃了马克思的资本主义批判。哈贝马斯先对工具性活动与交往活动作出根本的区分,然后又认为工具理性的原则浸入了交往理性的生活世界,抑制了交往理性的发挥。这恰好说明了这种区分的抽象性。

实际上,哈贝马斯这一论题从另一个角度承认了劳动形式对于其他人类活动领域的中介和规定。正因为规范性的行为受到劳动方式和原则的规定与限制,马克思才进行劳动批判,提出实现劳动的解放。正因为如此,历史唯物主义才提出了社会存在决定社会意识这样一个基本命题,通

---

① 《马克思恩格斯选集》第 3 卷,北京:人民出版社,1995 年,第 300 页。

过对劳动异化的揭示粉碎了现代解放的神话,揭示了现代自由和民主的抽象性、形式性,揭示了在异化的劳动中人类生活领域本质上受工具理性支配的必然性,从而将新的解放延伸到社会物质生活领域,延伸到生产方式的变革,提出了劳动解放的理论。

由于没有这种具体生产方式的中介性分析,哈贝马斯的二元论策略没有能够揭示工具理性的原则何以入侵交往理性的生活世界。在马克思那里,这个问题是异常明显的,这就是资本主义生产方式的规定,就是效率、增值原则等等的强制。同时,由于在生活世界和系统世界之间作出二元论的划分,"生活世界去殖民化"本身就是一个规范性命题,哈贝马斯势必遭到为什么生活世界就不能按照工具理性来组织这一追问。他只能将批判的基础安置在价值预设和一种乌托邦的精神之上。如果没有劳动的解放,如果资本主义生产方式仍然是人类劳动的基本规定,那么,所谓生活世界的去殖民化,自由、民主和博爱等等就只能是形式的,或者说只是一种价值的悬设。对此,詹姆逊在《后现代的诸种理论》一文中不无道理地指出,哈贝马斯坚持的是资产阶级启蒙运动及其普遍主义,追求自由主义、真正的乌托邦内涵和普遍主义的资产阶级意识形态,诸如平等、公民权、人道主义、言论自由和新闻公开等等。当然,詹姆逊肯定了哈贝马斯在特殊的德国现实中的意义,但不具有普遍性。[1]

哈贝马斯有一个基本的理论假设,即马克思在自由资本主义时期提出的理论是关于自由资本主义的理论,晚期资本主义不再是自由资本主义,所以马克思的理论就过时了。真正的问题在于,国家对经济的干预是依据资本的原则还是超越了资本的原则?国家对经济基础的这种"超越"作用是根本地改变了现实的经济基础,还是服务和完善这种经济基础?是国家决定了现实经济生活的基本方向,还是现实经济生活的内在限度规定了现实统治的"反作用"?我们知道,马克思曾经有撰写国家理论的计划,但终于没有实现。在马克思的著作中,只是原则性地提及国家以及其他上层建筑能动的反作用,而国家对社会生活,主要是社会经济生活作用的形式、范围、限度没有具体的阐释,但是十分显然,资本主义国家对经

---

[1] [美]詹姆逊:《文化的转向》,胡亚敏等译,北京:中国社会科学出版社,2000年,第25页。

济的干预并没有超越资本原则,相反,它体现和巩固着资本生产的现实需要。这一点,马克思在《1857—1858年经济学手稿》中批判巴师夏和凯里时已经明确地触及了。

资本原则在国家的护卫下得到全面推进,虽然在实现的形式上与马克思阐释的自由资本主义不同,但仍然遵循资本的基本逻辑。国家干预并没有消除以资本主义生产关系为基础的阶级关系,虽然劳动的形式发生了改变,但雇佣劳动和资本之间的关系更具有普遍的性质,它仍然是现实社会关系的主体,阶级关系的实质并没有任何改变,而且从一种国内关系变成了更为广泛的国家之间的关系。这一过程只是使资本变得更加抽象,从而也更加彻底和成熟。国家资本主义虽然改变了资本的实现形态,但并没有改变资本本身,或者说没有改变资本原则,而是资本现代性的自我稳定和自我完善。

对于科学技术成为第一生产力,我们不能单纯就科学技术来谈论科学技术,否则就会将科技理性追认为一种天生的"原罪"。事实上,科学技术的发展以及由此而带来的人类危机,诸如核危机、能源危机、环境危机等等,本质上说是现代的现象。在古代,科学技术的发展并没有使人类遭遇现代的这些问题,这至少说明,科技本身并不是问题的根源,相反,科技本身是受社会因素和历史因素中介的。这种最基本的社会历史因素是什么呢?马克思将资本理解为现代的本质范畴,他总是从与资本主义生产方式相关的角度谈论科学技术的社会历史功能和资本增值原则对科技的推动,而不是把科技看成一种不受社会历史中介的独立力量。关于这一问题的分析,我们将在下面一章进行。因为资本主义生产方式乃是现代劳动的形式规定,资本批判不过是劳动批判的展开。

第四章 资本:现代的对象性存在形式

资本是现代的本质范畴,是现代存在的普遍中介。也就是说,是存在物在现代最基本的对象性存在形式。马克思以资本命名现代,历史唯物主义视域中的现代性批判因此是一种现代的存在论批判,是现代的历史现象学或社会现象学。资本的中介在于商品关系对存在的普遍抽象。商品关系占统治地位的世界历史时代,就是资本主义时代。在这个时代,商品就是世界历史和个体生命的抽象存在,商品性就是存在物普遍拥有的共同性。一体化就是商品的同一化,就是普遍的抽象化。本质上不同的存在物之间建立了可通约的同一性,获得一种独特的社会本质。在劳动力成为商品这一现代事实中,商品关系作为存在的对象性形式,在资本时代达到了完成;高度分化的复杂性存在在极度抽象的形式中,变成了同一的社会存在。"抽象化"和"抽象性"分别从动态和静态方面概括了资本时代存在的本质特征,也表明了现代存在的基本状况。自然存在、科学技术等都在资本的规定中获得了前所未有的性质,因此需要结合资本主义生产方式,才能从存在论的基础上得到深刻的把握。马克思的资本批判为现代性的存在论批判奠定了理论基础。然而,后现代主义的牧师鲍德理亚却指认历史唯物主义的核心范畴生产乃是一种"生产之镜",资本主义发生了一场马克思想理解而又无法理解的革命。因此,回应这一批判,将是本章最后一节的任务。

第一节 资本作为存在的普遍中介

直接或变相地将马克思思想作为经济决定论,是第二国际开创并且延续至今的一种解释路线。差异只是在于,如果说第二国际的理论家把马克思的理论作经济决定论的解释是为了坚持和肯定马克思的思想,那么,今天的思想界则普遍充斥着对这种经济决定论进行批判的声音。比如说我们前面指出,哈贝马斯认为马克思具有一种实证主义的倾向,坚持以"劳动"为核心的叙事,事实上将人类二元的活动单向化为"工具性活动",而忽视了规范性活动领域本身的合理化。[①] 福柯阐释了一种无所不在的统治和权力观念,由此批判马克思"把所有形式的压迫与反抗都归结到劳动与剥削基点的总体化和本质化的逻辑"[②]。虽然在某些方面,哈贝马斯和福柯有着明显的差异并曾经进行过激烈的争论,但他们对马克思的批评遵循着完全相同的逻辑,这就是劳动还原论和以此为基础的经济决定论。不过,问题的实质恰恰在于,历史唯物主义视域中的经济范畴具有的存在论性质在他们那里没有得到充分理解,资本批判出场的后形而上学思想语境对他们而言还严密地封闭着。因此,马克思政治经济学批判的存在论性质和存在论意义就没有得到应有高度的理解。在此,我们将首先讨论马克思政治经济学批判出场的后形而上学视域,再讨论资本批判的存在论性质,最后对当今时代的资本本质作出一般的断定。我们的目的是通过对资本批判的存在论阐释,肯定历史唯物主义现代性批判作为存在论批判具有的理论意义和实践意义。

一、后形而上学视域中的资本批判

为了从第二国际近似于机械决定论的经济主义阐释中拯救历史唯物主义,曾经产生了人本主义的解读模式。在立足人道原则批判对现实"异化"的激愤中,由于突出作为创造性和推动性的主体性原则及价值因素,这一解读模式强调未来产生于人的希望和意志之中,因此甚至不惜将马

---

① 对马克思的这种批评是哈贝马斯的基本立场,是其反思马克思思想基础上提出自己理论的一个重要的出发点。可见《作为"意识形态"的科学和技术》、《现代性的哲学演讲》和《认识与兴趣》等著作。

② [美] 史蒂芬·贝斯特、道格拉斯·科尔纳:《后现代的转向》,陈刚等译,南京:南京大学出版社,2002年,第10页。

克思作为一种积极的乌托邦来肯定和颂扬,比如恩斯特·布洛赫等。①从积极的方面说,这一解释倾向充分暴露了经济还原论的失误所在。但是,这一颠倒并没有克服还原论解读的逻辑,此种解读在与"经济决定论"的对抗中回到了主体的意识、精神和文化的立场。所以,今天我们看到,延续西方马克思主义社会批判理论的当代国外思潮已经完全从文化批判进入了纯粹意识形态本身的批判。

从本质上说,这一解读模式并没有真正突破被马克思超越了的形而上学二元论框架,而是或多或少仍然具有在主体和客体两端倒转的嫌疑。如果我们粗略地将传统马克思主义和西方马克思主义看成是"实体"和"主体"两条解读路向的话,意识与存在的二元对立在这种阐释倾向的对立中再一次表现出来了。这种马克思思想阐释的"两端"对立直至如今濒临的爆裂,充分暴露了马克思后形而上学的"存在"概念被严实地遮蔽着,马克思政治经济学批判的出场语境和具有的现代性批判的基础存在论性质没有得到领会。这种思想状况,甚至再一次将马克思对现代社会的总体批判拖回到单纯的哲学争论之中,从现代性的存在论批判拖回到纯粹的文化批判和意识形态批判之中。

如前面我们已经阐释的那样,马克思的存在论视域是在批判近代思辨哲学的基础上呈现出来的,它属于"后形而上学"的思想谱系,但本质上又具有一般后形而上学思想不具有的历史存在论性质。在历史唯物主义思想视域中,存在论不是一般意义上的现象学,而是一种社会现象学或历史现象学。以历史实践概念为基础的这种"现象学—存在论",与建基于抽象主义和还原主义的本体论和由此得以确立的认识论,具有原则性的差别。同样,也同不具备历史性和社会性的黑格尔先验现象学、胡塞尔意识现象学和海德格尔此在现象学,以及梅洛·庞蒂的知觉现象学等等,具有本质的不同。历史唯物主义以实践概念为基础,社会性和历史性成为

---

① 关于这一点,卡林内斯库在《现代性的五副面孔》中的指认是准确的。不仅是布洛赫而且在整个西方马克思主义中思潮中,都有广泛地存在"给予马克思的哲学以乌托邦的礼遇"的倾向(见《现代性的五副面孔》,顾爱彬、李瑞华译,北京:商务印书馆,2003年版,第73—74页)。马克思思想的科学性被仓促地派给了"正统的马克思主义",在"苏联模式"的阴影中一起被含糊地批判。

存在论的根本范畴,现象学由此真正获得了存在论上的奠基。然而,这种对马克思思想性质的揭示,只是我们今天重读马克思的思想建构。马克思本人并没有自觉地赋予和谈论其思想的这种存在论性质。思想史自身内部的革命并不直接构成马克思的主题,马克思终究不是一个将哲学思想课题化的专业的体系化哲学家。我们对马克思存在概念的阐释,只能是一种"追溯"、一种"整理"。我们甚至只能说,这种思想视域作为内在的"特质",蕴涵在马克思的理论著作之中,它构成马克思以资本批判为核心的现代性批判出场的基本存在论视域。

马克思终结了本体论的形而上学,反对对现实观念论的思辨抽象,理论的任务变成了社会历史现实本身的批判,其目的在于揭示"此岸世界的真理"。在马克思看来,哲学只是现实存在的"副本",他专门批判黑格尔法哲学不过是"现实历史的抽象继续"。马克思对哲学的批判,从根本上摧毁了哲学等意识形态的观念自足性,将其奠定在一种历史存在论分析的基础之上。对现实之存在论状况和原则的揭示,成为马克思思想的基本主题,而这一主题是在市民社会批判中展开的。通过政治经济学批判实现的资本批判,就是在这一思想语境中出场的。马克思指出:"我的研究得出这样一个结果:法的关系正像国家的形式一样,既不能从它们本身来理解,也不能从所谓人类精神的一般发展来理解,相反,它们根源于物质的生活关系,这种物质的生活关系的总和,黑格尔按照18世纪的英国人和法国人的先例,概括为'市民社会',而对市民社会的解剖应该到政治经济学中去寻求。"①

然而,由于忽视马克思经历过了黑格尔先验现象学的环节,忽视了马克思经历过黑格尔思辨的统一性哲学环节,马克思的此种存在论分析被指认为一种还原论,马克思资本批判(或政治经济学批判)的存在论意义没有被充分领会。此种状况的危害性,不仅在于马克思作为一个伟大的思想家被遮蔽,更重要的在于通过当代话语的转换,在反思现代文明的时候,人们不是从社会存在出发,而是把某种观念和精神原则看作现实困境的始作俑者,从而形成了一种观念论的现代性概念及现代性批判路线。

---

① 《马克思恩格斯选集》第2卷,北京:人民出版社,1995年,第32页。

一方面,这种批判将揭示和反思现代精神原则、价值取向、思维方式和理论特征等作为主题,指向了现代的"观念论副本",而不是此种观念的社会历史存在基础;另一方面,由于这种批判质疑改造和变革社会历史的革命理论,批判主要采取理论批判的方式,也就是观念批判的方式,而不是变革社会历史基础的实践批判。也就是说,在这样一种批判中,不仅批判的对象是观念,而且批判的方式是观念论的。对于今天西方流行的"现代性批判"所具有的这种观念还原论倾向,如詹姆逊所说的那样,西方"现代性"范畴对"资本主义"的取代,不过是社会主义衰败和失去信心的产物,它使得一些专家、政客、学者能够蒙混过关。

与各种观念论的现代性批判相反,立足于存在论的基本变革,马克思以"资本"这一范畴将现代概念化;他将资本领会为现代的基本原则,是一切现代"存在"事物基本的对象性存在形式,由此展开对现代社会历史的批判与反思,开启了后形而上学视域中现代性批判的存在论路线。然而,由于对这种存在论缺乏充分的体认,马克思的政治经济学批判被理解为一种实证的经济学活动,好像他试图在一种纯实证的科学活动中直观历史的发展规律。在谈到政治经学和哲学的联系时,政治经济学也往往被看成哲学的具体应用,就像马克思在《哲学的贫困》中批判蒲鲁东的政治经济学只是"应用的形而上学"一样。某些对《资本论》进行的哲学研究,也不过是范畴的过滤提取和对范畴反思联系的挖掘追踪。这样一来,资本批判在历史唯物主义体系中的意义和性质不是极大地被曲解,就是极大地被低估了。认真领会马克思"资本"概念的存在论意义,认真领会马克思资本批判作为现代性存在论批判,亦即是现代性现象学的理论性质,在资本肆意扩张的今天具有重要的现实意义和思想意义。

马克思的存在概念不是本体论抽象中的本体,而是现实中的对象性存在。任何存在都是通过一种对象性的形式在关系之中存在,因此本质上是被中介的而非自在存在。这种对象性和中介性所讲的,也不是一种自在联系和自在规定,而是实践中生成的,因此是历史性的,是在历史的时间中不断地发展变化的。这种发展变化体现出来的是历史本身的变化。在历史唯物主义存在论视域中,马克思用资本范畴将现代概念化,资本被看成现代存在的对象性形式和对象性规定,一切都要在资本的关系中获得自身的存在和为自身的存在进行辩护。马克思瓦解了理性时代、自由时代的现代命名。在历史唯物主义这里,现代就是资本主义时代。通过政治经济学批判对资本时代展开的分析,马克思对现代的存在论状况和趋势进行了揭示。《资本论》是以政治经济学批判展开的现代性现象学,实际上就是现代性批判的基础存在论。它为我们反思现代文明、探索未来历史开启了存在论的基本思想路线。

二、资本作为现代的存在论范畴

在马克思看来,资本是一个历史范畴;将作为特定时代产物的"资本"夸大为"绝对的永恒",是一种形而上学的抽象。资本有其发生、发展和灭亡的历史。关于资本萌芽和发展的历程,在《德意志意识形态》第一章中,马克思结合所有制形式和社会分工的演变进行了描述,《共产党宣言》也对这一历史进程作了简洁的概括,在《资本论》里则作了系统性的阐述。对于资本的"前史",亦即是资本产生的历史,马克思进行了大量的历史研究,叙述了多种因素的交织影响,甚至谈到了四大发明,谈到了新航线的开辟等等。所有这些阐述,充分揭示了资本作为现代历史建制的"历史性",反对资产阶级经济学家把资本范畴和资本关系看成是永恒的,为资本的存在进行辩护。在马克思看来,现实的历史运动和各种现实的条件产生了现实的生产关系。马克思指出:"人们在自己生活的社会生产中发生一定的、必然的、不以他们的意志为转移的关系,即同他们的物质生产力的一定发展阶段相适合的生产关系。"①资本主义生产关系是历史的产物。作为现代本质范畴的资本,也是既往历史的结果和未来发展的前提。

"商业资本起初只是不受它支配的两极之间、并非由它创造的两个前提之间的中介运动。"②商品交换最初只是一种偶然的形式。只有商品资本化,成为占主导地位的社会关系时,才产生了资本主义。资本主义是商品经济和市场经济极端的、完成了的形式。资本主义生产方式是一种具有独特历史规定性的生产方式。这种生产方式与其他生产方式的区别不

---

① 《马克思恩格斯选集》第 2 卷,北京:人民出版社,1995 年,第 32 页。
② 《马克思恩格斯全集》第 46 卷,北京:人民出版社,2003 年,第 368 页。

在于它生产商品,而在于成为商品是它的产品的占统治地位的、决定的性质。对于生产者来说,生产的目的不在于消费,不在于商品的使用价值,而在于商品的交换价值,在于商品能用于交换。这一点成为生产的绝对动机。正因如此,在资本主义条件下,不仅产品,而且生产产品的一切生产要素——包括劳动力要素都成为商品,商品成为基本的存在方式。资本主义商品生产的独特性在于劳动力的商品化,从而劳动表现为雇佣劳动,资本和雇佣劳动的关系决定着这种生产方式的全部性质。这种劳动方式与封建劳动和奴隶劳动存在着基本差异,表现了历史形态的变迁。可以看出,马克思的资本概念、生产方式概念和生产关系概念等等,都是与社会历史的分析和解剖联系在一起的。经济学研究是历史研究、政治研究展开的方式,它本质上是社会历史的存在论分析,而不是一种狭义的实证经济学。

资本范畴具有的存在论性质在马克思的表述中异常清晰而深刻。马克思说:"但资本不是物,而是一定的、社会的、属于一定历史社会形态的生产关系,后者体现在一个物上,并赋予这个物以独特的社会性质。"[①]也就是说,资本是存在物存在的对象性形式,它使物成为社会存在。说资本不是物,是指作为资本的物并不是物作为物的物性,而是它的非物性、非自在的社会本质。作为物性的物仅只是资本的载体,成为社会性质的媒介。资本作为特定的生产关系,它通过物而存在,在物之中存在。资本作为物特有的社会性质,与其说物取得了社会性,毋宁说资本就是社会存在物本身,就是社会存在物的一种形态,是一种特定的社会关系和特定的存在方式。在资本时代,资本关系不仅是人与人之间,而且是人与物之间、物与物之间的一种存在联系,资本就是普遍的中介形式。

如果说马克思的思想可以称为唯物主义的话,所谓的物只能是这种意义上的社会存在、历史存在,是客观化、对象化的社会存在关系和存在结构,而不是指具有广延性的作为实体的物。作为物质的物只是现实"存在"的前提,而不是现实的社会存在和历史存在本身。现代社会关系的本质中介就是资本。马克思说:"与资本不同,**地产**是还带有**地域的**和政治

---

① 《马克思恩格斯全集》第 46 卷,北京:人民出版社,2003 年,第 922 页。

的偏见的私有财产、资本,是还没有完全摆脱同周围世界的纠结而达到自身的资本,即还没有完成的资本。它必然要在它的**世界发展**过程中达到它的抽象的即**纯粹的**表现。"①马克思还说,工业资本是私有财产的完成了的客观形式,"只有这时私有财产才能完成它对人的统治,并以最普遍的形式成为世界历史性的力量"。② 资本作为私有财产的"抽象"或"纯粹表现",它是私有财产发展的"最后的、最高的阶段",也只是到了这个阶段,私有财产作为外化劳动后果的秘密才暴露出来。

作为没有地缘和政治偏见的资本成为存在普遍的抽象形式,不仅是物作为社会的物的抽象形式,而且是人作为社会的人的普遍抽象形式。资本家和雇用工人不过是资本的人格化:"这种生产方式的主要当事人,资本家和雇佣工人,本身不过是资本和雇佣劳动的体现者,人格化,是由社会生产过程加在个人身上的一定的社会性质,是这些一定的社会生产关系的产物。"③这种"产物"就是社会存在、历史存在。离开资本,就没有这个作为社会存在物的资本家和雇佣工人。在资本形态中,物的占有表现了一种普遍的社会权力,资本就是一种社会权力,是积累起来的劳动对活劳动的支配权。没有这种历史性的支配机制,就没有资本家和雇佣工人。在资本关系中,资本家作为资本存在,工人也是作为资本存在的。在《1844年经济学—哲学手稿》中,马克思深刻地指出:"工人只有当他**对自己**作为资本存在的时候,才作为工人存在;而他只有当某种**资本对他**存在的时候,才作为资本存在。资本的存在是**他的**存在、他的**生活**,资本的存在以一种对他来说无所谓的方式规定他的生活的内容。"④

资本成为现代存在的普遍中介,由此成为存在论分析的基本范畴。资本作为当代社会形态的基本"座架",贯穿于存在的方方面面。它不仅改变了人类社会的存在面貌,而且改变了与人类历史本质相关的自然形态。因此,作为历史范畴的资本,本身就可以标志人类社会的一个历史形态。马克思将"资本"作为划分世界历史形态的核心范畴,不论是三大社

---

① 《马克思恩格斯全集》第3卷,北京:人民出版社,2002年,第288页。
② 同上书,第293页。
③ 《马克思恩格斯全集》第46卷,北京:人民出版社,2003年,第996页。
④ 《马克思恩格斯全集》第3卷,北京:人民出版社,2002年,第281—282页。

会形态理论还是五大社会形态理论,资本都是资本主义时代或者说第二大社会形态的本质规定。所谓以"物的依赖为基础"的第二大社会形态,讲的就是资本作为客观化的了抽象关系的普遍统治。此前的自然经济形态和此后的产品经济形态都在以资本为本质原则的商品经济形态中得到领会和规定。马克思称第二大社会形态是具有关键性地位的"过渡",资本摧毁了一切传统的生产方式和交往方式,同时为未来的人类存在奠定坚实的基础。可以说,如果没有在资本概念下对当今时代基本原则的揭示,我们就无法理解这种"过渡",不能理解历史的历史性。同样,如果没有以时代基本原则为核心的存在论分析,历史也将在混沌的同一或一维的线性观念中失却真正的历史性。

在马克思的范畴里,现代、资产阶级时代、资本主义时代、第二大社会形态、商品经济形态等等本质上是一致的,根本的一点就是"资本"成为时代的原则。① 正如马克思所说:"如果说以资本为基础的生产,一方面创造出普遍的产业劳动,即剩余劳动,创造价值的劳动,那么,另一方面也创造出一个普遍利用自然属性和人的属性的体系,创造出一个普遍有用性的体系,甚至科学也同一切物质的和精神的属性一样,表现为这个普遍有用性体系的体现者,而在这个社会生产和交换的范围之外,再也没有什么东西表现为**自在的更高的东西**,表现为自为的合理的东西。因此,只有资本才创造出资产阶级社会,并创造出社会成员对自然界和社会联系本身的普遍占有。由此产生了资本的伟大的文明作用;它创造了这样一个社会阶段,与这个社会阶段相比,一切以前的社会阶段都只表现为**人类的地方性发展**和**对自然的崇拜**。只有在资本主义制度下自然界才真正是人的对象,真正是有用**物**;它不再被认为是自为的力量;而对自然界的独立规律的理论认识本身不过表现为狡猾,其目的是使自然界(不管是作为消费品,还是作为生产资料)服从于人的需要。资本按照自己的这种趋势,既要克服把自然神化的现象,克服流传下来的、在一定界限内闭关自守地满足于现有需要和重复旧生活方式的状况,又要克服民族界限和民族偏见。

---

① 有的人有意地区分资本主义社会形态和商品经济形态,认为后者的外延更大,包含了现实中实行市场经济的社会主义。这实际上是一种没有意义的、虚假的意识形态。

资本破坏这一切并使之不断革命化,摧毁一切阻碍发展生产力、扩大需要、使生产多样化、利用和交换自然力量和精神力量的限制。"①

在此,马克思以一种宏伟的叙事方式,充分地揭示了资本的历史性及其存在论意义。资本成为现代的基本原则和根本动力,没有什么东西还能超越资本之外成为自在存在,表现为自为的合理的东西。一切存在物都要在资本的法庭面前为自己的存在辩护,毋宁说资本就是存在物一种本质的现身方式、存在方式。因此,当代对个体的人的存在论分析,对社会历史的存在论分析,对自然的存在论分析和对科学技术的存在论分析等等,都必须作为当今时代存在论建制的资本,作为本质性的因素。离开了这一历史的存在论中介,存在论的分析就会失去历史性,变成脱离历史具体的抽象。

以资本主义经济为基础的世界历史时代,作为资本的商品、货币就是世界历史、个体生命和自然的抽象存在;商品、货币统治的全面扩张,就是一种人类存在的普遍抽象化。以抽象劳动为基础的交换价值实现了对存在的同一化过程,不同的存在类型和同一类型的不同个体之间变成了可通约的同一,个体性和差异性覆盖着被本质化了的社会幻相。在这里,我们才真正发现了抽象的同一性与抽象的差异性本身的同一及其存在论真相:资本体现着抽象与具体脱节了的并置,存在形式的丰富性、多样性变成了一种被资本中介的简单杂多。

马克思用"商品拜物教"这一范畴,准确地表达了这一存在论真相。因此,在当今时代,我们只有在资本的结构关系中才能发现存在的对象性形式,以及相应的一切主体性形式的原形。② 正是在这个意义上,所谓现代性和后现代性话语不过是资本历史的文化逻辑,商品拜物教的意识形态本身产生于资本的普遍抽象。所谓的生态危机、全球化、种族文化的冲突等等,本质上是被资本所中介的历史存在论问题,因此只有在对资本的历史现象学分析中才可能得到合理的理解,也只有坚持资本批判的总体性原则,具体的现象才可能得到真正的揭示。

---

① 《马克思恩格斯全集》第30卷,北京:人民出版社,1995年,第389—390页。
② [匈]卢卡奇:《历史与阶级意识》,杜章智等译,北京:商务印书馆,1996年,第143页。

三、资本仍然是当代的本质规定

马克思对资本的批判由于深入其原则内部,从而为现代文明的反思和批判奠定了唯一不可超越的存在论基础。我们只有在这一基础上,而不是远离这一基础,才可能对现代性状况具有深刻的思想洞见。所谓需求的强制、进步的强制、生产的强制,对自然的掠夺、技术的拜物教、虚假的消费等等无不是资本增殖和效率原则强制的当然结果。所谓需求的膨胀、竞争的残酷、情绪的焦虑、生存的厌倦等等,也不过是资本增值和效率原则强制下的现象。

当今所谓后工业社会、后资本主义社会、后现代社会、消费社会、金融资本主义等等,也不过是资本在自身原则之内的嬗变,是资本逐渐脱掉感性的物质外衣变成赤裸裸的抽象,由此资本才可能在全球的上空随意地游走,像一个无处不在的强大幽灵。看看当今世界的悲喜剧,一切也就了然了。海湾战争、苏东巨变、称不上战争的"9·11"事件、伊拉克战争、阿拉伯之春等等,不过是资本拓展过程中展现的经验历史。资本仍然是当今进行存在论分析的基本范畴。因此,淡化资本批判这一本质性因素,就会对我们真正的历史处境失去深刻领会,任何存在论的言说都有重新陷入抽象的、非历史主义的危险;淡化了超越资本这一本质性维度,当今社会中任何激进的话语批判都会无意识地成为现实的共谋,毕竟语言的游戏只能是游戏的语言。

然而有一种观点认为,我们已经走出了马克思所处的社会历史时代,自由资本主义向有组织的资本主义或国家调节的资本主义转变,这使得马克思的历史分析基本失去了解释效力,比如批评马克思将自由资本主义的矛盾和危机夸大为一种普遍,无反思地信仰科学技术的解放作用等等。在此,我们无意于对具体观点指证的准确性进行考察,但可以指出的是:时代的基本原则无疑是历史地生成的,但就它自身的过程来说,是逐步展开的,也就是说,那个真正能作为起点的起点乃是抽象的全体本身,对于这个全体来说,它是先在的、不变的同一"实体",否则它就不可能被标志为一个时代。资本的形态可以变化,但资本本身没有变化。马克思批判现代文明的根本重要性,就在于他抓住了"资本"本身。

政治经济学批判并不是一种学科建制中的实证经济学,而是形而上学终结视域中对现时代的存在论批判。它揭示了资本的基本原则及其限度,由此揭示了现代存在的存在论状况。因为马克思的批判切中的是现代的基本原则,而不是对资本规定的现实社会进行百科全书式的实证主义研究,因此,不触及其内核和基本纲领的证实或证伪,既无增于马克思思想的高度,当然也无损于它的高度。虽然经过一百多年的历史变化,可以毫不含糊地说,对当今世界的存在论分析仍然不可能回避马克思思想,不能回避资本批判和资本超越这一本质的存在论维度。按照詹姆逊的说法,不管你从何处着手,如果你的步骤正确,你终会谈及资本主义。这是来自我们身处的时代,来自这个历史阶段的根本的经济动态。①

马克思思想与当代的本质相关性,并不仅说它是当今时代的纯粹自我意识,它本质地直观到了资本作为时代基本原则这一存在论事实而成为"时代精神的精华",而且说它已经成为我们历史的内在构成要素,并且仍将是"走向未来的通道"。即使我们不谈在马克思主义的名义下各种实践运动对历史的直接影响,至少可以说马克思的资本批判在一定程度上参与了当代资本主义的转型。所谓有组织的资本主义(国家调节的资本主义、福利国家等等)不过是应对资本困境的一种尝试,它突破了资本初期形态的限度,将所谓自由资本主义内含的否定因素展现出来,而不是对资本本身的克服。在这个意义上,马克思对自由资本主义的批判,为整个资本引进了非市场的因素;所谓国家调节也好,福利国家也好,都有对这一因素的接纳。今天看来,国家调节和按劳分配为基础的计划经济不是资本原则的真正扬弃,毋宁说是资本正常运行的一个内在环节。资本主义的转型不是否定而是从否定的方面肯定了马克思资本批判的后果,所以有人声称是马克思拯救了资本主义。

马克思在《哥达纲领批判》中对"计划"作为资本主义原则的揭示,其意义是十分深远的,马克思甚至直接地指出"按劳分配"是资产阶级的原则。事实上,马克思在多部著作中批评的"粗陋的共产主义"就已经揭示

---

① [美]詹姆逊:《晚期资本主义的文化逻辑》,张旭东编,上海:上海三联书店,1997年,第17—18页。

出了一些现实社会主义国家的存在秘密。本质上说,它们并不是资本原则的克服,而是资本原则的极端化。早在《1844年经济学—哲学手稿》中,马克思就深刻地指出,粗陋的共产主义认为,"共同性只是**劳动**的共同性以及由共同的资本——作为普遍的资本家的**共同体**——所支付的**工资**的平等的共同性。关系的两个方面被提高到**想像**的普遍性:**劳动**是为每个人设定的天职,而**资本**是共同体的公认的普遍性和力量",在这种情况下,"私有财产的废除决对不是对私有财产的真正占有","这种共产主义——由于到处否定人的**个性**——只不过是私有财产的彻底表现,私有财产就是这种否定",毋宁说是一种"非自然的单纯倒退",因为它不过是以一种社会的或国家的共同体性质的资本代替了私人资本。①

当然,不管主观上的意愿是什么,面对的具体条件是什么,落后国家"革命"后的实践虽然仅是对现代性的秘密追求,但还是突出了资本原则内部的一个环节。国家干预与市场调节实际上只是资本运行的内在环节,传统社会主义的国家计划不过是将被自由资本主义理论忽视的国家环节突出来罢了。整个资本运行实际上是国家权力与社会调节之间不断往复的辩证循环,因此保护主义与自由放任在民族国家内部和国际之间循环往复。历史上,我们看到的是自由主义——凯恩斯主义——新自由主义——新的国家调节之间的不断往复,国家和市场的力量在不同程度上不断地调整变化。但所有的变化不是超越了资本,而是资本原则的具体展现。单就此点来说,宣布马克思的过时,或者将其作为一种乌托邦来斥责或坚守,本质上都是错失了对马克思思想之历史意义的把握。

第二节 作为资本生产要素的自然

对现代社会的批判和现代危机意识,可以说伴随着现代社会的整个过程。如果说早期受到自然神论的影响,德国浪漫主义对现代社会的批判只是表现了一种恋旧情怀,那么,马克思使问题发生了根本转向,他对

---

① 《马克思恩格斯全集》第3卷,北京:人民出版社,2002年,第295—296页。

现代社会的批判确定了一种明确而坚实的危机概念。此一概念以各种方式影响着理论对现实的反思和批判，从而使危机意识构成现代性意识的一个本质方面，批判本身也就因此成为一种基本的理论姿态。过去人们在从事社会批判的时候，更多的是谈论经济危机、政治危机和意识形态危机，因此，总能直接地从马克思主义那里找到相当可观的理论资源。当今，生态危机已经成为人类生存危机的基本形式，面对这样的生存处境，马克思思想的意义何在呢？马克思的资本批判与生态危机之间能否以及如何可能建立起一种内在的关联？在一些生态中心主义者看来，马克思主义是一种人类中心主义，它非但不是解决生态问题的理论资源，反而是生态主义必须批判的基本思想之一。我们认为，马克思存在论视域的未得呈现，是抽象的"人类中心主义"和"反人类中心主义"争论产生的思想根源。作为现代性存在论批判的资本批判如何理解当今日益严重的生态问题，应该成为后形而上学存在论的基本任务。我们将从三个环节来阐释这一理论任务。首先涉及的是后形而上学思想视域中自然概念的一般存在论性质；然后是现代社会中自然的特殊的对象性存在形式，亦即资本生产对自然的规定；最后是马克思憧憬的人类解放与自然全面复活的内在统一。通过这一阐释，我们试图表明，生态危机产生于自然成为资本生产的质料，资本的中介导致自然的普遍异化。自然异化的实质是：在资本这一对象性形式的强制和逼迫中，人类存在与自然环境之间的对立和紧张。因此，环境危机的解决必须与超越资本走在同一条道路上。

一、自然是一个社会范畴

生态问题涉及马克思的自然概念，乃至整个马克思思想的存在论基础。我们在什么样的意义上理解马克思的哲学，理解马克思的存在概念，就在什么样的意义上获得阐释马克思自然概念的思想基础。我们认为，马克思的存在概念是后形而上学的存在概念，对象性和对象化是存在范畴的基本规定。在历史唯物主义展示的后形而上学存在论视域中，正如卢卡奇所说，"自然是一个社会范畴"。历史唯物主义存在论视域中的自然概念由两个本质的方面构成：自然概念的非本体论性质和以资本为中介的存在论分析。

在这里,我们只能限于存在论阐释这一基本的立场就这两个方面展开分析。这一分析本身就是后形而上学存在论的必然内容,而不能理解为后形而上学存在论的应用性延伸。因此,我们总会不自觉地回复到前面已经阐释过的非本体论性质的相关表述中。倒是在这两个方面的内部之间存在着某种逻辑上的延伸性质,因为只有立足于非本体论的对象性自然概念,以资本为中介的自然概念的存在论分析才是可能的。同样,在现代,如果对自然概念的存在论阐释没有资本这一本质的中介,自然存在的对象性就还是抽象的,没有获得历史性的规定,因此不能充分显现它的非本体论性质。当然,不能说马克思先确立了一种非本体论的自然概念,然后再逻辑地推导出以资本为中介的自然概念及其存在分析。就马克思思想演进的过程来看,两者实际上是相互交织的同一过程。

关于马克思自然概念的非本体论性质,在阐释马克思思想的后形而上学性质时已经本质地触及了,我们还着重对施密特的《马克思的自然概念》一书进行了仔细的批判性讨论。马克思在对象性活动中理解自然,将自然看作一个"社会范畴",看作历史的产物。马克思经常谈到"自然的人的本质"和"人的自然的本质",把两者看成是历史实践中的统一,尖锐批判将人与自然的抽象分离作为理论的出发点。马克思指出:"任何历史记载都应当从这些自然基础以及它们在历史进程中由于人们的活动而发生的变更出发。"[1]单纯从一种外在的、先在的自然本身出发不可能揭示历史的真理,因为这样的自然只是抽象的观念,是物质的"唯灵论存在",并不是真正现实的"人类学的自然界"。在《1844年经济学—哲学手稿》中马克思就深刻地指出:"如果把工业看成人的**本质力量**的**公开的**展示,那么自然界的**人的**本质,或者人的**自然的**本质,也就可以理解了;因此,自然科学将失去它的抽象物质的方向或者不如说是唯心主义的方向,并且将成为**人的**科学的基础,正像它现在已经——尽管以异化的形式——成了真正人的生活的基础一样;说生活还有**别的**什么基础,**科学**还有别的什么基础——这根本就是谎言。在人类历史中即在人类社会的形成过程中生成的自然界,是人的**现实的**自然界;因此,通过工业——尽管以**异化**的形

---

[1] 《马克思恩格斯选集》第1卷,北京:人民出版社,1995年,第67页。

式——形成的自然界,是真正的、**人本学的**自然界。"①

正是在这部重要的著作中,马克思将自然比作与人本质直接相关的"人的无机的身体",为一种对象性的、非本体论的自然概念奠定了基础。马克思说:"从理论领域来说,植物、动物、石头、空气和光等等,一方面作为自然科学的对象,一方面作为艺术的对象,都是人的意识的一部分,是人的精神的无机界,是人必须事先进行加工以便享用和消化的精神食粮;同样,从实践领域来说,这些东西也是人的生活和人的活动的一部分。人在肉体上只有靠这些自然产品才能生活,不管这些产品是以食物、燃料、衣着的形式还是以住房等等的形式表现出来。在实践上,人的普遍性正是表现为这样的普遍性,它把整个自然界——首先作为人的直接的生活资料,其次作为人的生命活动的对象(材料)和工具——变成人的**无机的身体**。自然界,就它自身不是人的身体而言,是人的**无机的**身体。人靠自然界**生活**。这就是说,自然界是人为了不致死亡而必须与之处于持续不断的交互作用过程的、人的**身体**。所谓人的肉体生活和精神生活同自然界相联系,不外是说自然界同自身相联系,因为人是自然界的一部分。"②

人只能在实践的对象化活动中形成人化的自然,并且只能以此为基础形成对象性的自然概念。这意味着是以自然为中心,还是以人类为中心,只不过是人还是自然成为绝对。这种提问方式只是观念上的抽象,而不是真实的存在关系和存在状态。有一些生态主义的思想家批判了这种抽象,继承马克思对象性的自然概念,将生态理论建构在马克思思想的基础之上。克里斯·科莫在《女权主义和生态共同体》中说:"如果没有其他人的、生态系统的、生物种类的'自我实现',人们就不可能'自我实现',在一个生命共同体中没有一个东西能够凭它自己'自我实现'。从共同体中被抽取出来就是破坏了为各种生命提供意义、实质和物质资料的关系和环境。"③这里要表达的就是存在的对象性、多元差异中的相互关联,而不是抽象的实体主义。马克思指出,作为人的对象性的存在,自然不仅通过

---

① 《马克思恩格斯全集》第3卷,北京:人民出版社,2002年,第307页。
② 《马克思恩格斯全集》第3卷,,北京:人民出版社,2002年,第272页。
③ [美]温迪·林恩·李:《马克思》,陈文庆译,北京:中华书局,2014年,第139—140页。

意识而且通过直接的实践活动成为"人的无机的身体",同人的肉体生活和精神生活相联系。人与自然的存在论关系是多方面的,马克思的自然概念并不是单纯地从属于物质性活动的劳动或生产范式,好像他的自然或物质概念就是生产资料、劳动对象,这就根本失去了诗意的光辉。

在马克思看来,人本身并不是脱离于自然之外的抽象存在物,而是自然的存在。人与自然的分离只是概念中的反思中的必要抽象。但是,本体论的思维却把这种方法论上的抽象范畴等同于实际的存在,由此才产生了"先在性"和"外在性"的本体论论证问题。抽象只要不是在本体论的意义上理解,在认识上当然是必要的。认识不可能没有抽象,语言本身就是抽象的。以语言的抽象性和有限性来论证自然的不可知性和神秘性是错误的,其潜在的前提本身还是抽象主义,要求主客体的绝对同一。马克思在实践的关联中谈论人与自然之间的对立和同一,真正贯穿着主体与客体之间的存在辩证法。马克思说:"人自身作为一种自然力,与自然物质相对立。为了在对自身生活有用的形式上占有自然物质,人就使他身上的自然力——臂膀和腿、头和手运动起来,当他通过这种运动作用于他身外的自然并改变自然时,也就同时改变了他自身的自然。"[①]这也就是马克思所说的环境改变与人的活动的一致,只能是变革现实的实践。只有在这个意义上,我们才能理解马克思说的历史本身不过是自然的即自然界成为人这一过程的现实部分。

马克思在《资本论》中说过,劳动"是制造使用价值的有目的的活动,是为了人类的需要而对自然物的占有,是人和自然之间的物质变换的一般条件,是人类生活的永恒的自然条件,因此,它不以人类生活的任何形式为转移,倒不如说,它为人类生活的一切社会形式所共有。"[②]只要人存在,自然永远是人类的对象性的存在,人始终要生活在与自然的这种对象性的关系中,自然史和人类史就通过人的劳动和实践相互作用,因而相互构成。"像野蛮人为了满足自己的需要,为了维持和再生产自己的生命,必须与自然搏斗一样,文明人也必须这样做;而且在一切社会形式中,在

---

① 《马克思恩格斯全集》第44卷,北京:人民出版社,2001年,第208页。
② 同上。

一切可能的生产方式中,他都必须这样做。"①抽象地反对人类中心主义是没有意义的,人与自然的物质交换可以说是一种"天然的必然性",我们只能在具体的社会生产形态中来阐释和分析人与自然关系的状况。因为问题不在于人始终要利用自然来满足自己的需要,而在于如何利用自然来满足这些需要,在于起到中介作用的社会历史形式。

马克思曾经对空洞地谈论自然神性的浪漫主义伤感情调进行过尖锐而幽默的批判。今天,这种伤感主义的情调随着环境危机的加重到处流行。在我国,有人甚至重新搬出敬畏自然的"天人合一"传统。如马克思所说,这不过是"笨拙的农村田园诗歌",这样的诗的时代已经过去了。②只要人类存在,就必然要与自然发生物质和能量的交换,这一存在论事实决定了自然存在受人类实践的中介,自然状况本质上体现了人类的存在状况。如果抽象地将自然奉为神灵和绝对,就会得出消极的悲观主义或激进的"反人类中心主义"的立场。相反,在这种交换关系中,如果夸大人类的作用和地位,就会产生片面的乐观主义或"人类中心主义"。

马克思反对任何一种抽象的理解。历史唯物主义总是在具体的历史关系中,从而在特定的生产方式和社会形态中分析自然的存在,分析自然的对象性存在形式,自然被说成是工业和历史的产物。在现代,资本成为本质的范畴,自然范畴只有在作为现代历史基本存在论建制的资本范畴中才能得到深刻的理解。日益凸显的生态环境问题离开资本批判范式就不可能得到真正揭示,批判的话语最多不过是倡导一种应然的环境意识。

二、资本规定中的自然异化

异化是马克思对现代性存在状况的基本判断。早年的劳动异化主题后来在政治经济学批判的视域中以剥削压迫和强制性分工等范畴得到进一步展开。然而,人们在理解马克思异化概念时往往存在着几个割裂:一

---

① 《马克思恩格斯全集》第 46 卷,北京:人民出版社,2003 年,第 928 页。
② 道梅尔在《新时代的宗教,创立综合格言的尝试》中说:"**自然**和**女人**不同于**人类**和**男人**,前者是真正神圣的……人类为了自然而自我牺牲,男人为了女人而自我牺牲乃是真正的、唯一真实的温顺和克己,是最高的、甚至是唯一的美德和笃敬。"马克思和恩格斯指出,这是一种比基督教还要反动的"自然宗教",求救于自然不过是"笨拙的农村田园诗歌"(见《马克思恩格斯全集》第 7 卷,北京:人民出版社,1959 年,第 240 页)。

个是割裂劳动异化批判与资本批判之间的关系,看不到资本主义生产方式只是现代异化劳动的客观方面,是现代劳动的客观化关系和客观化结构;另一个是割裂人的异化与自然异化之间的关系,忽视人的存在异化是通过人与自然关系的异化方式实现的。正因为这样,从理论和实践上就忽视了资本批判和环境问题之间的存在论关联,抽象地要求形成生态伦理的观念、生态中心的观念,将一个严重的存在论问题仅仅变成了观念论内部价值观念的变革问题。

在《德意志意识形态》中,马克思说:"私有财产不仅夺去人的个性,而且夺去物的个性。土地与地租没有任何共同之处,机器与利润没有共同之处。对于土地占有者来说,土地只有地租的意义,他把他的土地出租,并收取租金;土地可以失去这一特性,但并不失去它的任何内部固有的特性,不失去例如任何一点肥力;这一特性的程度以至它的存在,都取决于社会关系,而这些社会关系都是不依赖于个别土地占有者的作用而产生和消灭的,机器也是如此。"[①] 马克思这里以土地和地租说明的物的异化思想,具有深刻的意义。它表明了,物的现实存在形式是以社会历史关系为本质规定的。异化的社会关系意味着自然以一种异化的形式向人们呈现。而异化的社会关系并不是个人能够改变的,它是一种客观化的社会历史状态和现实力量。我们不能离开社会历史关系抽象地讨论物的存在,当然也不能离开人与物的关系来抽象地讨论人与人之间的异化关系。这两者本质上是同一过程。

作为资本主义私有制的根本范畴,资本本质上是一种社会权力,是通过对物的占有来占有他人劳动的社会权力。在这种关系中,人占有他人的劳动是通过占有作为资源、能源的自然等方式进行的。因此,资本主义使人的存在发生异化的时候,人与自然之间也就处于一种异化的关系中。自然在资本关系中只是作为有用性的生产要素被占有、被掠夺、被交易,自然仅仅成了"劳动的资料库"。人与自然之间的全面关系和自发的统一被打破了,自然要通过商品资本的中介,才成为我的存在要素,成为我的无机身体。这里已经不存在自然的统一性。对这种自然的异化,马克思

---

① 《马克思恩格斯全集》第3卷.北京:人民出版社,1960年,第254页。

有深刻的揭示,他说:"异化劳动使人自己的身体,同样使在他之外的自然界,使他的精神本质,他的人的本质同人相异化。"①如果说在马克思的时代,经济剥削和经济压迫以一种赤裸裸的方式实现,因此自然的异化只是在人的异化中被顺带地讨论,而没有被突出为基本主题的话,那么,在今天,在资本主义生产对自然的全面掠夺和全面占有,人类能否继续存在都成为问题的情况下,突出马克思自然异化的主题并将这种自然异化的批判和资本批判联系起来,就具有重要的现实意义。

然而,一般谈到马克思的异化范畴时,人们往往只注意从劳动异化概念理解人与人之间的异化,即人的异化,而没有重视自然异化,更没有注意到自然异化与人的存在异化之间的内在统一。其实,马克思在《1844年经济学—哲学手稿》中谈到资本主义条件下的异化关系时,清晰地阐释了这一点。在现代资本主义的异化关系中,人与自然之间不再是一种全面的、丰富的关系,而变成一种单纯的工具性关系、效用关系,自然因此也就失去它的神秘性。关于这种占有和宰制自然的异化关系,法兰克福学派的霍克海默和阿多诺在《启蒙辩证法》一书中有十分精彩的论述,他们说:"神话变成了启蒙,自然则变成了纯粹的客观性。人类为其权力的膨胀付出了他们在行使权力过程中不断异化的代价。启蒙对待万物,就像独裁者对待人。独裁者了解这些人,因此他才能操纵他们;而科学家熟悉万物,因此他才能制造万物。于是,万物便顺从科学家的意志。"②法兰克福学派的另一个代表人物马尔库塞在论及马克思的《1844年经济学—哲学手稿》时也说:"人所遇到的自然界是为社会所改造过的自然,是服从于一种特殊的合理性的,这种合理性越来越变成技术的、作为工具的合理性,并且服从资本主义的要求。"③对于自然在现代的异化,可以说,法兰克福学派的工具理性批判达到了真正思想的高度。霍克海默和阿多诺等人将自然的异化放在启蒙的工具理性框架中进行批判,奠定了现代理性

---

① 《马克思恩格斯全集》第3卷,北京:人民出版社,2002年,第274页。
② [德]霍克海默、阿多诺:《启蒙辩证法》,渠敬东、曹卫东译,上海:上海人民出版社,2003年,第7页。
③ 《西方学者论〈1844年经济学—哲学手稿〉》,复旦大学哲学系现代西方哲学研究室编译,上海:复旦大学出版社,1983年,第145页。

主义和主体主义批判的基础。

不过,法兰克福学派的批判与马克思存在论视域中的批判又存在基本差异。在历史唯物主义这里,具有本质重要性的是:在资本主义生产方式中揭示自然的异化,探讨自然异化的社会历史基础。自然异化不是理性异化的结果,而是根源于资本主义带来的社会历史的根本变迁。资本生产是自然现代异化的存在论基础。理性的工具理性化是资本原则本身的要求,而不是理性本身发展的结果。在此也可以看到马克思和黑格尔在异化概念上的区别,他讲的根本不是理念的对象化和外化,而是一种现实的存在状态和存在过程。马克思的批判是一种以资本为中介的存在论批判,这一批判为资本主义条件下生态环境问题的探索奠定了历史唯物主义的基础。

在资本主义生产的推动下,现代自然科学和工业的巨大发展大大地改变了自然面貌,同时改变了人们对待自然的态度。马克思始终不忘现代生产中资本对自然进行的抽象。马克思说:"现代自然科学和现代工业一起变革了整个自然界,结束了人们对于自然界的幼稚态度和其他的幼稚行为。"[①]但是,面对这种状况,我们不可能回到保守的浪漫主义。马克思在《1857—1858年经济学手稿》中对资本的普遍抽象有精彩的论述,其核心观念是自然被纳入资本主义生产体系并且以一种新的对象性方式存在。马克思说:"如果说以资本为基础的生产,一方面创造出普遍的产业劳动,即剩余劳动,创造价值的劳动,那么,另一方面也创造出一个普遍利用自然属性和人的属性的体系,创造出一个普遍有用性的体系,甚至科学也同一切物质的和精神的属性一样,表现为这个普遍有用性体系的体现者,而在这个社会生产和交换的范围之外,再也没有什么东西表现为**自在的更高的**东西,表现为自为的合理的东西。因此,只有资本才创造出资产阶级社会,并创造出社会成员对自然界和社会联系本身的普遍占有。……只有在资本主义制度下自然界才真正是人的对象,真正是有用**物**;它不再被认为是自为的力量;而对自然界的独立规律的理论认识本身不过表现为狡猾,其目的是使自然界(不管是作为消费品,还是作为生产资料)服从

---

① 《马克思恩格斯全集》第7卷,北京:人民出版社,1959年,第241页。

于人的需要。"①

随着资本主义确立了普遍的有用性体系,自然不再表现为人们崇拜的对象,而是和其他的一切存在物一样被纳入生产和交换关系之中,成为资本造就的普遍性有用体系的一部分,自然真正失去了它的"感性的光辉"。在这种普遍的有用性体系中,自然被理解为有用物,并且首先和主要被理解为经济上的有用物,而"不再被认为是自为的力量"。自然只是作为生产要素存在,就像在同样的前提下,工人只被作为生产的要素存在一样。自然与工人只有同时才能同样地从属于资本逻辑,成为资本生产的要素。资本对人的存在抽象同它对自然物的抽象是互为前提的。只要攫取剩余价值和追求资本的效益最大化还是时代的基本原则,一切都变成了交换中的价值和交换价值,自然就只能是被攫取和掠夺的对象。

在这样的存在处境中,面对当代的环境问题,必须重视资本批判,揭示生态危机与资本主义生产之间的内在关联,而不是像一些人那样试图以生态危机取代马克思的资本危机,从观念上去寻找问题的根源和解决问题的根本出路。在一定程度上,我们同意柯克的见解:"需要理解和挑战环境破坏的根源:建立于高度军事化和资本主义经济之上的工业化国家的优越性、价值观念和生活标准已经不可持续了。一个唯物主义的框架将经济的和政治的制度看作生态上不明智的投资的作孽者。它让人看到跨越种族、阶级和民族界限的全球联系,并建立一个跨越这些不同界限的联盟。"②

不过需要强调的是,这种所谓的"跨种族、阶级和民族界限的全球联系",只是意味着这一问题的广泛性和重要性,它牵涉的是整个人类的存在问题。然而,问题的分析和处理不能忽视此种联系中的阶级、民族等等范畴,如果忽视各个阶级、民族在全球环境问题中的不同利益、地位的具体分析,此种联盟就会具有空想的性质,就像"环境的破坏者和破坏者是我们人类"诸如此类的说法只是一般抽象一样,只能作为教育小学生的启蒙观念。

---

① 《马克思恩格斯全集》第30卷,北京:人民出版社,1995年,第389页。
② [美]温迪·林恩·李:《马克思》,陈文庆译,北京:中华书局,2014年,第141页。

三、自然界的真正复活

在历史唯物主义这里,自然和人统一于能动的实践,自然的异化和人的异化因此本质上是同一过程的不同方面。马克思说:"社会是人同自然界的完成了的本质的统一,是自然界的真正复活,是人的实现了的自然主义和自然界的实现了的人道主义。"①人类的解放与自然在人类解放中的全面复活是同一过程。人类解放作为劳动解放,要求从资本主义的生产方式中解放出来,实现人的全面自由发展,未来的社会将是自由人的联合体。因此,人与自然之间的关系就不再是通过资本占有的异化关系,自然将直接成为人的生存的无机身体。当然,随着人的道德的、美学的"感觉"的复活和升华,人与自然之间也不再是一种单纯的有用性关系,而是一种和谐的丰富性,自然也在这种丰富的对象性关系中"真正复活"。

这当然不是说人与自然达到了绝对的"合一",不再存在矛盾和冲突,而是说人与自然之间的关系不再通过资本的中介,因此变成一种"自然"的关系。即使在未来可能想象的自由王国中,仍然存在自然的必然性问题。人类自由不是在自然必然性终结之后才到来,而是在自然的必然性之中。因此,在《资本论》第三卷的最后一节,马克思强调在未来的社会中,"社会化的人,联合起来的生产者,将合理地调节他们和自然之间的物质变换,把它置于他们的共同控制之下,而不让它作为一种盲目的力量来统治自己。"②有人将马克思的"自然的真正复活"看成是"自然的乌托邦",实际上是没有真正理解马克思的思想。马克思的这个概念如果与资本批判逻辑联系起来,他讲的仅是解除资本关系对自然的规定和中介,而不是人与自然之间的抽象同一。历史唯物主义对我们的启示恰恰就在于这种对历史性的强调,在于以资本批判为核心,为我们对人与自然关系的阐释和改变奠定了存在论的基础。

现在,我们也或多或少地看到了各国政府、甚至一些企业在采取种种措施防止环境的污染,维护生态的平衡。但环境恶化却在进一步加重,此

---

① 《马克思恩格斯全集》第3卷,北京:人民出版社,2002年,第301页。
② 《马克思恩格斯全集》第46卷,北京:人民出版社,2003年,第928页。

种处境令人担忧。问题的要害在于,这样的一些解决方式完全还在资本运行的框架之下,遵循着投入与产出的逻辑,将环境问题作为资本运行的附属工程来对待,而没有真正立足于人类存在论的高度。这当然不是说在资本主义终结之前,任何保护环境的做法均无意义,也不是说历史唯物主义的资本批判能够和盘托出解决生态问题的具体方案和策略。也许正好相反,马克思思想的原则性和方向性面对具体的历史处境却可能显得不"实用",而一些实用的措施却不在马克思指明的思想方向上。

当然,我们也还是看到一些理论家充分地领会到了马克思思想对于研究生态问题的重要意义。他们指出,马克思思想提供了历史唯物主义的基本原则,应该遵循这些原则来研究人类社会与自然环境的相互作用。与脱离当代资本原则来讨论环境和生态问题的思想家相反,一些马克思主义理论家十分注重将生态问题同历史唯物主义、同资本批判紧密地联系起来,指出资本主义生产方式才是产生当代生态问题的根本原因,因此不能离开社会制度和社会生产方式抽象地谈论生态环境的破坏。① 资本导致了自然异化,自然的全面复活也要在超越资本的道路上才可能实现。美国的前共产党书记霍尔指出,科学技术本身也能成为保护环境的重要力量和积极因素,问题在于在垄断资本主义占统治地位的时候,并不能做到这一点。② 在谈到环境资源与人口关系的时候,美国的马克思主义哲学家帕森斯认为,生态问题的产生与资本主义的阶级剥削之间具有本质的联系,真正解决生态危机的出路是社会主义。他说:"我们把'人口—资源'的问题看成是因统治阶级的罪过而产生的、由工人阶级加以解决的阶级问题。这种激进的分析要求激进的解决方法。社会主义就是解决方法,并且越快解决越好。"③ 援引这些马克思主义者的论述,是要表明一种解决生态危机的可能道路。你也许不一定认同共产主义,或者某些实践的社会主义,但你完全可以在生态危机的分析和解决必然与资本批判相

---

① 关于这方面的材料和具体讨论,可见陈学明教授的《谁是罪魁祸首》一书(北京:人民出版社,2012 年)。
② [美]霍尔:《生态危机的阶级方面》,载于《和平与社会主义问题》,1972 年第 8 期。
③ [美]帕森斯:《马尔萨斯主义和社会主义》,载于《革命世界》1977 年第 21,22 卷,第 98 页。转引自斯里夫钦科主编的《当代国外马克思列宁主义哲学》一书,该书由中共中央编译局研究室译,1986 年出版。

关这一层面来理解这些命题。

从资本主义生产中获得解放,是人类解放和自然解放同步的统一过程。马克思关于人类解放和自然解放及其相互关系的思想,今天仍然是我们可能提出的最为彻底的解放理论。人类与自然的存在论关联,意味着人是自然中生成的人,自然是实践中生成的自然,彻底的解放只能是自然和人类的同时解放。所以,马克思才说,未来共产主义是"人的实现了的自然主义和自然界的实现了的人道主义"。在此,我们不得不提到,卢卡奇在《历史与阶级意识》一书中天才般地洞见了马克思这一思想的精髓。卢卡奇谈到第三种自然概念时说:"这时自然就意味着真正的人的存在,意味着人的真正的、摆脱了社会的错误的令人机械化的形式的本质:人作为自身完美的总体,他内在地克服了或正在克服着理论与实践、理性与感性、形式与内容的分裂;对他来说,他要赋予自己以形式,这种倾向并不意味着是一种抽象的、把具体内容扔在一边的理性;对他来说,自由和必然是同一的。"①

第三节　资本作为科技的座架

在现代思想的开端处,培根提出了"知识就是力量"。这一命题宣告了求知的科学将在实用的技术中找到自己的最终归属。在汉语中,科学和技术甚至合成了"科技"一词。科学在作为其后果的技术中被规定,技术成了科学的本质。在现代,求知的科学本身为什么会失去它拥有的自足性而下降为技术的一个环节呢?这一现代现象的存在论基础是什么?它可以被看成是人类知识和观念自我演进的历史后果吗?海德格尔曾经在《论技术的本质》一书中,用"座架"概念来阐释技术的本质。技术何以在现代会成为"座架",成为一种"摆置"和"逼促"的力量,甚至科学也在这种逼促中?科学技术的加速发展及两者的内在统一,是人类文明进入现代之后的一个显著特征;它极大地改变了人类历史的根本面貌,并且日益

---

① [匈]卢卡奇:《历史与阶级意识》,杜章智等译,北京:商务印书馆,1996年,第211页。

改变着人们对于存在世界及其意义的理解。在这个意义上，科技革命本质上是一场深刻的存在论革命。现代是资本的时代，这一革命的存在论基础是资本统治的确立。在资本的规定中，我们才能揭示现代科技发展和科技异化的历史存在论基础。我们认为，资本才是现代科技的"座架"，技术对于科学的逼促乃是因为资本的规定。

一、科技属人的存在论本质

真正意义上的知识体系分化是近代的产物，这一分化逐渐确立了事实与价值之间的二元论划分，经验性的自然科学和解释性的精神科学由此成为知识的两大门类。我们这里的科学仅是指自然科学，即海德格尔所说的"关于现代事物的理论"。在现代，实证、实验的自然科学取得了本质性的地位，它规定了对于科学的普遍理解。精神的事业大体已经不被视为一种科学了，变成了没有科学性的人言人殊的想法。除了实证实用的科学，其他的知识都成了无用的闲谈。我们看看大学中人文科学的冷清就可见一斑。不唯如此，甚至大学的本质也不再像洪堡认为的那样是"完美人性"的培养，而成了技能培训。思想家们指责实证科学不能通达而且是错失了存在的真理，实证化和实用化的要求从根本上败坏了思想。今天，科学的实证化规定了按照物性的逻辑来理解世界这样一种现代意识，超越物性和实存的意义世界不是被排斥在科学研究的范围之外，就是被按照物性的实证逻辑来研究。真正来说，科技的本质及其职能恰好不能通过科学本身的方式加以揭示。

科技作为一种人类社会现象、历史现象，表明了人类存在方式的独特性。科技的加速发展表明了人类本质力量的增强，根本地改变着人与世界的存在状态和存在关系。科学技术具有一种属人的存在论本质。一方面，只有在存在论的高度上，才能揭示科技的本质；另一方面，只有对于科技的存在论本质具有深刻的揭示，存在论的分析才能更加丰富和具体。前面对于人与自然关系的存在论分析，还只是在一般的存在论意义和资本中介的现实意义中展开的。在这种展开中，科技还没有作为相对独立的对象化力量被阐释为重要的中介因素，因此，人与自然之间的关系就还缺少生产力这一环节，还只是在生产关系的层面展开。对科技的讨论要走出科技决定论、科技中性论、科技原罪论等等通常的见解并有所深化，就应该更加深入地领会科技的属人的存在论本质。科技乃是人与自然实践关联中生产力意义上的中介环节。

马克思在《1844 年经济学—哲学手稿》中有一段精彩的论述，可以为我们在存在论的意义上领会科技的本质奠定基础。马克思说："自然科学却通过工业日益在实践上进入人的生活，改造人的生活，并为人的解放作准备，尽管它不得不直接地使非人化充分发展。**工业**是自然界对人，因而也是自然科学对人的**现实的**历史关系。因此，如果把工业看成人的**本质力量**的**公开的**展示，那么自然界的**人的**本质，或者人的**自然的**本质，也就可以理解了。因此，自然科学将失去它抽象物质的或者不如说是唯心主义的方向，并且将成为人的科学的基础，正像它现在已经——尽管以异化的形式——成了真正人的生活的基础一样；说生活还有**别的**什么基础，**科学**还有别的什么基础——这根本就是谎言。"[①]

我们前面指出，马克思的存在论视域本质上是实践性和历史性核心地位的确立。对象性思想使得其存在论具有非本体论的后形而上学性质，而对象化思想具有一般后形而上学思想所不具备的独特实践意识。实践思维中介的对象化的对象性，是历史唯物主义存在范畴的本质规定。然而，对象化和对象性如果不流于概念的抽象，就应该获得具体的历史内涵。在马克思那里，现实的物质生产活动，即劳动是实践的基本形式，因为它实现着人与自然之间的物质和能量的交换关系，维持生命的存在和发展。因此，作为劳动中属人的方面，科学技术获得了本质的重要性，它不再是一个单纯作为手段的工具性概念，而获得了一种基本的存在论性质。马克思是从人的"本质力量"，从存在论规定和存在论关系来揭示技术的本质的。这一定向首先就将"科技"从单纯的功能性工具主义解释中解放出来了。

单纯把技术看作人与自然之间的工具性关系，把自然科学看作关于抽象的物质的科学，事实上是将它们同人的生活基础分离开来了。这样既不能解释科技产生的生活基础，也不能解释科技的存在论意义。用马

---

① 《马克思恩格斯全集》第 3 卷，北京：人民出版社，2002 年出，第 307 页。

克思的话说,这是一种揭示自然科学的"抽象物质的方向"或者不如说是"唯心主义的方向",它没有在人与自然的存在论关联中理解科学技术的本质及其意义。只是就科学本身来看待科学,好像科学有它自己独立的甚至是先验的基础,生活有它自己的基础,马克思认为,这是一个"谎言"。在这个谎言中,"自然的人的本质"和"人的自然本质"都得不到合理的理解。生活实践才是产生并规定科技本质的现实土壤。马克思说:"历史本身是**自然史**的即自然界生成为人这一过程的一个**现实**部分。自然科学往后将包括关于人的科学,正像关于人的科学包括自然科学一样:这将是一门科学。"马克思还说,"自然界的**社会的**现实和**人的**自然科学或关于人的**自然科学**,是同一个说法。"①这里马克思强调了自然科学作为人与自然之间的中介所具有的属人的本质。离开了人类存在本身来谈论自然科学,实际上是一种抽象的唯物主义。

没有对于历史唯物主义基本的存在论领会,势必误会马克思的这一系列说法。甚至会认为,马克思只在劳动的工具性活动,从而只在自然科学技术的中介关系中理解人与自然的关系,甚至是人与人之间的关系,从而得出技术决定论的结论。好像人类的进步仅仅取决于技术的进步,而技术的进步取决于关于自然的科学知识的发展,社会科学尤其是人文科学被贬到不值一提的地位,而且让位于实证的自然科学。这种误解不止一次地发生过。事实上,马克思总是结合特定的社会历史条件和现实关系,对科学技术的特点、功能进行具体的分析,并且将这种分析看作是对自然、对人的存在状况的分析。科技本身是属人的力量,它受到社会历史条件的中介。离开了这些社会历史条件,抽象地讨论科技的本质和职能,只能得到一般的抽象结论。马克思不是停留在这种一般上。出于对资本主义的批判,马克思认为,现代科技只是"为人的解放作准备",而且还"不得不直接地完成非人化"。

马克思在批评费尔巴哈的自然科学观念时,曾经指出:"费尔巴哈特别谈到自然科学的直观,提到一些只有物理学家和化学家的眼睛才能识破的秘密,但是如果没有工业和商业,哪里会有自然科学呢?甚至这个

---

① 《马克思恩格斯全集》第3卷,北京:人民出版社,2002年,第308页。

'纯粹的'自然科学也只是由于商业和工业，由于人们的感性活动才达到自己的目的和获得自己的材料的。"①马克思不是从一种纯粹的理论直观来理解自然科学，将科学与工业、商业联系起来、与人类现实的实践活动联系起来进行分析。科学不是对自然的直观，不仅它的方式，而且它的对象和目的都是历史的产物。正是在这个意义上，葛兰西的如下说法真正体现了马克思思想的精髓。葛兰西在《狱中札记》中说："物质本身并不是我们的主题，成为主题的是如何为了生产而把物质社会地历史地组织起来，而自然科学则应相应地被看作本质上是一个历史范畴，一种人类关系。"②人与自然之间的认识关系不仅受到人与自然之间对象化的实践关系的影响，而且本质上受到人与人之间的历史性的实践关系的影响，它本质上是属人的力量。

这里讲的属人不是一般意义上的归人所有，而是讲它的存在论本质，科技乃是人在世的一种方式。科技并不是人的现实生活之外产生的统治人的现实的力量，它要受到各种现实生活条件的影响。以实践中介的构成性观点来看科技，科技恐惧症和盲目的乐观主义都将被看成一种主观态度。不能离开现实的"感性活动"和感性条件来抽象地谈论科学的本质、意义和功能等等，这是马克思科技观的基本立场。由于资本成为现代社会的基本存在论建制，科技通过"资本"中介获得了它的基本规定，也就是马克思所说的自然科学以"异化的形式"成了真正人的生活的基础。科技批判必须立足于资本批判的基础之上。资本中介性的引入，才能使科技批判具有真正的历史性。没有这一现代本质性中介的分析，科技的存在论规定还是抽象的原则；同样的，资本范畴不贯穿到对科技的分析之中，资本作为现代的存在论范畴就还缺少必要的具体性。

二、资本对科技的普遍规定

前面我们说过，海德格尔从近代自然科学自身的变化阐释现代"理论"的本质，认为这一过程奠基于开普勒的《宇宙论》、伽利略的《物理学》

---

① 《马克思恩格斯选集》第1卷，北京：人民出版社，1995年，第77页。
② ［意］葛兰西：《狱中札记》，曹雷雨等译，北京：中国社会科学出版社，2000年，第384页。

和牛顿的《原理》,最终产生了一种新的存在领会,这就是马克斯·普朗克关于存在的论题:"现实的东西就是可以计量的东西。"海德格尔对现代科技存在论基础的揭示鞭辟入里,现代科技就是以可计量性基础上的可订造性来对待和造就"存在"。不过,这种"可计量性"和"可订造性"产生的历史和时代基础却不是知识学的建制和存在观念本身的改变。观念的变革在社会历史的变迁中有其根据。在这个意义上,海德格尔对于现代科技本质的揭示只是追溯到了观念的本源,而没有触及这种观念产生的社会历史基础。

相对于海德格尔,卢卡奇在《历史与阶级意识》中结合资本主义生产方式,结合劳动抽象产生的物化现象对于可计算性的批判和揭示,更直接地深入到存在历史的维度中。卢卡奇的阐释真正地走进了历史唯物主义。在历史唯物主义的思想视域中,观念的变革本质地联系着现实生活的生产过程。科学技术的发展并不单纯是人类认识的结果,而是根源于生产的需要和生产的发展。恩格斯指出:"如果说,在中世纪的黑夜之后,科学以意想不到的力量一下子重新兴起,并且以神奇的速度生长起来,那么,我们要再次把这个奇迹归功于生产。第一,从十字军远征以来,工业有了巨大的发展,并展示出力学上的(纺织、钟表制造、磨坊)、化学上的(染色、冶金、酿酒)以及物理学上的(眼镜)许多新的事实,这些事实不但提供了大量可供观察的材料,而且自身也提供了和以往完全不同的实验手段,并使新的工具的设计成为可能。可以说,真正有系统的实验科学这时才成为可能。"①

近代资本主义生产方式的发展,为科技的发展提供了强大的动力:"自然科学本身〔自然科学是一切知识的基础〕的发展,也像与生产过程有关的一切知识的发展一样,它本身仍然是在资本主义生产的基础上进行的,这种资本主义生产第一次在相当大的程度上为自然科学创造了进行研究、观察、实验的物质手段。"②正是在资本主义生产方式的推动下,科学迅速地发展起来,科学和技术的结合成为现代的基本现象。恩格斯在

---

① 《马克思恩格斯选集》第4卷,北京:人民出版社,1995年,第280页。
② 《马克思恩格斯文集》第8卷,北京:人民出版社,2009年,第358—359页。

他早年的论文《英国状况:十八世纪》中说,在 18 世纪"知识变成科学,各门科学都接近于完成,即一方面和哲学,另一方面和实践结合了起来。18 世纪以前根本没有科学;对自然的认识具有自己的科学形式,只是在 18 世纪才有,某些部门或者早几年。"①他在《神圣家族》中也指出:18 世纪初,"实证科学脱离了形而上学,给自己划定了单独的活动范围……形而上学变得枯燥乏味了"。②

没有资本的普遍扩展,没有资本对效率和利润的追求,科学就不会如此迅速地得到发展,科学上的发现就不会如此迅速地转化为现实的技术成果。同样,生产技术领域的经验和追切需求也不会很快成为科学的研究对象,科学和技术的迅速一体化就是难以想象的。马克思指出:"随着资本主义生产的扩展,**科学因素**第一次被有意识地和广泛地加以发展、应用并体现在生活中,其规模是以往的时代根本想象不到的。"③当然,科技的发展及其重要的革命意义,并不只是一个量的问题,而是说它真正成了"人的生活的基础",从根本上改变了人类的生活状况和自然状况。科学技术革命的社会历史后果如今充分地得以展现,并开始受到人们普遍的关注。今天我们看到,新兴的生物技术革命、新兴的电子科技革命不仅日益改变着社会历史的面貌,改变着人们的生产生活,而且日益改变着人们的生命存在本身,改变着人们对于存在意义和存在价值的理解。这一切都是在资本主义生产的要求和推动下展开的。甚至不少有害人类生存的科技发明,不少伦理价值存在争议的发明创造,也在利益的推动下迅速地发展起来。

马克思曾经指出,资本主义的生产方式创造了一个普遍有用性的体系,将一切存在都纳入效用关系中,变成交换价值的手段,甚至科学也同人的一切物质的和精神的属性一样,表现为这个普遍有用性的体系的体现者,而且再也没有什么东西在这个社会生产和交换的范围之外表现为自在的更高的东西,表现为自为的合理的东西。科学成为单纯的工具和

---

① 《马克思恩格斯选集》第 1 卷,北京:人民出版社,1995 年,第 18 页。
② 《马克思恩格斯全集》第 2 卷,北京:人民出版社,1957 年,第 161—162 页。
③ 《马克思恩格斯文集》第 8 卷,北京:人民出版社,2009 年,第 359 页。

手段,科学的目的单纯地指向实用,由此技术和科学相互规定,本质上完全同一。科技的一体化由资本的普遍中介本质性地规定,只有在资本主义生产的条件下,科技才获得了这种直接的"有用性"。所以马克思说:"只有资本主义生产方式才第一次使自然科学为直接的生产过程服务,同时,生产的发展反过来又为从理论上征服自然提供了手段。科学获得的使命是:成为生产财富的手段,成为致富的手段。"①科技的现代本质已经在这一简洁的表述中清晰地揭示出来了。马克思的这一表述,再次表达了培根的"知识就是力量"这个命题;只是这一次,他更加深刻地揭示了这一命题得以确立的社会历史基础。这就是资本主义生产本身。

今天的人们可能很难理解,当然更难认同亚里士多德的看法。亚里士多德曾经说:"既然人们研究哲学是为了摆脱无知,那就很明显,人们追求智慧是为求知,并不是为了实用。"②追求知识、探索真理被看成是一项自足的理论活动,它是人的一种高尚的生活方式,能够满足人的好奇,摆脱因为无知带来的灵魂的纷扰,其目的根本不是为了实用。今天,资本生产完全将"科学"纳入"有用性"的体系,问题发生了根本的逆转。实用成为科学和知识的基本指向,人类的精神活动首先被外在的目的性所规定,从属于世俗的"生产",在求知中获得的享受等等至多变成一种私人的兴趣。所以,今天科学发展的战略是产学研相结合。知识要转化成而且必须转化成现实的生产力成为理论活动的先行规定,知识生产本身成为资本运营的一个内在环节。这一点,经典作家早已经清楚地揭示出来了:"由于自然科学被资本用做致富手段,从而科学本身也成为那些发展科学的人的致富手段,所以,搞科学的人为了探索科学的**实际应用**而互相竞争。另一方面,**发明**成了一种特殊的职业。"③

事实上,在资本原则的规定中,不仅自然科学,而且所有的知识活动都成为生产,大学和科研院所本质上成了生产工厂或者交易大厅,只不过这里生产和流通的是知识和技术而已。从教育教学到科研项目,都是按

---

① 《马克思恩格斯文集》第 8 卷,北京:人民出版社,2009 年,第 356—357 页。
② 《西方哲学原著选读》,北京大学哲学系外国哲学史教研室编译,北京:商务印书馆,1982 年,第 119 页。
③ 《马克思恩格斯文集》第 8 卷,北京:人民出版社,2009 年,第 359 页。

商品资本逻辑在运转,受到市场原则的规定。在这场巨变中,单从学科建制的角度说,精神科学,首先是哲学的根基和精神被动摇了,相伴随的是超验价值的没落。也许再也没有人能像亚里士多德那样理直气壮地说:"其他的科学虽然比哲学更必需,却没有一门比哲学更优越。"①因为哲学是"爱智慧",是德性意义上的"实践",而不是"实用"。我们今天甚至没有黑格尔那样的傲气了,黑格尔说:"哲学对于人们愿意恩赐于它的怜悯必须加以蔑视!"如果不是一种单纯的自恋,我们不得不承认:哲学已经像其他的任何科学一样,仅仅成为一种职业。在资本逻辑的冲击下,哲学已经不再是"一个自身伟大的而且是自身满足的事业"。相对于轰轰烈烈的交易市场,哲学只能算一个阴冷的偏安角落,因为它不是一种实用的、实证的学科,它不符合现代科技服务于现代资本生产的逻辑。

即便除掉令某些人不愉快的意识形态色彩,马克思和恩格斯的说法至今仍然是切中要害的。在《共产党宣言》中,他们尖锐地指出:"资产阶级抹去了一切向来受人尊崇和令人敬畏的职业的神圣光环。它把医生、律师、教士、诗人和学者变成了它出钱招雇的雇佣劳动者。"②这并不是说所有的人都直接地为资本的存在辩护,而是说他们无论如何总受到资本原则的强制。这不是什么高深的理论,而是生活的直接体验。如马克思所说,资本并不是一种个人的力量,而是一种社会的力量,这里的所谓资产阶级不过是资本的人格化,是资本促进了社会分工和职业的分化,并使分工和分化从属于资本的效率原则和增值原则。科技就在这一资本原则的规定中发生了本质异化,人的自我实现的力量同时变成了与人相异化、背离人的自我实现的力量。

三、资本中介下的科技异化

我们前面曾经说过,在启蒙运动和古典哲学家那里,现代是理性的时代。这样一种现代概念具有深远的影响。在现代之后对现代的批判,往

---

① 《西方哲学原著选读》,北京大学哲学系外国哲学史教研室编译,北京:商务印书馆,1982年,第120页。
② 《马克思恩格斯选集》第1卷,北京:人民出版社,1995年,第275页。

往是通过理性批判的形式展开的。理性和主体性成了现代性批判的关键词。对于现代科学技术的反思,也通过理性主义批判和主体主义批判得以展开。一般认为,现代理性单面化为一种工具理性,而主体主义代表了一种占有和掠夺的取向,两者的结合使得科学技术成为一种异化的力量。在这样一种批判思路中,科技的本质及其异化被限制在了观念的内部,它好像是一种错误观念的根本后果。这种批判大多停留于揭示科学理性、工具理性或分析理性的统治这一社会历史现状,而无法洞穿导致这一现状的社会历史基础。这种批判由于看不到社会历史关系对于科技的中介,看不到导致科技异化的社会历史力量,常常陷入对科技的彻底否定,其极端的形式是科学技术的"原罪说",非历史地将科技看成一种天然的异化力量。

我们说科技是一种属人的本质力量,由于资本的推动带来的科技发展极大地改变了社会历史面貌。但是在这种发展中,也带来了"非人"的后果,科技的异化就是表征这种属人的本质力量的否定性后果。就像假象乃是现象的褫夺形式一样,科技异化讲的就是这种人的本质力量的褫夺形式。资本与科技的相互推动,是一个复杂的历史过程。由于资本利益原则和增值原则的强制,迫使劳动中的技术性因素被科学化、科学的成果被技术化,科学技术从具体的简单劳动过程中分离出来,形成了相对独立的生产能力,并逐渐变成一种"自为"的力量,甚至取代、排斥和强制人的劳动。马克思对这一过程同资本的内在关系所作的考察,对科技的历史性及其构成性的揭示是切中根本的。通过将资本作为现代科技的基本中介来揭示科技的发展,同时以此揭示科技的现代异化,马克思避免了在观念论的层面进行科学技术的批判,表现了一种深刻的历史意识。

马克思在《资本论》中指出:"资本起初并不关心它所征服的劳动过程的技术性质。起初,它是遇到什么样的劳动过程就采用什么样的劳动过程。"[①]随着生产的发展,这种自在的过程才被打破。"劳动资料取得机器这种物质存在方式,要求以自然力来代替人力,以自觉应用自然科学来代

---

① 《马克思恩格斯全集》第44卷,北京:人民出版社,2001年,第288页。

替从经验中得出的成规。"① 在这一过程中,科技逐渐成了排斥人的独立的力量而与个体经验相对立,就像资本作为积累起来的劳动成为与工人相异化的力量一样,科技成了剥削工人的一种手段。马克思说:"科学的应用一方面表现为靠经验传下来的知识、观察和职业秘方的集中,另一方面表现为把它们发展为科学,用以分析生产过程,把自然科学应用于物质生产过程,科学的应用是建立在生产过程的智力同单个工人的知识、经验和技能相分离的基础上的,正像生产的[物质]条件的集中和发展以及这些条件转化为资本是建立在使工人丧失这些条件,使工人同这些条件相分离的基础上的一样。"②

技术并不是先验科学的简单运用,科学和技术共同地根植于人们的生活实践,只是由于资本的推动才加快了相对独立化的过程。诚如海德格尔所说:"人们不可把机器技术误解为单纯把新时代数学的自然科学应用于实践。机器技术本身是实践的独立变化,以致实践才要求使用数学的自然科学。"③最后,生产过程成了科学的应用,而科学反过来成了生产过程的因素,即所谓的职能。"大工业则把科学作为一种独立的生产能力与劳动分离开来,并迫使科学为资本服务。"④科学技术被作为资本增值的手段和自然被看作资本价值增值的物质承担者,这是同一过程的不同方面。正如马克思所说的那样:"**自然因素**的应用——在一定程度上自然因素并入资本——是同科学作为生产过程的独立因素的发展相一致的。"⑤自然的异化和科学的异化在资本作为根本中介的条件下,本质上是同一过程。

科学服务于资本这个命题在今天完善的知识产权保护体制中得到了充分的体现。不能带来经济效益的科技项目,哪怕它具有再好的社会价值,也必然受到资本的冷落;而且,由于要保护发明者的利益,某些科技的成果哪怕具有再好的社会价值和现实需要,也不允许自由的生产,或者被

---

① 《马克思恩格斯全集》第44卷,北京:人民出版社,2001年,第443页。
② 《马克思恩格斯文集》第8卷,北京:人民出版社,2009年,第358页。
③ 转引自[德]绍伊博尔德:《海德格尔分析新时代的技术》,宋祖良译,北京:中国社会科学出版社,1993年,第116页。
④ 《马克思恩格斯全集》第44卷,北京:人民出版社,2001年,第418页。
⑤ 《马克思恩格斯文集》第8卷,北京:人民出版社,2009年,第356页。

复制以便廉价出售。比如我们看到了一个悖谬的事实：一方面是非洲的普遍贫穷和艾滋病带来的巨大死亡和灾难，另一方面是知识产权保护带来的相关药品的高昂价格和巨大利润。对于药物的科研机构和企业，科学技术的发明是用来赚钱的，而不是用于治病的。治病只是手段，只要能保持垄断的利润，它就要排斥更多地治病，无视现实的灾难。

在当代的思想家中，海德格尔对科学技术的批判具有独特的方式和深度。在他晦涩的语言中，不少的见解与马克思是一致的。海德格尔在《追问技术》中说："现代技术中起支配作用的解蔽乃是一种促逼，此种促逼向自然提出蛮横要求，要求自然提供本身能够被开采和贮藏的能量。"①"但这种开采首先适应于对另一回事情的推动，就是推进到那种以最小的消耗而尽可能大的利用中去。"②在马克思那里十分清楚，海德格尔揭示的现象产生于资本的规定。海德格尔把科学技术批判纳入对西方形而上学历史的批判之中，显示了此种批判的深度与局限。虽然海德格尔反复地引用和阐释荷尔德林的诗句"哪里有危险，哪里也有救"；但他作为一个思想家，始终只是将技术的批判作为一项思想的事业，这一批判没有触及现代技术的资本主义基础及其改变本身。所以他说："说到底，我们至少可以揣度，技术之本质现身在自身中蕴藏着救渡的可能升起。因此一切皆取决于我们对此升起的思索，并且在追思中守护这种升起。"③此种所谓的思想守护就是"泰然任之"中可能表达的平静，实际是无可奈何的茫然。

与海氏的这种批判不同，以资本概念为核心，马克思的思想为在社会和历史的维度上揭示现代科技的异化奠定了存在论基础。马克思在资本的中介中理解科技的"异化"，所以他也能从社会形态的变迁中瞻望科技的可能意义，将对科技的思考同他对现实历史的存在论分析紧密地结合起来。即使是在被命名为"后革命时代"的今天，其意义也是昭然可见的。如果说资本还是现实的统治原则，科技本质上就是效益和利润的工具，就

---

① 《海德格尔选集》，孙周兴选编，上海：上海三联书店1996年版，第932—933页。
② 同上书，第933页。
③ 同上书，第950—951页。

是一种支配他人劳动、占有劳动剩余价值的基本手段。今天,由于科学技术的发展,资本剥削的程度在加深加快。一个科技精英的收入当然比体力工人要高得多,但他给老板创造的剩余价值更是远远地超出了体力工人。科技在资本中的异化不是减轻而是极大地加深了。

我们前面说过,自然在资本主义生产中只是不断被攫取的要素。自然在资本建构的有用性体系中越发的不再是自然本身,而是科技布置、安排、处理的对象,是资本通过科技不断攫取和占有的对象。当今环境问题的恶化、资源的短缺、能源的枯竭,莫不与科技发展导致的成本下降、需求增加、开发无度有着直接的关系。然而,科技本身不是一种天然的异化力量,而是在资本的中介下才有科学的异化。在资本的规定中,不可能有所谓人与环境的真正和谐。人们至多可能提出一种从属于资本原则的"可持续发展"策略,对环境的保护最终根源于资本的计算性考量和简单的技术性处理。这就是当今主流的环保逻辑。在这个意义上,所有的危机和忧虑都在"科技是一把双刃剑,解决环境的问题还是要通过发展科学技术才能实现"这样一种观念中延宕着。由于这种延宕,问题在不断地加深和加剧。

第四节 "生产之镜":鲍德理亚的误判

我们如何阐释现代,也就是我们怎样理解今天人类的存在处境和存在状态。在后形而上学的思想视域中,马克思以资本为现代的本质规定,通过政治经济学批判揭示了现代的异化状况,以及克服这种存在异化的可能性和方式。资本成为现代性存在论批判的本质范畴。以资本为中介,我们对现代自然和科技两个至关重要的范畴进行了存在论的阐释和批判,以进一步表明资本如何成为现代存在的基本对象性形式。然而,不论对马克思现代性批判的方式,还是具体的内容和结论,都存在着众多批判和质疑。被称为后现代主义牧师的鲍德理亚与马克思之间存在着复杂关系,他对马克思的批判也产生了很大的影响。鲍德理亚认为,马克思对现代的批判奠定在一种决定论的历史唯物主义概念基础之上,资本主义发生了马克思想理解而又理解不了的历史变化。因此在后现代的消费社会中,马克思的资本批判逻辑已经终结了。在此,我们将首先检查一下鲍德理亚思想的诞生地和秘密,然后呈现自觉羽翼丰满了的鲍德理亚对马克思资本批判逻辑的抵制。最后回到我们的出发点,揭示资本批判如何可能经受经验历史的考验,仍然发挥着基本批判范式的作用。

一、商品批判逻辑的拓展

鲍德理亚走进思想史的起点是1968年发表的《物体系》。在这部著作中,鲍德理亚以"物"这一概念汇聚了物化理论、符号学说和日常生活批判等多种思想资源。"物"成为鲍德理亚思想关注的焦点。这里的"物",实际上讲的是客观化了的社会历史空间,即对象化的存在关系和存在方式组建而成的关系系统。物是统一体,是物质和观念的统一,是能指和所指统一的意义体系。因此,《物体系》的研究工作是在主体和客体辩证关系的框架之中展开的。在这一框架之中,主体面对的是一个吸引、蛊惑,甚而有时控制着人的认识、思想和行为的客体世界。[①] 这个客体世界与人的存在论上的关联是问题的核心。如何理解和阐释这样一种对象性和对象化的客体世界,就是问题的关键。

很显然,在鲍德理亚对"物"的阐释中,我们可以看到:他已经置身于后形而上学的思想视域,不是在自在实体的意义上理解物。这种物的概念与任何物质本体论阐释更没有任何关系。物作为社会历史存在,其本质是它在人的生活实践中获得的社会的、历史的对象性形式。他所谓的物,体现了马克思定义"商品"和"资本"的思想逻辑。"物"不是指一个实体的世界,而是指在主客体社会存在框架中展开的对象性关系。对物体系的分析,实际上是展开社会历史的存在关系和存在逻辑。在《物体系》中,鲍德理亚完全认可马克思商品拜物教、主体客体化这一批判思想的内在逻辑,并力图将这一逻辑与当时的符号学理论和日常生活理论结合起来,进行新的创造,赋予马克思的商品资本批判以新的形式和生命。鲍德

---

① [美]道格拉斯·凯尔纳、斯蒂文·贝斯特:《后现代理论》,张志斌译,中央编译出版社,2004年,第145页。

理亚自己就说:"在这里,我们会合了马克思所分析的商品形式逻辑:就好像需要、感情、文化、知识、人自身所有的力量,都在生产体制中被整合为商品,也被物质化为生产力,以便出售,同样的,今天所有的欲望、计划、要求、所有的激情和所有的关系,都抽象化(或物质化)为符号和物品,以便购买和消费。"①

鲍德理亚引进了符号学理论,用商品抽象的逻辑来理解符号化和形式化的意义。存在的商品化实际就是物成为价值的符号,成为交换价值的承担者,因此具有一种代表、象征性的意义。商品生产实际上就是生产这种价值符号,生产社会性的象征意义。物质物理属性的改变,即使用价值的生产只是获得社会本质的手段。因此,鲍德理亚有理由将商品化看成符号化的过程,人与人之间、人与物之间的商品化关系就是一种抽象的、同质化的符号关系。依赖这种抽象关系,世界成了一个高度组织化和浅层化的符号系统,这个系统规定和制约着我们的日常生活和日常行为,将一种新的行为模式、观念原则和心理结构强加给人们。关于这个主题,在马克思的商品拜物教概念,尤其在卢卡奇的物化概念中,已经有深刻的揭示。鲍德理亚不过是在当代的语境中作了更为现象学式的描述。与其说这些描述是深刻的,不如说它是有趣的、机智的。

由于商品原则的深入浸透,当代社会发生了根本转型;符号化世界体系的出现,实质就是消费社会的到来。因为在普遍的商品化关系中,事物之间的联系日益脱离了它本身的属性,成为具有符号意义的社会存在物。人们在使用商品和物品的时候,不再指向物的使用价值本身,而是指向物品或产品的非物质性,即它的社会意义和社会价值,也就是它的符号意义、象征意义。鲍德理亚将这种现象称为消费,称这种消费占主导的当代社会为消费社会。

从鲍德理亚的思想发展来看,《物体系》中的这一结论预告了《消费社会》一书的规划。L·P·梅耶在《消费社会》的前言中指出:"在那本书(指《物体系》——引注)的结论中,他已经提出了现在这部作品的计划:'从一开始就必须明确指出,消费是一种积极的关系方式(不仅于物,而且

---

① [法]鲍德理亚:《物体系》,林志明译,上海:上海人民出版社,2001年,第224页。

于集体和世界),是一种系统的行为和总体反应的方式。我们的整个文化体系就是建立在这个基础之上的。'"① 虽然紧接着《物体系》的逻辑,在《消费社会》中,鲍德里亚仍然力图在新的社会环境中贯彻马克思的一些基本观点,商品批判和物化批判的主题继续存在;但是,他对马克思建立在生产理论和商品理论基础上的现代批判已经有了一些间接的反思,商品的逻辑和符号的逻辑并置发生了紧张。

在《消费社会》中,鲍德里亚明确指出,人们在当代受到物的包围,人们生活在物的时代,制约着物的不是自然生态的规律,而是交换价值的规律。② 但是,物的丰盛和富裕,开始溢出了以使用价值为基础的实体性商品范畴,也就说,商品范畴向抽象的符号范畴转移,人们之间的关系变成了脱离使用价值的纯符号的消费型交往关系,亦即是一种以实体物为依托却远离实体物性的意义关系。

鲍德里亚指出,当代社会中,意义的消费与生产使用价值至少构成了一个平行的逻辑,理论的批判应该遵循双重线索。鲍德里亚说,我们的社会并不是一个绝对生产的社会、一个生产范畴、一个政治经济战略的地点,事实上,标示"控制"的消费范畴混杂其中。"在这个层面上,一条平行线(无疑是冒险性的)可通过神奇的想法勾画出来,因为这两者都靠符号而且在符号的遮蔽之下存在。当今社会越来越多的根本方面属于意义逻辑范畴,属于象征规则和体系范畴——但它不会因此而成为原始社会。这些意义和规则的历史的生产问题仍然丝毫没有解决——作为延伸理论,这种分析应根据物质和技术生产过程逐条加以陈述。"③

在这里,鲍德里亚指明了自己的理论企图,就是以生产批判的逻辑建构意义消费批判的基础,并且将它理解为"延伸理论"。符号学的意义分析力图纳入商品生产批判的逻辑,或者说,是要以商品批判的逻辑来阐释具有根本地位的属于象征和意义的消费体系。鲍德里亚指出,人们逻辑地从一个商品走向另一个商品,陷入盘算商品的境地,但这已经不再是出

---

① [法]鲍德里亚:《消费社会》,刘成富、全志刚译,南京:南京大学出版社,2001年,"前言"第1页。
② 同上书,第1—2页。
③ 同上书,第11页。

于对商品本身使用价值的购买和占有,①而是出于一种意义和符号消费。

在这里,消费社会的象征性、符号性关系溢出了商品使用价值的范围。鲍德里亚说:"无论在符号逻辑里还是象征逻辑里,物品都彻底地与某种明确的需求或功能失去了联系。确切地说这是因为它们对应的是另一种完全不同的东西——可以是社会逻辑,也可以是欲望逻辑——那些逻辑把它们当成了既无意识且变幻莫定的含义范畴。"②这就是说,按照物性的逻辑本身已经揭示不了这个对象化的世界。物质性的生产和满足物性需求不再是社会构成的本质逻辑,而只是更丰富的意义和价值的世界展开的必要基础。立足于这个基础而超越这个物性的基础,才是社会和历史真正开始的地方。

符号和象征的关系超越商品本身的实体性,人们之间的关系变成了一种意义交换和意义消费。在鲍德里亚看来,消费不再是一种物质的实践,不再能根据汽车、服装、食品等等来界定,而是通过所有这些东西组成"意义"来界定的。因此,鲍德里亚说:"如果消费这个字眼要有意义,那么它便是一种符号的系统化操控活动。"③鲍德里亚的消费不再是马克思意义上的具体物的消费概念。他批判地指出,以使用价值为基础的消费理论实际上是建立在"经济人"概念的基础上,建立在人的动物性需求和欲望的基础上。当代社会是一个物质极大丰富的"富裕"社会,这一理论已经失去了基础。以这样的理论为基础,所能提出的平等和民主只是体现在对消费物的占有和不断生产消费物的基础上:"这种平等完全是形式上的:看起来最具体,而事实上却很抽象。正是在这种抽象的、同质基础之上,在这种拼写的或电视机里宣扬的抽象民主基础之上的反方向上,真正的分辨体系才能更好地加以实施。"④也就是说,只有在消费跃出物质消费范畴的基础上,才能摆脱民主和平等的抽象性和形式性。鲍德里亚认为,自己的消费社会理论就是对这种传统的消费理论的彻底批判。

---

① [法]鲍德里亚:《消费社会》,刘成富、全志刚译,南京:南京大学出版社,2001年,第4页。
② 同上书,第67页。
③ [法]鲍德里亚:《物体系》,林志明译,上海:上海人民出版社,2001年,第223页。
④ [法]鲍德里亚:《消费社会》,刘成富、全志刚译,南京:南京大学出版社,2001年,第45—46页。

消费社会的本质就在于对实用性、功能型物质消费关系的脱离,消费建立在符号和意指的基础之上。在消费的特定模式中,再也没有了先验性,甚至没有了商品崇拜的先验性,有的只是内在的符号秩序;没有了本体论的层级划分,有的只是能指与所指之间的逻辑关系,只是符号的逻辑计算和符号系统中的吸收,"消费的主体,是符号的秩序"。① 显而易见,虽然鲍德理亚肯定消费社会仍然是资本符号下生产力发展的结果,是商品逻辑的全面普及,但他开始强调符号和意义消费的一面,强调一切被"戏剧化"的一面,一切都被展现、挑动,被编排为形象、符号和可消费的范型。② 对马克思生产范式和商品概念的批判已经潜在地蕴含在其中了。鲍德理亚最终认为,现代社会的发展已经走出了马克思资本批判的逻辑和历史。

二、对生产范式和资本批判的质疑

我们知道,生产方式是历史唯物主义的基本范畴;通过生产方式范畴,历史唯物主义辩证地理解历史的连续和跳跃性。不同生产方式的主导地位形成了不同的社会形态。所以,历史唯物主义不是一般抽象地研究生产和劳动,而是研究具体的生产和劳动,研究特殊历史阶段的生产和劳动。马克思以资本为本质范畴,对现代文明的反思和批判就建立在历史唯物主义生产方式概念的基础上。鲍德理亚对马克思资本批判的质疑也是由此出发的,这一批判包括了两个基本的方面:一是质疑历史唯物主义的生产方式批判本身;二是认为以资本主义生产方式批判为核心的现代批判没有揭示生产的真正逻辑,当代社会运行的逻辑超出了马克思资本批判的范畴。也就是说,鲍德理亚对马克思资本批判的质疑不仅涉及方法论的基础,而且涉及具体的内容和结论。

鲍德理亚提出,当代社会里存在四种基本的逻辑,即有用性逻辑、市场逻辑、礼物逻辑和身份逻辑,与它们对应的分别是使用价值、交换价值、象征价值和符号价值,当代消费社会中的"物"也就变成了工具、商品、象

---

① [法]鲍德理亚:《消费社会》,刘成富、全志刚译,南京:南京大学出版社,2001年,第226页。
② 同上书,第225页。

征和符号。从这种区分出发,鲍德理亚认为,仅仅对物作出"使用价值"和"交换价值"的理解是片面的,建立在这一理解基础之上的经济学批判也是十分狭隘的。应该将政治经济学批判与符号学批判统一起来,建立一种"符号的政治经济学批判",在四种不同的价值形式和社会逻辑之间建立内在关系,以避免理论上的"商品拜物教"或"符号拜物教"。

这就是鲍德理亚的《符号政治经济学批判》一书的基本思路和理论任务。这条思路显然已经将对马克思的政治经济学批判的反思纳入其中了。鲍德理亚指出:如今,消费(如果说该词具有不同于庸俗经济学家的含义的话)恰恰说明了这样一个发展阶段,即商品完全被当作符号,被当作符号价值,而符号(文化)则被当作商品……如今任何东西(物品、服务、身体、性、文化和知识等等)在生产和交换中都不能够单独作为符号来理解,或单独作为商品来把握;在一般政治经济学的语境中起主导作用的任何东西既不单独是商品,也不单独是文化……使用价值、交换价值和符号价值集聚在一个复杂的模式中,从而说明了政治经济学最普遍的形式。①

鲍德理亚在这里出现了一个小小的混乱,一切东西都商品化,包括符号文化都被当作商品,恰好说明商品成为基本的对象性形式。显然,他本人陷入了庸俗经济学的规定,将商品仅仅看成是实体性的、物质性的使用价值,于是才有了任何东西不能单独作为商品,也不能单独作为文化的结论。在马克思那里十分清楚,商品讲的是一种社会性的存在关系和存在方式,而不是实体性的物,至于进入这种关系的"物"则是可变的,它可以具有不同的内容,比如鲍德理亚这里列举的身体、文化、知识等等。这是两个不同层次的概念。鲍德理亚混淆了这两种概念。符号的政治经济学应该是符号、意义等成为商品,因此可以使用商品批判的逻辑,而不应该用符号的逻辑来取代商品逻辑,或者与商品逻辑并置。

然而,鲍德理亚试图结合符号学批判和政治经济学批判。这样,符号学的意义分析不再被看成是对生产和商品政治经济学批判的理论延伸,而被看成是救治,用以克服以"商品生产"概念为基础的政治经济学批判。

---

① [法]鲍德理亚:《鲍德理亚文选》,斯坦福大学出版社,1988年,第80页,转引自《国外社会科学》1999年第2期。

鲍德里亚认为,在消费社会中,实体性的物质生产和商品使用价值已经被媒介生产和符号价值所取代,因此,"物质生产"不再是消费社会可以依赖的基本理论批判范式,对消费社会的社会学批判不能建立在使用价值及其对需求的满足之上,其基本的概念假设"应该是象征的交往价值"。由此可见,在《符号的政治经济学批判》这一具有转折意义的著作中,马克思政治经济学批判的范式已经逐渐隐退,并开始遭到批判。到了《生产之镜》一书,对马克思理论的批判就被明确提升为根本的理论主题了。

鲍德里亚认为,马克思对现代资本主义的批判是一种以"生产方式"为基础的批判理论。这一判断是准确的。然而鲍德里亚认为,马克思的资本批判理论根本没有触及和批判生产原则本身,只是说明了现代生产内部辩证的、历史的谱系,"实际上只是提供了一种描述的理论"。在鲍德里亚看来,马克思的批判理论受到生产主义话语的支配,并且遵循着生产主义话语的基本原则。生产主义恰好是资本主义市场的逻辑,生产是人们反观自身的镜像。鲍德里亚在《生产之镜》的序言中指出,通过生产图示、生产之镜,人类在意象中形成了意识。生产、劳动、价值,通过这些,一个客观的世界出现了;通过这些,人们达到了对自己的客观认识——这是一种意象。"生产"成为人们自我辨识的镜像,人们把自己看成是进行生产、实现物质变换或者带来价值的人。人们对自我的这种理解恰好从属于生产的逻辑,从而从属于资本的、市场的逻辑。

在鲍德里亚看来,生产力本身是资本主义的主导旋律,因此,建立在生产力和生产关系解放基础上的革命话语根本上是可疑的。马克思以"生产方式"批判为基础的政治经济学,本身就不可能对生产进行根本的反抗。相反,是在完成和推进着资本主义经济的基本逻辑。鲍德里亚指出,"必须揭示隐藏于生产、生产方式、生产力、生产关系等概念背后的东西。马克思主义分析中的所有基础性概念都必须加以质疑,首先就要质疑马克思主义对政治经济学的根本批判及其超越政治经济学的要求。"[①] 鲍德里亚认为,马克思不是超越而是极端地在生产方式批判中完成了政治经济学,马克思将革命理论完全建立在生产力或生产方式批判的基础

---

① [法]鲍德里亚:《生产之镜》,仰海峰译,北京:中央编译出版社,2005年,第1页。

上，混淆了人类解放和生产力解放，这里蕴含着巨大的政治经济学神话，而不是揭穿了政治经济学的神话。

鲍德理亚指出，从生产批判的角度出发，遵从政治经济学的逻辑，马克思把人看成是生产者，生产者的劳动力的出卖就是人的异化。在这一过程中，马克思对使用价值和交换价值进行了区分，认为使用价值是交换价值的物质承担者。所有的这一切实际上是资本主义生产方式的结果，是资本主义交换价值生产出来的幻象。在这个意义上，需求、劳动力、使用价值、生产力等等并不存在，也就是说，它们只是通过资本主义而存在，并不是整个人类的维度。然而，它们被从资本主义的生产关系中抽象出来，并投射到了对人类的理解上。鲍德理亚说，将资本主义生产关系中形成的"生产之镜"用于考察整个人类的历史，"马克思将经济学的理性方式普遍化了，并作为人类生成的一般模式推广到整个人类历史中。他以宏大的模拟模式来描述整个人类历史。他用来反对资本主义秩序的分析工具，正是资本精心阐释的最为巧妙的意识形态幻象。"[1]为此，鲍德理亚考察了马克思如何在这种"生产之镜"中透视自然概念、原始社会和封建社会。他认为，马克思的理论既打碎了资产阶级思想中抽象的普遍概念，更是以一种"批判"的方式将这些概念强化和普遍化了。

在历史唯物主义的理论中，概念发生了无限的转喻过程："人是有历史的；历史是辩证的；辩证法是物质生产过程，生产是人类存在的活动；历史是生产方式的历史，等等。这种科学的和普遍化的论述（符码）立刻变成帝国主义的。所有可能存在的社会都被唤来回应这种解释。"[2]鲍德理亚认为："这就造成了令人吃惊的、也是最反动的理论偏差。"马克思以一种激进的方式达到了政治经济学的辩证顶峰，因此也就仍然处于政治经济学的形式之中。在他看来，唯物主义辩证法在再生产它的形式中耗尽了自己的内容，并锻造了批判自己的武器；理论的任务已经不在于对历史唯物主义进行批判，而应在根本不同的层面上超越政治经济学批判，使其

---

[1] ［法］鲍德理亚：《生产之镜》，仰海峰译，北京：中央编译出版社，2005年，第14页。
[2] ［法］鲍德理亚：《鲍德理亚文选》，斯坦福大学出版社，1988年，第80页，转引自《国外社会科学》1999年第二期。

消解成为可能。鲍德里亚指出,这就是他的符号政治经济学批判的主旨所在。①

在鲍德里亚看来,资本主义已经发生了一场马克思主义想理解而又不能理解的社会革命,认为当今的社会"仍然被商品的逻辑所决定的观点是落伍的"。这个社会的巨大转变涉及两个方面:从形式——商品转到形式——符号,从一般等价规律下物质产品交换的抽象转到符码规律下所有交换的操作。这样,所有的价值都转变为处于符码霸权之下的符号交换价值,交换的关系不再是一种简单的"商品卖淫"。鲍德里亚说,比起商品经济关系中的剥削来说,这种符码霸权的控制和支配结构更加微妙,更加具有极权主义的性质。符号不只具有商品的内涵,也不只是交换价值的符号学补充,而是一个自行进行结构性操控的操控结构,它显得中性和毫无恶意,因此更难以辨认和识别。

鲍德里亚认为,当代社会逻辑真正颠覆了有关政治、革命、无产阶级的观念,也显露了政治经济学的生产镜像,必须代之以"符号政治经济学批判"。鲍德里亚说:"我们最好这样说,形式—商品理论适用于工业和城市阶级,而农民和工匠(在马克思时代,这是大多数)与这种理论无关。形式—符号适用整个社会过程,在很大程度上,它是无意识的。"②鲍德里亚认为符号的政治经济学和马克思的商品的政治经济学之间存在着辩证的连续性,但这种连续性不是马克思生产方式理论设定的;相反,"这种根本的假说不再采纳生产方式这个基本概念,而是把它看作特定模式的随意的内容"。③ 到此为止,鲍德里亚完成了他从贯彻马克思的思想原则到最后彻底批判马克思思想的理论探索过程。在鲍德里亚看来,不仅马克思资本批判的历史唯物主义基础而且这一批判的逻辑本身都被瓦解了。

三、资本批判仍是根本范式

在《1844年经济学—哲学手稿》中,马克思指出:"不难看到,整个革

---

① [法]鲍德里亚:《生产之镜》,仰海峰译,北京:中央编译出版社,2005年,第43—45页。
② 同上书,第109页。
③ 同上书,第110页。

命运动必然在私有财产的运动中,即在经济的运动中,为自己既找到经验的基础,也找到理论的基础。"①马克思之所以以政治经济学批判的方式展开对现代社会的批判,是因为现代就是一个生产成为核心原则的时代,一切都表现为人的创造性实践中的要素和过程;也因为现代就是一个经济主义的时代,商品资本关系已经成为现代社会最基本的对象性存在形式。因此,政治经济学成为现代市民社会本身的唯一科学,对现代市民社会的批判也就必须到政治经济学中去寻找。

马克思的政治经济学批判之所以将商品作为分析资本主义社会的起点,因为商品是资本主义社会的基本细胞,社会的现实表现为商品的巨大堆积,商品关系成为社会现实关系的本质形式。资本主义就是商品关系的普遍化和极端化。在马克思看来,范畴反映存在形式和存在规定,以政治经济学的方式展开商品逻辑的分析乃是受制于现代资本主义社会的存在基础。无论对现代社会的理论批判还是实践批判,都必须是以这种内在批判的方式展开。诸如道德批判、审美批判等等,因为没有从对资本生产的内在逻辑入手而陷入单纯的"应当"。在这个意义上,如果说"生产方式"是政治经济学辨认资本主义的"镜像",那恰好因为这个镜像是资本主义的"历史"真实,社会的政治斗争和意识形态的冲突都是由这一现实基础规定的。正因为如此,"从世界的原理中为世界阐发新原理"②就必须通过政治经济学的方式展开。正是这一点,使马克思离开了抽象的历史哲学,他对历史的理解本身具有了具体性,也即时间性和历史性。

马克思的"生产方式"批判不是要把资本主义的"生产之镜"投射到对历史的普遍理解之中,恰好是要从均质的历史概念中将这个"资本生产"辨识出来,而不把它看成无时间的"永恒"。马克思对范畴的历史性具有深刻的把握,这在《〈政治经济学批判〉导言》中阐释得十分清楚。③马克思对抽象劳动、具体劳动、使用价值、交换价值等等都是在资本主义经济体系范围之内提及的,并且指明了这些范畴在资本主义社会结构体系中

---

① 《马克思恩格斯全集》第3卷,北京:人民出版社,2002年,第298页。
② 《马克思恩格斯文集》第10卷,北京:人民出版社,2009年,第9页。
③ 《马克思恩格斯全集》第30卷,北京:人民出版社,1995年,第26页。

的地位。至于商品、货币、交换、分工等等，马克思都作出了差异与同一的历史性辨认。他并没有将这些范畴投射到对历史的同一性理解之上，而是揭示它们在现代社会中地位的实质性变化及其历史影响。正是资本主义生产方式的特殊性，使政治经济学成为现代市民社会本身的科学；同时使得对资本主义的批判必须以政治经济学批判的方式展开。很显然，脱离了现代生产的这种历史性和具体性，根本谈不上资本和资本批判。

鲍德理亚对马克思的生产方式和历史阐释方式的理解基本失误，他把生产方式这一概念限制在政治经济学的范围之内，认为马克思从资本主义政治经济学批判中抽象出生产方式范畴，然后将其泛化到对历史的普遍理解之中。而他提出，"生产"以及生产者等等只是资本主义的生产范畴，原始社会等既不存在生产方式，也不存在生产，因此以生产方式阐释历史的马克思陷入了资本主义的"生产之镜"。在这里，鲍德理亚把资本主义的生产当作"唯一"，混淆了"生产一般"与"生产特殊"的关系。在资本主义生产方式充分发展的情况下，马克思才得以以生产概念来理解历史。马克思政治经济学批判的基本对象和意义，恰恰在于对资本主义生产方式这一"特殊"的批判和阐释。在《〈政治经济学批判〉导言》中，马克思指出，政治经济学批判研究的本题是"现代资产阶级生产"。十分清楚，不论是《1844年经济学—哲学手稿》、1859年的《政治经济学批判》，还是《资本论》等经济学著作，都以现代资本主义生产为研究对象，通过研究现代资本主义生产来研究现代社会。

生产总是生产，劳动总是劳动，问题在于通过什么方式进行生产，在于特殊性，因此在于历史性。马克思说，一切生产阶段所共同的、被思维当作一般规定而确定下来的规定，是存在的；但是所谓一切生产的一般条件，不过是这些抽象要素，用这些抽象要素不可能理解任何一个现实的历史的生产阶段，关键在于研究特定的生产。当然，这并不意味着以前的历史是没有生产的，是没有生产方式的。正如马克思说的那样，是资本使对地租的理解成为可能，但并不是说资本之前不存在地租。鲍德理亚没有对"范畴"和"存在"作出明确的区分，从理论上说，他对马克思的批判，实际上是混淆了历史存在和历史阐释之间的关系。从马克思思想的发展和内在逻辑来看，并不存在确立了生产方式批判范式之后再具体化到资本主义批判的演绎过程,也不存在从政治经济学批判抽象出生产方式然后向一般历史的外推或类比过程。鲍德理亚没有正确地澄清马克思生产方式的一般意义及其与政治经济学批判之间的辩证关系,不仅是其内涵的方面,而且是其历史的方面。生产和劳动范畴具有的历史存在论意义在他这里,被轻松地放过了。

另外,鲍德理亚以社会的变迁来批判马克思的资本批判范式,也存在巨大的理论问题。这里涉及两个基本的方面:一方面,社会的变迁是否真正到了意义和文化的交换关系取代商品交换,获得了本质的重要性;另一方面,文化和意义的突出是脱离了商品资本的基本原则,还是本质上从属于并贯穿资本原则。我们认为,当代历史的变化没有溢出商品资本逻辑,商品和资本的批判仍然具有基础性作用。当今的基本状况是商品生产和资本运行的组织原则在意义文化领域内的全面贯彻,这意味着现代的社会基础及其基本原则并没有发生本质性的变化,并没有远离资本,而是实现了资本。

因此从理论上讲,这并不是"生产批判范式"的破产,不是资本批判逻辑的瓦解,而是进一步形成了这一批判范式的完整历史语境。问题只是在于,不能将马克思的生产范式理解为一元论的决定论系统和经济还原论批判。马克思的资本批判揭示经济本身的运行规律,不能将这种经济规律看成是关于实体性物质商品的运动规律。马克思的资本现代性批判是以政治经济学批判的方式奠定了现代批判的历史存在论基础,揭示了资本原则在现代社会历史中强劲的浸透性和穿透力,文化和政治领域中的统治实现和巩固了资本的统治。鲍德理亚所称的消费社会,其文化意义的交换和统治恰好体现了资本原则在当代的全面拓展和深化。我们在当今文化产业化和市场化的实践和概念中,能清晰地看到这一点。

鲍德理亚先将马克思的批判局限在狭义经济学的意义上,然后再以现代社会中社会组织原则的变迁揭示这种批判不能理解文化意义领域的逻辑,这其实是对马克思资本批判范式理论意义的低估。在当代思想家中,不少人都采取了这种历史主义的视角。以历史的经验变迁来揭示马克思理论的限度是常见的批判策略,而且关注的焦点都是"生产批判范式",因为这涉及历史唯物主义的根本。哈贝马斯称为"劳动方式",詹姆逊称为"生产方式",鲍德理亚称为"生产之镜";只有吉登斯稍有不同,认为马克思只是揭示了现代性的"资本主义"维度,是一种经济决定论,实际上关注的焦点还是一致的。

本质上说,马克思的生产批判范式并不是排他性的。也就是说,它并不标榜自己是一种唯一合理的批判方式,相反,它能向其他的批判话语保持开放,并为此提供对话的平台。物质的、经济的基础性地位是一个经验的事实,对这一事实的强调并不意味着文化、心理等等分析并不重要而遭遇排斥。恰好相反,这里的关键在于,非物质领域的生活受到资本逻辑的强制,以商品资本作为基本的表现方式。因此,资本批判为整个现代文明的批判和反思奠定了基础。我们应该在这个基础上来分析现代社会的存在状态和发展趋势。

如今,资本仍然是现实历史的基本建制,其他任何领域的单纯变革,政治领域也好,意识形态领域也好,心理结构方面也好,都只具有局部的意义,因为它们没有触及社会的存在论基础。但是,反过来说,生产方式的变革,比如通过一种暴力的强制性方式取消资本,也不必然意味着人们就走出了现代的困境。也就是说,生产方式的根本变革是走出现代的必要条件,而不是次要条件,这就是"基础"和"决定"概念的真实意义。

马克思对资本的批判抓住了现代性的存在论基础。当代历史的变迁,诸如国家资本主义、晚期资本主义、晚期现代性以及消费社会等等,只要没有突破资本的原则,现实还受到资本的规定,马克思的理论就必然是相关的。脱离了历史唯物主义生产方式为基础的现代性批判,或者说,割裂了现代社会历史存在论基础与文化意识形态之间的关系,将现代批判变成一种观念论的批判,指认现代性的终结等等,实际上只是一种后现代主义的观念论幻象,而资本的现实本身则岿然不动。

第五章　历史:实践生成中的能在

我们已经指出,后形而上学的存在概念不再将存在抽象为绝对本体,而是具体存在,是"如何存在"意义上的现象学存在概念。这是后形而上学存在概念的一般规定。但是,历史唯物主义并不只是在这种一般意义上理解存在,单纯将存在理解为由多元和差异概念表达的"异在"①,而是通过实践的中介理解对象化中的对象性存在。因此,存在论作为现象学成为社会现象学和历史现象学,劳动、资本、政治、现代以及革命等等范畴都具有了历史存在论的性质和意义。在对诸概念进行存在论分析之后,我们在本章将一般地规定历史唯物主义视域中的存在概念本身。这就是在历史实践中存在成为"能在"。这个命题在后形而上学思想视域中具有本质的重要性。能在概念将奠定今天我们谈论哲学和谈论存在的基本方向。不唯如此,这一概念不仅是我们观念地把握存在,而且是实践地改变存在的思想基础。它试图表达当今人类的存在状态和存在意识的基本原则。存在是能在这一命题的确立,本身是历史的产物,是存在和思想统一进展的成果。因此,我们将从存在成为能在和思想成为可能性思想两个方面展开这一命题,最后再与颇有见地的张志扬先生的偶在概念进行对话。偶在概念将被视作能在概念的一个基础性的环节被包容在能在之中,由此确立能在概念的理论优势。

---

① 这里我们借用了黑格尔的异在概念(Anderssein),表达的是现象中的差异和多元存在。但这种差异和多元,还只是没有对象化实践中介的自在差异。关于异在概念,可见黑格尔《小逻辑》中相关的论说(黑格尔:《小逻辑》,贺麟译,北京:商务印书馆,1980年,第203页和第250页)。

第一节　在实践中存在成为能在

由于实践被引进了存在范畴,存在概念不再表示抽象的本体、自在的存在,而是具体实践关系中的存在及其过程。因此在前面各章中,存在论变成了围绕一些基本范畴展开的现象学式的存在论分析。存在概念表述具体历史实践关系中的存在状态及其生成过程。这样一种由实践和历史中介的存在概念,不仅意味着超越广延性的实体,因此存在概念包含了价值性等等;而且意味着超越实存的开放性,存在因此指向未来。也就是说,存在成为实践生成中的可能性存在。简言之,"存在成为能在"。这一命题作为我们探索的基本成果,是存在论经历了本体论的漫长历史之后,在后形而上学视域中由历史唯物主义提供的基本存在论命题。此一命题在此将通过三个环节展开:一是作为基本存在范畴的历史是实践生成中的可能性空间;二是历史性成为基本的存在论范畴讲的是存在概念只能是由对象化规定的对象性存在;因此,三是经由历史唯物主义实践概念的中介,后形而上学的存在概念将被本质地规定为"能在",即在物性中超越物性、在现实中超越现实的对象化生存空间。

一、历史作为实践中的可能空间

前面我们将历史唯物主义阐释为实践贯穿的历史内在论。作为历史内在论,历史唯物主义的基本贡献在于:通过实践概念,亦即人们生活的生产和再生产活动,打破了意识的自我封闭线,消解了物质与精神、思维与存在观念论性质的抽象对立。这就是说,立足于思辨反思的二元论建构被彻底地瓦解了,存在不再被理解为抽象的本体,而是具体实践关系中的对象性存在。在这个对象性的存在概念中,差异性和多元性具有重要的地位。存在是现象。由现象理解存在,而不是在现象之外、现象之先去寻找绝对的抽象本体,最终以抽象的绝对共名来规定存在。不过,这还只是历史唯物主义实践概念具有的后形而上学的一般存在论意义。在这个一般意义上,历史唯物主义还只是与语言哲学、存在主义、过程哲学,甚至与后现代主义等等共属一体,发起和展开了终结形而上学本体论抽象的一般战争。

问题的关键在于,历史唯物主义的实践意识不仅在对象性的意义上理解存在,而且在对象化的对象性意义上理解存在范畴。由实践的对象化规定的对象性意味着差异性和多元性远离了的自在概念,存在不再是就世界本身而言的存在状态和存在方式,而是实践中的生成。实践意识将主体性,也就是创造性和推动性原则纳入存在概念。存在是实践中生成的多元存在和差异存在。"存在是实践中的生成"这个命题在本质上意味着历史成为基本的存在范畴。历史意味着存在不再是自在,而是生成中的开放空间,是实践中介的空间和时间差异中的流动与驻停的辩证法。

由于实践概念,历史成为实践生成中的可能性空间,历史唯物主义的历史概念本身也进入了后形而上学的存在论视域。置身于祛魅了的现代主体性原则之中,历史唯物主义的历史概念并不表示自在的绝对客观性概念,历史不再被看成是神意的推动或者是自在自动的演进过程,而是人们对象化实践活动的结果和前提,是追求着自己目的的人们的活动。如果说,在黑格尔的概念进展中传达着一种创造性和推动性意识,从而为历史找到了逻辑的思辨表达,那么,马克思则是在对象化实践活动中确认了这种属人的创造性和推动性。历史不再被理解为人们实践活动之外的客观过程,而是对象化活动领域,是人们实践中生成的对象化结果和对象化条件。由此,历史概念从一种刚性的决定论思想中获得解放。

对于社会历史进程来说,自在的必然性是没有的;它与纯粹的偶然一样,只是观念的抽象。在这一领域,客观条件仅仅是在对象化的意义上是客观的,它与主体行为的选择性同时构成实践过程的内在因素,因此展现为开放的可能性领域。排除了主体行为选择的外在必然和排除了客体制约的内在自由,都不是历史的真实。因此,真正的问题变成了:思想如何参与变革历史,并如何在现实中有其依据?以这样的历史概念为前提的历史唯物主义,被理解为唯意志论或实证主义的科学,应该说是一种致命的误解,然而它总是在这两种基本的理解框架中被坚持或批判。虽然这些对立的解释总能在马克思那里找到某些相关证词,事实上,它们离开马克思的思想逻辑足够遥远了,完全可以被看成是马克思辩证思想体系中部分因素的极端化。在这种对立阐释的胶着状态中,我认为,根植于实践的可能概念更接近马克思对社会历史的理解。即便这种理解可能与马克思的某些具体言论相抵牾，但也仍然具有文本上的充分依据。因此，问题显然不在于词句，而在于逻辑，在于贯穿和统治文本的思想原则。

马克思面对的是已经被启蒙打碎了的命定论历史概念以及具有唯意志论倾向的英雄史观。被释放出来的主体性如何在历史中有其根据，既克服观念论内部的自我旋转（如黑格尔），也克服非批判的实证主义（如国民经济学家）对现代的抽象肯定，构成了马克思历史概念的基本语境。马克思从思辨的观念主体性走向社会历史领域，概念自我生成的创造性和推动性原则变成了实践地改变现实的革命诉求，以应对国民经济学作为现代市民社会之科学的非批判的实证主义。在这一思想转移中，历史被理解为主客体交互作用的过程。实践概念成为核心和枢纽，抽象的意志论和决定论同时被实践中介的辩证概念扬弃。

不过，马克思并没有停留于抽象地谈论实践概念的世界观意义。在历史唯物主义这里，关键在于由此出发，马克思在资本运行的客观逻辑与阶级革命的主体性之间建立了历史性联结，以阶级革命的实践维度切入对现代文明的批判。社会运行的客观趋势和阶级革命的主体性之间的这种张力和连接，意味着历史被看成辩证生成的可能性空间，而不是没有实践主体介入的自在过程；同时，主体性意识则被看成是对生存状况的理性自觉，而不是纯主观的"发明"。在这种主客辩证法中，凸显出一种可能性意识、一种创造历史和推动历史的可能性意识。革命政治被赋予了存在论的使命。如果未来是一种给定的必然，就没有历史，没有人活动的自觉空间。在绝对必然的未来概念中，即使阶级革命的诉求被高调地宣扬，它也只是作为历史自我实现的工具，臣服于历史的狡计。此种绝对必然性的历史概念，与天意规定的救赎历史或自然决定的命定历史没有本质区别，哪怕它以科学的名义出现，实际上却是反科学的。

然而，一种非实践的、反历史的决定论历史概念却被理解为马克思思想之实质和优势，历史被看成按照一种自在的逻辑展开。问题好像是：马克思通过超人的理论智慧抓住了历史发展的必然规律，人类就生活在这种绝对的必然规律之中！在这样的理解中，人实际上无意地成了历史的玩偶。事实与这种理解相反，马克思曾经明确地告诉我们：对实践的唯物主义者,即共产主义者说来,全部问题都在于使现存世界革命化,实际地反对和改变事物的现状。共产主义是消灭现实状况的现实的运动。这个运动的条件是由现有的前提产生的。只有在现实的世界中并使用现实的手段,才能实现真正的解放。在这里,历史之未来并未寄托在没有实践参与的绝对必然性上,改变现实的实践也没有被理解为一种内在的主观性,而是一种对象化的双向过程。此种实践蕴含着扬弃抽象必然与偶然僵硬对立的可能性历史意识。

试想今天,在各种核武器能够多次毁灭地球的情况下,在环境污染和资源枯竭可能灭绝人类的情况下,在各种宇宙偶然事件可能突然发生的情况下,在预测到了地球生命极限的情况下,如果还以完美世界的绝对必然性担保未来,还能够给马克思带来荣誉吗?根据现实的变化探索创造未来的可能性,强调行为的建构性力量,而不是陷入虚无的茫然或绝对必然的迷信,这才是历史唯物主义的理性姿态,才是真正的历史理性!今天突出历史作为存在的可能性空间,就是为建构性实践奠定思想基础,就是继承马克思改造历史和创造未来的意识。当以一种实证科学的框架阐释马克思未来历史概念的时候,或者说,当马克思创造历史的概念被理解为唯意志论冲动的时候,马克思这种充满历史感的辩证的历史概念就丧失殆尽了,历史变成了僵硬的机械运动或随机的偶然。

然而,不论只有偶然性,还是只有必然性;只有客观性,还是只有主观性在起作用,历史都会变得异常的神秘!历史只是实践中生成的可能性空间。尤其面对当今的存在论处境,只有可能性意识能够引导我们走向未来,为实践的创造性和推动性提供思想动力,打破绝对必然性的迷信和虚无主义的懈怠!思想面对的将是如何去存在、去开创可能性的合意生存空间。

二、历史性成为存在论的基本范畴

在历史唯物主义的阐释中,如今存在着一种对立。这就是历史唯物主义的"历史"是作为解释对象还是作为解释原则。也就是说,历史唯物主义是一种关于人类社会历史的理论,其核心是历史得到了唯物主义的理解,因此区别于历史唯心主义,也就是区别于唯心主义的历史观;还是说,历史唯物主义是一种历史的唯物主义,唯物主义得到了历史地理解,具有了历史的视域,因此不再是自然科学的唯物主义,不再是抽象本体论意义上的物质本体论。历史唯物主义中的历史是解释对象还是解释原则,这不是一个细节问题,涉及的是对整个马克思思想性质的理解。

不用说,在马克思的部分表述中,在恩格斯的大部分表述中,尤其是在辩证唯物主义和历史唯物主义的阐释框架中,历史唯物主义是一种唯物主义的历史观,历史是解释对象,是理论的应用性领域。这一点在阿尔都塞的阐释中十分简单而明晰:辩证唯物主义是马克思主义的哲学,历史唯物主义是马克思主义的历史科学,是哲学的应用。但是,如果说对马克思思想的阐释意味着发明和创造,意味着结合我们自身的语境对其思想中的潜在因素进行发掘,因此是进行重构的话,历史唯物主义中的历史是否可以说在成为对象的同时也成为解释原则了呢? 这样一种提问很可能带领我们从原教旨主义的阐释模式中走出来,在当代释义学的视域中理解继承与创新的关系。

问题的提法本身指明了解决问题的方向。我们先来看看马克思在《资本论》第一卷中一个重要的脚注。马克思说:"如维科所说的那样,人类史同自然史的区别在于,人类史是我们自己创造的,而自然史不是我们自己创造的。工艺学揭示出人对自然的能动关系,人的生活的直接生产过程,从而人的社会生活关系和由此产生的精神观念的直接生产过程。甚至所有抽掉这个物质基础的宗教史,都是非批判的。事实上,通过分析来找出宗教幻象的世俗核心,比反过来从当时的现实生活关系中引出它的天国形式要容易得多。后面这种方法是唯一的唯物主义的方法,因而也是唯一科学的方法。那种排除历史过程的、抽象的自然科学的唯物主义的缺点,每当它的代表越出自己的专业范围时,就在他们的抽象的和意识形态的观念中立刻显露出来。"①

关于这段话,卢卡奇在《历史与阶级意识》中曾经引用过第一句。在卢卡奇的引用中,好像马克思要讲的中心问题是历史与自然的根本区

---

① 《马克思恩格斯全集》第44卷,北京:人民出版社,2001年,第429页。

别,[①]卢卡奇忽视了马克思思想的实质。在这里,马克思的意思显然不是强调自然与历史的区别,而是强调实践中二者能动的统一。马克思说,对于人类生产工具的工艺学考察可以揭示出人与自然之间的能动关系,从而揭示出现实生活的生产与精神观念的生产过程。马克思强调要在这种能动的统一中揭示现实生活的实际过程,将这一过程理解为"物质基础";而且还指出,对于宗教等等意识形态的分析不能抽象掉这个"物质基础",而是要揭示这个物质基础和"世俗核心"。可见,马克思赋予这一思想一般的世界观和方法论意义。马克思说,这是唯一科学的唯物主义的方法。马克思讲的"物质基础"并不是指自在的物质本身、自然科学意义上的物质,而是指人与自然之间的能动关系的生产实践。因此,他讲的唯物主义的方法也不是指物质本体论意义上的自然辩证法,而是实践的辩证法,讲的是实践中的相互关系。马克思的意思相当明确,自然科学的唯物主义就是没有从这种能动的过程来理解自然,它们在理解自然时排除掉了"历史过程",排除了实践,本质上是抽象唯物主义。历史在这里显然就是一种看待世界的"眼光"、一种方法论的原则、一种世界的观法。就是说,只有将自然放到历史过程中进行理解,才能避免自然科学的唯物主义的缺点。

我们想进一步指出的是:马克思将历史作为世界观范畴并不是偶然的,并不是一个随意的"脚注",而是历史唯物主义的一个基本思想原则。马克思和恩格斯多次批判费尔巴哈非历史的自然概念。晚年恩格斯还指出,法国唯物主义,包括费尔巴哈的唯物主义,并不懂得"历史的自然观",因而只是停留于自然科学的唯物主义上。可以说,历史唯物主义包含着一种以历史的、实践的观点来看待物质世界的取向,而不是从自在世界的意义上,不是从抽象本体的意义上理解物质世界。这里的问题当然不是自然物质是否存在以及为什么存在这样的本体论问题,而是它们如何在现实中向我们存在,我们如何看待这一存在的问题,因此是一个历史现象学问题。

我们通常讲要历史地看问题,讲的不是在物理时间中把握事物,而是

---

① [匈]卢卡奇:《历史与阶级意识》,杜章智等译,北京:商务印书馆,1996年,第178页。

要在特定的历史实践关系中理解事物的属性和本质,把握事物在实践中的发展变化。在历史唯物主义这里,历史性具有了世界观和方法论的意义,成为存在论的基本范畴。没有这种历史性的世界观,割裂自然与历史的相互关系,看不到历史和自然的相互中介,就会在自然观上陷入抽象的自然主义,在历史观上陷入抽象的唯心主义,比如在费尔巴哈那里;同样的,如果世界观缺少了历史性原则,忽视了自然与历史之间的差异,用自然物性的逻辑来解释历史,就会导致机械论的、宿命论的历史概念,比如地理环境决定论等等。

历史性作为世界观,作为存在论的基本范畴,讲的是世界观和存在论的属人的本质。世界是在实践中,因而在观念中与人共属一体的世界,因此只能形成一种属人的存在观念,我们只能历史地看世界,我们看到的是一个与观看者相关的,因此是历史性的世界。孙正聿先生有一个简明而精彩的说法:"这个世界观的'世'不是一个与人无关的、自然而然的'世',而是'人生在世'之'世';这个世界观的'界'不是一个与人无关的、无始无终的'界',而是'人在途中'之'界';这个世界观的'观',不是一个与人无关的神的目光,而是人自己的目光。在这个意义上,所谓的'世界观'就是一种'人生在世和人在途中的人的目光'。"① 历史性要表达的就是这样一种属人的对象性意识,而不是一种自在的客观性。我们永远不可能将自己从存在论的"论"中,从世界观的"观"中抽离出来。历史唯物主义的实践思维使对象性成为一种思想的自觉。抽象的绝对和本体概念在这种历史性的相对意识中被瓦解了,也就是说,离开了人类存在的自在概念是一种观念的抽象。

历史性作为存在论范畴,要求在历史过程中历史地理解事物,讲的是要在特定的社会历史时空中理解事物的存在及过程。任何事物都是社会历史空间中的对象性存在,因此任何关于事物的认识和概念都只能是关于这种对象性存在的认识。所以马克思说:"黑人就是黑人。只有在一定的关系下,他才成为**奴隶**。纺纱机是纺棉花的机器。只有在一定的关系下,它才成为**资本**。脱离了这种关系,它也就不是资本了,就像**黄金**本身

---

① 《马克思主义基础理论》第4辑,北京:中国社会科学出版社,2011年,"前言"第1页。

并不是**货币**,砂糖并不是砂糖的**价格**一样。"①事物总是历史性地存在,要么本身就是社会历史的产物,要么被纳入了社会历史的关系中成为历史性的存在。

所以,历史性作为存在论范畴说的不仅是存在在一般意义上属人的相对性,而且说的是存在在具体历史实践语境中的具体性。一般地说,就是一切以时间、地点、条件为转移,不能静止、孤立、片面地看问题。但更重要的是:历史唯物主义的历史性强调的联系和发展,乃是被实践中介的历史过程,而不是自在联系和自在发展。这是历史唯物主义作为后形而上学存在论的优势和关键所在。历史性作为存在论范畴,与历史性成为方法论原则是一回事。它突出的是由于实践的中介,由于人与对象的相关性,存在不是自在的存在,我们也不可能得到关于自在存在的认识。历史性概念表达的就是存在及其意识的属人性、相对性和具体性。意识只是被意识到了存在,存在也只能是被意识到了的存在。

在历史唯物主义这里,历史性这一概念并不是指通常的历史主义或历史决定论。它既不表示一切都是历史过程中没有驻停的永恒流动,因此陷入抽象的相对主义;也不表示历史是受绝对必然性支配的过程,因此陷入抽象决定论。历史性范畴以实践的存在辩证法思想为基础,强调物质与精神、存在与意识之间现实的统一,也就是说,现实的存在和现实的意识都是各自包含了对方的统一。在实践中,也就是在具体的历史性语境中,任何事物和关于事物的认识都是具体性与总体性、现实性与可能性、确定性与流动性等等的统一。对立范畴中的每一个范畴都只是从特定视角形成的对于事物的抽象,二者在实践中的具体统一才构成现实的真理。

三、在实践中存在作为能在

历史作为存在范畴,是实践贯穿的历史内在论的基本思想成果,存在不再仅指广延性的实体。因为历史作为存在范畴不仅直接瓦解了在反思哲学中建立起来的二元论哲学框架,而且实践中介的历史概念直接瓦解

---

① 《马克思恩格斯选集》第 1 卷,北京:人民出版社,1995 年,第 344 页。

了自在的存在概念。历史直接地是实践中生成的可能性空间。作为存在范畴的历史概念,奠定了历史性作为存在论范畴的方法论基础。历史作为存在范畴和历史性作为存在论范畴,本质上讲的是内在相关的同一件事情。这就是说,存在不再被抽象地理解为实存、实在、自在,历史唯物主义思想视域中的存在概念是真正的现实,是统一,因此是实践生成中的能在。存在成为能在,这一后形而上学存在论的根本命题是人类历史的结果。一方面看是人类历史实践的结果,另一方面看则是人类思想发展的结果,其核心就是能动的实践及其进入意识。"存在成为能在"这一命题,本身是历史性的。它是今天我们以实践的思维方式谈论存在得到的对于存在的根本领会和根本规定,意味着本体论存在概念的彻底终结。

关于"能在"这个概念,在海德格尔那里有着重要的意义。海德格尔认为,此在即是能在。在1924年的《时间的概念》中,海德格尔将死亡阐释为人的最极端的可能性。海德格尔说:"什么是'一向具有本己的死亡'呢?那就是此在向他的消逝,向一种确知地和完全不确定地站在面前的他本身的最极端的可能性的先行。作为人类生命的此在原初地是可能之在,是确知而又不确定的消逝之可能性的存在。"①后来《存在与时间》仍然将此在规定为能在,可能性的存在。但是,能在在更基本的生存的意义上被使用了,它被理解为此在的存在本身,是此在在世的在世方式。"这个在其存在中对自己的存在有所作为的存在者把自己的存在作为它最本己的可能性来对之有所作为。此在总作为它的可能性来存在。它不仅只是把它的可能性作为现存的属性来'具有'它的可能性。因为它在本质上总是它的可能性,所以这个存在者可以在它的存在中'选择'自己本身、获得自己本身;它也可能失去自身,或者说绝非获得自身而只是'貌似'获得自身。"②

海德格尔以能在规定此在。然而,如果说作为能在的此在本已经是在世的存在,此在对自身存在作为可能存在的有所作为必不会只是作用

---

① [德]海德格尔:《海德格尔选集》,孙周兴选编,上海:上海三联书店,1996年,第17页。
② [德]海德格尔:《存在与时间》,陈嘉映、王庆节译,北京:生活·读书·新知三联书店,2000年,第50页。

于此在自身。在此在的这种有所作为中,存在必不是自在的存在,而是在世界之内与此在一道成为可能的存在。因为存在在此在的存在中存在,此在在存在的存在中存在。如果只有此在是能在,那么世界之作为世界,历史之作为历史就难以理解了。人在之中的世界由此将被作为单纯的物及物性。既如此,存在的观念又回复到形而上学的视域中去了。此在作为能在同时就是说存在作为能在。这是双向改变和双向构成的一体过程,即马克思说的:"环境的改变和人的活动的一致,只能被看作是并合理地理解为**变革的实践**。"①

此在作为能在是通达存在之为能在的根本道路。因为此在是能在,存在通过此在的揭示也与此在一道是能在,并且必然是能在。这一命题应该是海德格尔"基础存在论"之后的存在论的当然命题。这一命题表达的思想,在历史唯物主义的实践概念中本质地揭示出来了。在这个意义上,历史唯物主义似乎比海德格尔本人更理解海德格尔。实践的对象性和对象化的存在关联,意味着存在只能是能在。人在实践的对象化过程中,使存在作为能在向人开放而且只能形成对象性的存在概念。任何意识也就只能作为开放中的可能性意识存在。存在作为能在这个命题,当然讲的不是能在是存在的一种可能具有或者可能不具有的属性,而是存在本身,存在就是能在。在能在之外将存在理解为自在、绝对、实体等等都是非现实的抽象,不是现实的、感性的存在本身。不是说这些概念不可能,更不是存在在人之外不存在,而是说它们是非对象性的本体论抽象。

在一般意义上说,存在乃是对象性的存在,在对象性的关系总体中没有绝对的必然性或者绝对的不可能性,因此任何存在状态或过程都只是可能性。存在是能在这个命题当然具有这样一层初步的意思,因为这一层意思已经在批判绝对形而上学的道路上走出了一步,有助于瓦解抽象本体论及建基于其上的独断论认识概念。然而,在这一排除了实践概念的理解中,存在还是没有人的,没有历史的,仍然是一种自在的可能存在。对象性中还没有对象化。在历史唯物主义的视域中,存在在人的实践中成为能在,并且是能在。抽象的对象性被对象化的实践中介,对象性的存

---

① 《马克思恩格斯选集》第1卷,北京:人民出版社,1995年,第59页。

在是对象化实践中的生成,因此本质上成为能在。能在是自在和自为在实践中的统一,是现实的存在。现实在本质上就是能在。自在的偶然性、随机性没有揭示能在的真理,而实践中的自为的选择性、目的性使存在成为自在与自为统一的能在。在能在中才有历史,历史是最直观的能在。因此通过历史作为存在范畴,通过历史性作为存在论范畴,我们才论及存在成为能在,存在是能在。

存在作为能在,表明的是一种实践中的超越性,而不是存在的自在流动。所以我们讲过,世界是一团永恒燃烧着的活火,而且在一定的分寸上燃烧,在一定的分寸上熄灭,这一赫拉克利特的命题讲的是世界本身,运动也就是自在自动。运动变化中闪现的可能性意识转瞬即逝地长期淹没在逻各斯的必然分寸中了。辩证法还是没有实践的抽象辩证法,不是实践的辩证法、实践的存在论。这是源自于古希腊的西方哲学的基本倾向,以致后来的马克思还要费尽心思到伊壁鸠鲁的自然哲学中挖掘"原子偏斜说",以便为现代的意志自由提供哲学论证。[①] 与这种形而上学的存在论相反,后形而上学的"能在"讲的是对于自在和实存的超越,是存在在实践中成为实在与应在统一的现实。在这个能在中才有世界历史及其可理解性。

现实作为存在,乃是实践生成和建构的空间。这个能在的空间是超越的存在。任何一种存在都不再是"是其所是"的自在实存,而是人韵缭绕的为我之物,是历史性意义空间中的对象性存在。存在物的存在在这个意义空间中成为开放性的能在,存在是什么不再封闭于存在物本身的物理结构及其客观属性之中。一头牛是什么?是牧童的玩伴,是帮庄稼汉干活的伙计,还是祭坛上的牺牲,抑或是"笨得像头牛"中表达的贬损?作为能在的人使存在成为对象性的存在物,存在不再是自在的物及其物性,而是在实存中超越实存的能在。存在作为能在的第一层含义就是超越实存,因此世界是立足于实存而又超越实存的意义空间。存在物在这个空间中通过这个空间而对人开放,因此是超越自身的可能存在,而不是

[①] 见罗骞《论马克思的现代性批判及其当代意义》第一章第一节的相关阐释(《论马克思的现代性批判及其当代意义》,上海:上海人民出版社,2007 年,第 36—38 页)。

抽象的有。

存在在意义空间中不再是自在的实存,因其被纳入不同的对象性关系而成为超越实在的能在。这种超越讲的还是意义空间中的没有时间的对象性关系。在实践中,能在作为超越实存的存在表达的另一层根本意思是,存在在历史的时间中被创造并被改变,不是静止的某种状态或者具有某种确定不变的意义,而是超越既定现实的可能存在,是历史时间中的不断生成。在这种生成中,辩证的实践意味着不再有绝对的必然性,或者绝对的不可能性,一切作为可能性展开和可能性存在。能在作为实践中的生成不仅意味着事实上可不可能(必然),而且意味着价值上可不可以(应然)。能在是实在和应在的统一,因此是真正的现实。

在这种双重超越的意义上,存在作为能在,作为超越实存的能在,乃是根源于实践范畴,根源于人的实践中的自我规定和自我创造。在后形而上学视域中,以实践为中介的能在概念实质上讲的是自由,是创造,因此是人作为个体和作为类的自我生成和自我担当的存在真理。

第二节　建基于能在的可能性思想[①]

不同存在论中的存在概念规定了对于意识概念的理解。在历史唯物主义的视域中,思想与存在在实践中具有一种存在论上的关联。"历史的全部运动,既是它的**现实的**产生活动——它的经验存在的诞生活动,——同时,对它的思维着的意识来说,又是它的**被理解**和**被认识到的生成**运动。"[②]思想和存在只是作为范畴的抽象才保持了观念中的形式对立,现实存在是二者的统一。因为现实存在内在地包含了思想,是超越的能在;因而,向动态的存在开放着的思想本身必是可能性的思想。思想向存在

[①] 本节的主要内容是"青年哲学论"主题报告的演讲,曾经以"历史唯物主义:一种可能性思想"为题发表在《哲学研究》2010 年第 6 期,但在逻辑上作了调整。原来的第二点调到了本章的第一节作为第二点,而原来的第三点变成了第一点,第一点变成了第二点,第四点变成第三点,并且做了少量文字上的润色和修订。

[②] 《马克思恩格斯全集》第 3 卷,北京:人民出版社,2002 年,第 297 页。

开放,就是思想对思想本身必须保持开放。由此,真理和认识绝对确定性的教条从存在论的基础上被瓦解了。过程中的非同一性和开放性意味着思想乃是历史中确定性和不确定性的统一。立足于能在概念的思想只能是可能性思想。在此,我们将从历史和逻辑两方面阐释思想的可能性本质。第一方面是说,当代的存在论语境意味着可能性应当成为当代思想的基本特征和基本诉求。第二方面是说,作为当代精神之精华的历史唯物主义本身将自己看成是历史地生成的可能性思想。最后,我们还将这种可能性的意识与当代中国建设实践内在地关联起来,以表明这样一种"形而上"的探讨是具有显著的形而下指向,因为真正说起来,能在概念本身就是"在"与"思"在实践中统一的真理。

一、当代意识的可能性特征

历史本身是变化中的能在,人们总是依据一定的理论框架将社会历史划分成不同形态,以表明发展和变迁。那么,不论就空间还是时间角度来说,思想是否也可以作出形态的划分呢?如果思想与历史具有一种存在论上的关联,那么,思想本身就会因为社会历史形态的变化而具有不同的历时性形态。在《德意志意识形态》中,马克思曾经说过,意识形态没有历史。这一命题说的就是意识形态与社会历史之间的存在论上的内在关联,这一关联意味着意识形态没有独立的自我发展和自我推动的历史。意识形态的变化在社会存在的变迁中,具有存在论上的根由,而不是观念内部的自我旋转。这恰恰说明,意识形态可能并且总会表现出特定的时代特征和地域特征。因此,我们可以谈论现代思想同古代思想之间形态上的基本差异,谈论中国思想同西方思想之间形态上的差异。

思想也有形态可言。从内在特征来看,我认为,人类思想具有倾向必然性、倾向偶然性和倾向可能性这样三种典型形态。这些不同的思想倾向体现在认识论、价值论、历史观和人生观等各个思想领域,同时也体现在日常的生活之中。这三种倾向性的思想形态各自在不同的历史时空中占据主导地位,体现出一定的历时性变迁。大体说来,形而上学思想倾向于必然性,认为认识与对象之间能达到一种抽象的同一,认识就是要追求绝对确定的真理。这是前现代思想的主导特征。当然,这不是说前现代没有其他两种思想倾向,或者说现代意识中没有必然性的思想诉求。这里讲的是形态学意义上的主导性,本身包含了差异与同一的辩证法。我们需要记住,任何一种抽象概括都存在限度。偶然性意识则是形而上学彻底瓦解之后,人类思想中逐渐突出的虚无主义和相对主义特征。进入现代以后,启蒙彻底颠覆了由上帝或自然规定的历史概念,历史像个人的命运一样从外在力量的决定中解放出来,找到了世俗的实践基础。作为抽象形而上学实体的"上帝"、"自然"连带由其规定的绝对、必然、命运等等观念,逐渐地失去了解释历史的效力。思想从绝对的确定性和稳定性走向了与之相反的极端,一种盲信解除之后的迷茫和失落。

在这种盲信和迷茫之后产生的是一种相对性意识,可能性被看成统一必然性和偶然性的真理。它是对绝对确定性和绝对不确定性的双重否定,认为我们在历史实践的语境中能够形成相对确定的认识。认识本身是立足于对象化实践的对象性关系,它在实践中具有相对的确定性和稳定性。在思想与存在双向开放的存在关联中,没有绝对必然的确定性和绝对的偶然性。人类的思想是立足于能在的可能性思想。我们要以可能性概念来认识思想,期待思想。思想总是可能性的思想。但是,将可能性作为思想的内在特征,也就是思想的可能性特征进入自觉,却是思想发展的产物,是历史唯物主义后形而上学存在概念基础上形成的对于思想的本质认识。我们已经阐释过,历史唯物主义作为时代精神的精华,充分地体现了存在作为生产过程这样一种社会历史的存在论状况。存在作为实践中的能在概念就意味着,思想成为面向存在的、面向历史开放的可能性思想。

当然,这样一种关于思想本质性特征的观念之形成是一个复杂的历史过程,尤其是日常意识要确立起这样的观念更显得漫长。今天,我们仍然处在这一漫长的历史过程中。对于必然性思想的否定带来的是虚无主义和相对主义仍然普遍,这种普遍表现在后现代主义观念的流行中。同时,几千年的形而上学认识论概念即便在后现代主义的猛烈攻击之后,仍然顽固地存在。这种绝对主义和相对主义思想观念的对立,有一个特殊的表现形式。这就是价值世界和实存世界的分离,杀死上帝之后意义世界的虚无主义和科技理性崇尚的绝对主义之间构成对立,即意义世界的偶然性观念和科学世界的必然性观念之间的对立,这种对立还有其他一系列的外在表现形式,比如人文主义和科学主义对立并存等等。

以爱因斯坦的相对论为发端,科学认识也逐渐放弃了绝对确定性的概念,不确定性和相对性被显著地突出出来。从此以降,无论是意义领域,还是科学领域,相对性和不确定性开始占据主导地位,思想日益弥散着一种漂泊无据的虚无主义和相对主义意识,并且在日常生活中充分表现。此种状况集中为这样一句后现代式的思想宣言:"只有不确定性是确定的!"在超验价值崩塌之后的经验世界中,偶然性、随机性、任意性、短暂性和漂流性等等成为人真实的存在感受。绝对性、必然性不再成为思想的目标,因此也不再能提供存在意义的担保!存在和意识都处在飘摇之中!

这就是海德格尔之所谓"超感性事物"的崩溃和废除,使得存在者本身也丧失了其价值和意义,也就是尼采宣布和预告上帝之死的根源和后果。上帝之死表达了这样一种存在论状况,并进一步导致这样一种存在论后果。开始于现代的生存体验与当代科学上的混沌、不确定性、相对性意识相结合,知识的相对性最后彻底地终结了形而上学的本体论思维方式及其确定性的思想概念,结果滑向了虚无主义和相对主义,思想具有一种显著的不确定性特征。"所有固定的一切都已经烟消云散",跟着感觉走,活在当下,人们不再寄希望于未来,不再相信历史,只愿感受和抓住漂浮的自我和流动的当下。正是在这样的氛围中,立足于解放和自由的现代历史叙事,不管是启蒙自由主义,还是社会主义,都被作为虚假的承诺遭到严厉的拒斥,社会责任、历史意识、理想信念常常被无情地消解和嘲弄。

毫无疑问,偶然性的后形而上学意识确实彻底击穿了形而上学的绝对必然性和确定性,成功地颠覆了绝对必然性的观念大厦。相对主义和虚无主义面对绝对观念崩溃后的废墟,欣赏零散的多元和差异,在其中自得其乐!但是,生命能永久承受这种摇曳不定的存在之轻吗?绝对必然的概念已然不能向我们担保未来,重建历史意识的思想根基何在呢?如何安顿确定性塌方之后的意义世界呢?抑或是说,意义的概念本身就应该从存在论中抽身而出,从而让存在作为物性的世界存在,而不是三维意义空间中的"绽出"吗？生命就是飘荡在大海上的无根的浮萍，没有家，也就没有乡愁，无需寻找归途？

绝对的偶然性和不确定性在打破结构的同时，可能封堵我们构想未来的激情。真正说来，偶然性只是必然性颠倒过来的极端，而不是它的真理。放弃绝对必然性崇拜的同时，需要放弃绝对的偶然性概念，绝对之必然和偶然同属一体。在我们看来，立足于实践中的能在概念，可能性乃是必然与偶然、绝对与相对、确定与不确定之对立解体后思想的本质要求。将可能性树立为必要意识，就是在思想的断壁残垣中重新展望明天，重新肯定思想的尊严，重塑对思想的信任。

只有在对思想的信任中，存在才能在实践中成为超越的能在。我们不是等待一个出现或不出现的上帝来救赎我们，而是将未来看成自己的担当，看成是建构性的可能空间。在绝对的必然和不可能性之后，思想应该谦虚而又自信地声称："另一个世界是可能的！"这是一种信念。一种真正充满历史理性的信念。它将思想看成能在的内在环节，它将未来看成是依赖于实践创造的开放的可能性空间，由此呼唤面对未来的责任，使现实不断地驱赴洞穿了历史的精神，而不是锁定在当下的实在性之中，更不是"我死后哪管洪水滔天"式的任性。这种立足于实践的能在概念，既可以克服盲目乐观的乌托邦式承诺，也可以克服犬儒主义的自我反讽和麻木。思想以能在概念为基础，在实践中成为可能性思想。

正是在这样的存在处境和思想氛围中，我们需要强调重新理解和阐释历史唯物主义的基本意义和性质，突出历史唯物主义的可能性特征。一方面，通过对历史唯物主义自身生成性的确认，将它提升到反思必然性和偶然性抽象对立的思想高地上，成为应对后现代主义散乱的可能出路。另一方面，通过对历史唯物主义历史概念的阐释，在价值、理想、信念的没落中，以辩证的可能性概念为基础点燃走向未来、担当历史的激情，重新构筑观念与实存之间的桥梁，开启建构性的空间，回应以绝对必然性担当的未来意识崩溃之后到处流动的犬儒主义、怀疑主义和虚无主义的新型意识形态。

二、历史唯物主义作为可能性思想

我们说，历史唯物主义视野中的存在概念是能在，是实践中的对象性存在和对象化的生成。同时,历史唯物主义以历史的观点看待事物,历史性成为方法论的基本原则。所谓历史性,意味着具体的历史语境及时间中向未来的开放性,而不是指自在的、物理的时间性。这就是强调特定的历史结构和建制对存在事物的中介,建构性的历史乃是思维与存在互动的对象化语境。在这样一种存在论概念中,思想本身受到存在的规定,建基于能在概念的思想本质上是可能性思想。在这个意义上,历史唯物主义自身的历史性就是当然的思想事实。历史唯物主义乃是一种可能性思想,不仅是一种关于历史作为能在的思想,而且本身就是在历史中不断生成和开放的可能性思想。这一点不仅体现在历史唯物主义的思想原则之中,而且体现在历史唯物主义的阐释历史中。

马克思在反对将理论抽象化、恩格斯在反对将马克思主义教条化方面有大量的论述,他们都强调理论与现实之间的动态关联,强调理论在实践中的生成和对实践的反向引导。在恩格斯对黑格尔封闭体系与辩证法之开放性矛盾的评论中,我们可以深切地体会到这种对待理论的历史性意识。历史唯物主义总是将并且必然将自身理解为在历史中不断自我生成、自我否定的动态机体,因此是一种开放的可能性思想。从这样的历史意识出发,我们能够理解历史唯物主义发展史中的家族相似现象,各种阐释只能处于变与不变、是与不是之间。就像一个人的成长一样,是内在同一与差异交相辉映的过程。这样,就可以避免以原教旨主义或虚无主义的抽象极端对待历史唯物主义的发展史。不论本质主义地确立一个不变的思想肖像,还是以相对主义解构历史唯物主义,都会面临找不到马克思主义者的尴尬。真正说来,虚无主义只是本质主义的"反我"!从其萌芽、形成和展开,历史唯物主义都是在历史中生存的可能性思想。

马克思思想本身是时代的产物,对马克思理论的阐释和运用也是时代的产物。因此第一要紧的是:真正在历史中,即在特定的实践结构中考察历史唯物主义的形态,从而考察历史唯物主义阐释史的变化。此种考察将能够揭示各种历史唯物主义解读的对象性和力量,而不是将阐释的真理性看作一个观念内部的、与历史进程无关的经院哲学问题。好像历史唯物主义已经确立了先验真理,其发展只是逻辑演绎,只是在经验中被验证,只是我们如何如实地抓住它、兑现它,而不是在开放的可能历史中去发展它、成就它。这种黑格尔式的过程概念根本没有进入历史唯物主义的历史视野,本质上是没有实践的。没有主体能动参与的过程概念是非时间的、超历史的。

思想总是通过历史中的特定阐释进入历史、参与历史。比如说,第二国际对历史唯物主义的"实体主义"解释,以及后来卢卡奇为代表的"主体主义"解释,其实质都是历史唯物主义思想与历史变迁交互作用的产物。试想,如果没有第二次产业革命带来的资本主义繁荣,或者没有十月革命的特殊胜利,怎么会有突出历史唯物主义客体方面或主体方面的这两种对立解释模式呢?这些阐释并不只是观念上的错位、简单的认识偏差,而是受此在之历史规定的历史性"真理"。它们只是从自身时代出发,突出了历史唯物主义这一辩证思想中的某些方面,就像革命时代的中国突出马克思的暴力思想,而今天却将和谐作为基本理念一样,要到《马克思恩格斯全集》中去找"暴力"或"和谐"的词句,并以此相互攻讦,实在是愚蠢而无用的。我们应该在历史语境中理解阐释的所谓"偏差",并揭示这种"偏差"的历史依据和限度;正是这种"偏差",才是认识的历史性的"真实",才是思想真正的"在场"方式。理论之生命只能是历史地给予的,阐释只能是历史地形成的"视界融合",它是有"时间"的。阅读与文本之间总是存在距离的。理论研究的目的并不只是为了清除历史尘埃,还某一思想本来面目,让它如其所是;而是探索其历史性,探索其实践中生成的可能空间!

没有时间的"思想"概念,总是把理论看成"绝对",就像历史长河中漂流的僵硬顽石。在这样的观念中,历史唯物主义思想好像是自在而且自洽的同一实体,它的内部并不存在差异、空隙、隔膜、连续、跳跃、交叉、重叠,更不用说存在对立和冲突。但是,试想,如果没有插入的裂缝,没有移植的连接点,没有挪动重组的空间,怎么可能产生新思想,诞生新一代呢?列宁主义、斯大林主义、毛泽东思想、邓小平理论等等岂不是外在地挂搭在马克思这个思想车头上的赘物吗?不能这样看问题!如果这样看问题的时候,就是将理论抽象化、先验化了,阐释的历史就会被理解为真理不断流产的历史,即所谓一代不如一代的倒退。

缺乏历史实践意识,历史唯物主义被看成真理的完成形态,而不是实践中不断生成的思想之可能性基础。这就势必不能真正理解理论与实践、思想与现实之间的辩证关联。没有了这种关联,无论理论还是实践都被严密地封闭在自身内部。人们不是从理论的角度指责实践的不纯,就是从实践的角度指责理论的抽象,就像我们今天经常看到的那样。所以我们发现,历史唯物主义研究中不断地强调实践,却陷入越来越没有实践的境地。哲学中的实践,变成了终结形而上学的形而上学概念;现实中的实践,则成了没有理念的直接现实性。

正是理论和实践双重背离的此种状况,迫切需要我们思考历史唯物主义的"可能性"问题。今天,阐释的历史性和实践性应该成为一种普遍意识。正是在实践中的不断变形和生成,同一中的差异才有了马克思主义的历史进展。依凭这种生成的可能性意识,才能在动态的历史演进中理解历史唯物主义的变迁及其生命力。从这样的可能性视角来看,问题当然不是要不要坚持与修正历史唯物主义,而是在历史进程中寻找联系与差异及其历史根据的问题,是历史唯物主义能是什么、可以成为什么的问题,是历史唯物主义如何在历史中不断生成并且反向介入历史的问题。唯有如此,才能深入地理解历史唯物主义阐释史中"一"与"多"的辩证关系,才不至于将历史唯物主义变成非历史的、"超历史"的历史哲学。

在这样的意义上,引进,毋宁说是突出历史唯物主义内含的可能性意识,对于新的历史观念之形成乃至整个时代精神之引领具有积极的作用。缺失了这种可能性意识,不但历史唯物主义将被相对主义冲击得七零八落;更为要紧的是,在日益迫近的各种时代危机中,放弃了立足于可能性的自我担当,不论对人类命运的盲目悲观或乐观,都可能错失自我救赎的机会而坠入无救的深渊!

三、可能性意识对中国实践之意义

如果说历史唯物主义是世界观层面的方法论,同时是一种可能性思想,那么,在何种意义上它曾经指导并且继续指导中国的实践呢?不论从中国的革命历程还是如今的建设实践来看,历史唯物主义都体现为特定历史处境中的创新形态。一方面,历史唯物主义自身的发展表现为中国化了的马克思主义理论体系;另一方面,中国革命和建设实践始终将历史发展理解为主体积极参与的建构性过程。当代中国的前进道路及其与马克思主义的历史性关联,充分体现并且切实要求将历史唯物主义理解为一种可能性思想,不仅是指历史唯物主义自身的可塑性,而且是指以超越性的思想推动历史趋向未来的开放性。只有在这样的意义上,中国的当代实践才可能是有理念的,而不是走一步看一步的经验主义。

历史唯物主义在中国的特殊形式和地位,是由中国所处的社会历史方位决定的。模仿马克思艺术化的表达,可以说中国仍然处于"不仅活人使我们受苦,而且死人也使我们受苦"的时代,不仅革命前,而且现如今,我们仍然遭遇着"资本之不发展"与"资本之发展"的双重苦难,置身于传统、现代乃至于所谓后现代三维时空的并置交叉之中。亦即是说,中国在尚未及于现代发展水平之时却真实地遭遇了现代困境。面对这样的实际状况,我认为,缺失了历史唯物主义的历史理论,我们将很难命名当今之中国,很难理解当今中国实践之复杂状况!在此种历史时空的交错中,不仅过去的革命,而且今天的建设,面临着同一个问题:中国是否可能实现一个具有原则高度的实践,完成勇敢的一跳?即是说,它是否可能不仅达到现代各国的发展水平,而且成功越过现代的局限,成为未来历史的开拓者?

在这种多重并置的历史时空中,中国建设实践必须探索一种连接历史、现实和未来的辩证智慧,将可能性的建构意识作为实践的思想根据,既秉承革命概念中超越现代资本的内在取向,克服现代消极政治的实践理念,同时,又必须有原则、有限度地汲取资本的推动力量。因此,相对于一般的,或者说经典的埋葬资本主义的社会主义理论而言,它需勇敢直面"资本主义之不发展"这一根本实情,而不是以教条化的方式推行理想,将理想变成剪裁现实的"极权"力量;另一方面,它需突破对现代资本原则的抽象崇拜,将建构超越资本现代性的未来作为坚定方向,而不能将立足于资本原则的经济竞争、权力角逐和原子个体迷信作为历史的终结。由此才能将未来融进现实,以一种能动的主体性将立足于现实的实践坚定地导向未来!

唯有如此,理想才具有真正的生命!才不会被现实主义弃如敝履,也不会成为剪裁现实的异化力量。这种以能在概念为前提的实践智慧,将超越现实的未来看成是一个需要主体积极建构的历史空间,它不会突然地,并且必然地到达。人类历史的进展充满了多重的变数,乃至于难以抓住的偶然性等等。但是:可能性意识带来希望,希望促成行动!

在立足于能在概念的可能性意识中,实践将告别非批判的直接性,从对现代的抽象肯定中抽身出来,一展强烈的历史担当意识和雄伟气魄,对现实的强调决不会使它输掉未来!正是在此种意义上,中国当代建设实践才有可能真正获得世界历史性意义:一方面,对于尚未达到现代发展水平的落后国家,它昭示了一条现实主义的实践路线,而不是画饼充饥的乌托邦;就其形式而言,此一路线针对"资本主义之不发展"这一实情,甚至宁愿充当资本主义的忠实学徒,表现为一种退却。然而另一方面,这是一种具有前提的退却,其根本的任务仍然在于面对"苦于资本主义之发展"这一时代共同主题。它应该敢于"自作主张",敢于承担开创未来的历史使命,而不是期望安然投身于现代的温柔怀抱!真正说来,这样的温柔安逸已然不再!

在当前席卷全球的经济危机中,具有马克思思想传统的当代中国,抓住的不应该是成为"美国"或超过美国的诱惑,甚至形成一种幸灾乐祸的阴暗心理,看美国的笑话!而应该珍惜自己的历史与现实,以超越视角检视现代资本文明的成就和限度,将中国的建设实践牢固地建立在逐步扬弃现代原则的目标指向上,并将此提升和强化为坚定的实践意志。

因此,在我看来,中华民族伟大复兴的"大目标"和"大方向"不应该只是"成为现代",也不应该仅仅在现代霸权结构中实现一次身份的倒转;模仿马克思的说法,它应该力图达到现代尚未达到的人的解放的水平,以一种渐进性的可能意识,开启超越现代的人类存在方式和文明形态。因为资本推动的发展已经触及了人类生存的社会底线和自然底线,人类不但需要从异化中获得解放,更需要"自我救赎"。

中国实践之立意应该有这样的气魄!唯此,我们的实践才是有理念的;唯此,我们才可能抓住机遇,通过民族的伟大复兴,担当开创未来的历史使命;唯此,复兴才不是以复古的民族主义拒斥现代文明,也不是力图在资本的角逐中争得一个有利的甚至是霸主的席位。真正说来,这样的席位不是太高,而是太低了!

此种建设实践之思想基地,有赖于可能性历史意识的培养与巩固,既不能将未来看作一个自在的决定论过程,也不能将历史唯物主义本身看作封闭的先验体系。正是在这种双重的意义上,指导中国建设实践的历史唯物主义只能被合理地理解为一种立足于能在概念的可能性思想。这就需要在理论上探索它与马克思思想的内在差异和联系,由此形成并展示能够标志当今时代精神的思想成果。至于此类成果被如何命名,比如叫做历史唯物主义的当代形态或者其他更俗一些的名字,那倒是次要的,关键在于:要立足于可能性意识,明察连接与断裂!我们以"能在"这个概念阐释历史唯物主义的存在论视域,并且以可能性概念阐释历史唯物主义对于思想本质特征的理解,就是试图呈现一种具有原则高度的历史唯物主义阐释,在连接与断裂的双重变奏中提供历史唯物主义中国化和当代化的形象。

第三节 "本体论的最高形式":张志扬的误判

我们首先初步阐释了马克思思想的后形而上学性质,并将这一性质以"非本体论"概念确定下来。在历史、实践的视域中,存在论是指具体的存在论分析,资本中介的现代性存在论批判作为现代性现象学是这一理论路向的具体展开。"非本体论"的存在概念试图阻断向形而上学的后退,同时拒绝虚无主义的"怎么都行",它不只是在"否定"的意义上瓦解本体论的抽象同一,而且通过对象性的历史性和社会性概念禁止向虚无主义下滑。这一解释策略实际上与张志扬先生一个本质性的问题相关,即当代思想"既不能重建自以为是独尊一元的本体论,又不能陷于无所作为怎样都行的虚无主义,现代性理论何为?"[①]张志扬先生试图以"偶在论"来回答这一问题。张志扬先生偶在论的问题框架与我们对历史唯物主义

---

① 张志扬:《偶在论》,上海:上海三联书店,2000年,第16页。由于本节是对《偶在论》的批判性解读,涉及的原话比较多,加上《偶在论》一书本身不是复杂的文本,因此,我们没有对所有的引文详细地注明出处。

的存在论阐释一致,但思想原则却存在着基本的差异,以致对马克思思想得出决然相反的定性。在张志扬先生看来,"马克思主义不过是颠倒的黑格尔主义,黑格尔主义不过是现代柏拉图主义,而柏拉图主义又不过是颠倒的虚无主义。结果,它们都在康德之问'何以可能'的追问下露出马脚——本体是虚构的"。① 张先生认为,马克思的思想是传统的形而上学本体论,甚至与黑格尔一道成为形而上学本体论的"最高形式"。② 立足于后形而上学的"偶在"概念,为什么会将马克思的思想判定为形而上学呢? 张志扬先生偶在论的内在逻辑和限度何在? 在此,我们将与张志扬先生的《偶在论》进行一场对话。通过这一对话,我们将表明,由于没有历史性和社会性的实践意识,张志扬先生的偶在论仍然停留在观念论哲学的内部。相对而言,立足于实践思维的能在概念才能代表后形而上学存在论的本质方向,历史唯物主义在后形而上学思想视域中具有显著的理论优势。

一、现代性叙事与"偶在论"的担当

张志扬先生的"偶在"在本体论的意义上拒绝"基础"概念,但它本身却发挥着基础性的作用。这一概念的基础性简明地体现在如下论断中:"传统哲学是'本体论'的,而现代哲学是'偶在论'的。"③张志扬先生的偶在论是以形而上学本体论的超越者和后形而上学虚无主义的克服者双重身份出场的。借助张志扬先生的话说,偶在论的提出就是试图回答"作为理论的现代性两难":"既不能重建自以为是独尊一元的本体论,又不能陷于无所作为怎样都行的虚无主义,现代性理论何为?"④

在这里,首先需要注意的是"现代性"这一概念的基本规定。它是一个意识形态概念,与此相关的"理论"和"事实",本身也是就思想和叙事而言的,并不是指现代人类生存状况及其特征。思想事实与经验历史之间的关系是在开场白中以脚注的方式被提及的:"我说的事实,是思想事实,

---

① 张志扬:《偶在论》,上海:上海三联书店,2000年,第19页。
② 同上书,第2页。
③ 同上书,第37页。
④ 同上书,第16页。

还不是指 20 世纪的战争状态与非战争状态所遗留下来的铁与火的事实，包括心灵的创伤与梦呓，但它们无疑是思想事实与理论形态背后的张口结舌的沉默的语境。"①因此所谓的"危机"和"困境"，同经验历史的探讨具有方向上的不同，它直面的是人类思想形态的变迁和转型，指向的是理论"叙事方式"。从"元叙事"上来探讨叙事方式的这种现代变迁及其危机，这一探讨指向哲学，并且本质上就是哲学的。显而易见，张志扬先生所讲的现代性主要是指一种主导的思维方式，是人类思想观念的总体性特征。这意味着具体的历史概念没有进入其现代性范畴，因此，前面讨论过的资本、商品、科技和革命等等都在他解决现代性危机的偶在论视域之外。

张先生在"叙事"这个意义上提出了两次现代性的概念。从第一次现代性到第二次现代性的区分和转型具有一种形态学的意义，实际过程在"时空"上当然存在明显的错位和不同步。张先生指出，整个现代性是人义论的，但第一次现代性是人义论的本体论化，而第二次现代性是反本体论的人义论。"第一次现代性就是'去魅'神义正当性转而人性'合理化'的'人义论'。由此奠定了现代性的基本前提。"②第一次现代性发端于英国工业革命下的"感觉主义"、法国大革命下的"启蒙理性"、德国思想革命下的"先验论"。它们的共同特点在于，用人自身的实存或属性作为现实制度与人心秩序的合理性根据，以此同前现代的"神义论"区别开来。为了对抗"神义论"，第一次现代性将人的实在或属性本体论化，它几乎用遍了人身上的实在与属性，感觉、理性、劳动、意志、无意识、情绪和身体等等都曾作为神的替代物被奉为本体："人'依据理性'所建立的形而上学本体论可以说是神义论的人本化或人义论的神本化，黑格尔哲学（依据理性）与马克思主义（依据理性化劳动）可看作其最高形式；人'依据身体'所建立的现代感觉主义则是最幽暗的欲望、冲动、色情对意义超世性的全面造反；但它们又有一个共同的思维方式，即将人的实在或属性本体论化……

---

① 张志扬：《偶在论》，上海：上海三联书店，2000 年，"开场白"第 3 页。
② 同上书，第 1—2 页。

因而都可看作'神义论'的形而上学残余。"①

在张先生看来，第一次现代性以"人"取代"神"，一方面奠定了现代性的基础，另一方面继续分享着"神义论"形而上学的本体论思维逻辑。这种人的本体论化表现为普遍得到张扬的"主体哲学"和主体精神，"同一性"被强制性地推行，不论是主张"发现"真理，还是"创造"真理，主体与客体、现象与本质的二分并力图同一而归为一元的总趋势是基本的特征。也就是说，"差异"被消化在本体同一的先行之中。张先生的确抓住了现代形而上学的根本原则，从神义论到人义论的转型的确没有从根本上终结形而上学的本体论思维方式。这一点，我们只要看看马克思立足于社会性和历史性思维对抽象人本主义的批判就足够了。马克思通过具体的存在论分析，揭示了人的实存或属性在现代根本没有成为"本体"，现代只是观念上的人义论时代。在现代商品资本的规定中，人本身成为被动的存在，而不是"上帝"。因此在历史唯物主义这里，打破现代性的困境就不是单纯地终结形而上学的思维方式，提出一种新的思想原则，而是变革社会历史本身。

但是，观念的内部变革却是张志扬先生和整个后现代主义现代性批判的基本取向。张先生指出，从尼采开始，超验的本体论价值颠覆了，偶发机缘的自我表现或自我创造成为主要趋势。这就为第二次现代性转化准备了条件。当然，在"世纪的转折点上"的尼采也只具有准备的性质。尼采虽然喊出"上帝死了"，但因无法抵制虚无主义的侵袭而玩了"无限增补"的游戏，提出"超人"。尼采本身已经成了一个现代性的"隐喻"和悖论，意味着两次现代性的自我交叉和相互感染，这是一种存在本体论和反本体论的胶着状态。第二次现代性是通过"语言哲学"的转向将第一次现代性的各种"依据"悬置起来得到完成的，它通过"只让语言来规定或显示（思想）事实能在的限度"，对第一次现代性的基础进行再审理，寻求现代性完成的可能性。张先生认为，清理第一次现代性本体论残遗的结果表现为"偶性"正当性的确立。"偶性"的确立本质上意味着本体论同一的消解，而不是以一种本体论代替另一种本体论的颠倒或"增补"。

---

① 张志扬：《偶在论》，上海：上海三联书店，2000年，第2页。

偶性的确立是不是以虚无主义或相对主义抽象地否定本体论呢？事实上，正是形而上学本体论的瓦解裸露出巨大的空场和"深渊"，留下了滑向"相对主义"和虚无主义的豁口，并实际上导致了虚无主义和相对主义。这是尼采和海德格尔的尼采阐释揭示出来的时代精神状况。这在一些后现代哲学家那里表现得十分明显。现代性（叙事）的危机由此被尖锐地传达出来。这就是"发现真理"的神话打破了叙事的合法性而引起的合法性亏空，以及"自我创造"的合法性使每一个自我叙事都合法化而引起的合法性泛滥，即是同一的合法性亏空，分化的合法性泛滥。① 简单地说，就是本体论的叙事方式被拆解以后，如何面对这个空场？

张志扬先生设问道："既不能重建自以为是独尊一元的本体论，又不能陷于无所作为怎样都行的虚无主义，现代性理论何为？"②在这里，现代性理论何为这样一个提问，已经将新的理论走向规定为对本体论和虚无主义的双重拒绝。我们十分认同这样一种思想取向。通过实践概念，我们将历史阐释为基本的存在范畴，历史性被阐释为基本的存在论原则，由此存在成了可能存在，思想也就成为可能性的思想。这是在叙事基础的层面上，以实践中介的历史性来保证思想的相对确定性，其目的就是避免在瓦解本体论形而上学之后陷入相对主义和虚无主义。不过，虽然面临的思想语境和理论指向相同，但我们的阐释奠定在历史内在论的基础之上，而不是停留在思想观念本身的内部。

我们认为，张志扬先生正确地抓住了现代性叙事的困境，并试图在反思后现代主义的基础上提出自己的根本解决方案。偶在论试图标划出后形而上学思想的基本路向，即从"本体论"到"偶在论"的思想逻辑，亦即"本体论"的"独断主义"思维向"偶在论"的模态化思维的转型。张先生指出，偶在论先是为了消极地作为现代性理论建构的检测与防御机制，后才意识到它的积极意义在于：可以审视所谓"西学东渐"中的四次主要重述（黑格尔/马克思、尼采、海德格尔、施特劳斯），进而审理当今普世面临的"古今之争"及其背后的"诸神之争"难题，为了寻求不同于"非此即彼"的

---

① 张志扬：《偶在论》，上海：上海三联书店，2000年，第15页。
② 同上书，第16页。

另类出路。在谈到中国哲学的历史方位时,张志扬先生说:"有一条路该走则是无疑的,那就是,从西方哲学史启示与理性、超验与经验(先验)两极化的绝对本质主义与虚无主义的反反复复、重重叠叠所隐喻的本源上的'悖论偶在'开始,回复'现代之为现代'的既非绝对本质主义也非虚无主义但同时是两者悖论式相关的偶在空间,以察看中国现代哲学应有的身位。"①由此可见张志扬先生偶在概念的沉重负担和宏大抱负,它试图开启后形而上学的存在论思维空间。

二、偶在论对形而上学的超越

我们曾经说过,一种思想只要还称得上是哲学,必然蕴涵或立足于某种"存在"概念的基础之上。本体论是存在论的一种形式,是以抽象主义、本质主义和还原主义看待存在世界的存在论。本体论的抽象不是遗忘了具体性的、现象学意义上的存在,就是将具体、现象当成次生的下位概念,存在作为本体与现象对立。"偶在论"批判形而上学的本体论同一和与此构成抽象对立的"虚无主义",立足点也在于一种独特的存在概念和存在意识。张志扬先生明确地在存在论的意义上定位"偶在"概念,以便将被本体论"同一化"了的"偶性"和"偶然性"解放出来。这不是说"偶在"是存在之一种,或偶性是存在之一种特性,而是说,存在概念就是偶在。在这个意义上,扬弃本体论和虚无主义的偶在论是存在论的当代状态。在我们看来,偶在论透露的重要思想信息和它留下的空白和局限一样多。我们将遵循张先生思想步骤,从历史和逻辑两个方面来阐释他的偶在论。

张先生指出,在旧欧洲传统中,偶在仅仅被理解为附属于存在者中的属性,然后"在合成的意义上被普遍化"。也就是说,"存在"不是被作为"偶在"来理解,"偶在"隐没在"存在"的"偶性"之中,存在本身并不是"偶在",而只是"单一","存在论差异"被还原为本体论同一。亚里士多德在《范畴篇》中列举了十个范畴,除了第一个范畴"实体"(ousia),其他九个范畴都是仅作谓述的属性,每一个属性均可作正反两个方面的表述,因而

---

① 张志扬:《生活世界中的三种哲学生活——中国现代哲学面临的选择》,见《世界哲学》2002年第1期,第52页。

叫做"偶性"(accidens/Akzidens)。"实体独有的特征似乎是,在数目上保持单一,在性质上可以有相反的性质",但"实体自身没有相反者"。"偶性"是作为"实体"的属性,它依存于实体,在语法上是作为"主词"的"谓词",或者说述语。亚里士多德由此奠定了一个坚实的传统,存在不被理解为偶在。偶在的隐没实际上就是欧洲哲学本体论同一的彰显。

张先生认为,转机发生在康德哲学那里。在康德认识论批判中已经蕴涵着"偶在"概念:"在康德以后,偶在及其模态化才'在关系的意义上被普遍化',而且首先与认识能力联系起来。"康德的认识论批判中触发了"偶在",本体论的危机实际上已经被揭示出来了。张先生认为,康德的认识论批判是现代性思想的门槛,其"何以可能"的提问方式甚至使后续的黑格尔和马克思的"本体"露出马脚。康德对"发现"真理的所谓形而上学本体论同一哲学,有一个致命的质疑,他对认识有限性的承认和对有限的悖论形式的揭示实际上超前地动摇了本体论的独断论,形而上学本体论的批判在多个方向上展开了。在张先生看来,康德之后的黑格尔和马克思等人却还在竭力推进本体论。我们同意张先生走出本体论形而上学的基本诉求,但正如我们已经指出过的那样,在马克思的历史唯物主义那里,实践中介的对象性和对象化存在概念是后形而上学存在概念的本质方向。由于社会性和历史性引进存在论,存在不再是抽象本体,存在论不再是本体论而是社会现象学,或历史现象学。历史性和社会性成为存在论的基本原则,抽象的客观性和主观性的对立就消解了。在这个意义上,存在作为差异的存在,是能在和偶在。张志扬先生对马克思的理解大体立足于物质本体论的阐释,他对马克思的指责与那些物质本体论的捍卫者一样分享着同样的逻辑,没有能够真正地洞穿马克思思想的内在本质。关于黑格尔,张先生只是看到了黑格尔形而上学的一面,没有看到黑格尔的现象学和逻辑学批判本体论形而上学因此为后形而上学提供思想资源的一面。

我们已经阐释过康德哲学蕴含的对抽象本体论的动摇,并在这个意义上领会康德哲学的现代意义。康德采用自然科学的"证明"思路,说明在知性的范围之内不能证明本体的存在和本体的不存在。为此,康德采取了两个策略。他一方面说明,即使在知性的范围之内不能证明,但也不得不假定(即承认)"自在之物"存在;另一方面,在实践理性的范围阐明"自在之物"作为"本体"的必不可少。康德哲学通过自身的这种悖论,蕴含和昭示了"本体论的困境"。但是,康德本身却停留在本体论的路线上,问题不在于他承认还是不承认本体的存在,而在于他遵循本体论的"绝对"路线,以一种先验的方式去论证抽象本体的存在还是不存在,他没有意识到这个本体本身是抽象的、反思的、逻辑的"产物"。也就是说,康德哲学体现出来的悖论是思维的现象,困境是思想本身建构起来的。只要本体论蕴含的思维方式继续存在,本体论的同一就会变相地以各种方式得到继续。

在这个意义上,康德的先验哲学只是抽象本体论的一种认识论形式而已,康德以自在之物不能证明但必须承认来解决全部的困难。其实,本体论的要害并不在于能否证明本体的存在,即使语言哲学揭示了既不能证明本体存在,也不能证明本体不存在,也不意味着根本瓦解了本体论。本体论的证明只是本体论的思想形式。因为本体论的产生并非因为理性的认识,而是生活的实践,它的存在可以不依靠"证明",而是仰仗"信仰"。按照历史唯物主义的路线,社会生活本质上是实践的,认识问题要在实践中找到自己的基础,仅仅停留在理性的思辨证明中永远没有答案。

张先生认为,传统形而上学本体论经过语言哲学的诊断才不得不放弃本体论同一而向现代哲学转型。语言哲学事实上承担了进入现代哲学的检测功能。[①] 但这一过程在不同的西方国家并不是同步的,并且表现出不同的方式。英国由于具有经验论的传统,洛克、贝克莱、休谟就已经拒绝了欧陆的形而上学本体论,到了19世纪末的弗雷格和20世纪的罗素、维特根斯坦,才真正走向语言哲学之路。德、法为代表的欧陆语言哲学大约到20世纪五六十年代才开始摆脱形而上学的影响。海德格的"本体论差异"和语言的"显隐二重性",伽达默尔的"对话逻辑",哈贝马斯的"沟通语用学",福柯的知识考古学和新历史谱系学,德里达的词语"延异理论",利奥塔"悖谬推理"的合法性等等,都可以说是"偶性"逻辑的展开,终结了形而上学的本体论。

---

① 张志扬:《偶在论》,上海:上海三联书店,2000年,第21页。

张先生的这一梳理中,存在两个问题值得思考:第一,形而上学本体论向现代哲学的转型中,语言哲学到底具有何种作用?我们看到,张先生列举的洛克、贝克莱等批判独断论,他们的理论依据可以说并不是语言哲学。被张先生认为是现代性哲学门槛的康德哲学,更是不在语言哲学的框架中。语言哲学的逻辑恰好是奠定在康德认识论(意识哲学)批判的基础上,甚至可以看作是认识论批判的衍生物和支脉。另外,较早就"拒绝形而上学"的孔德和被存在主义器重的非理性主义哲学家克尔凯郭尔等等批判形而上学的努力也不在列。第二,贝克莱和休谟经验主义的怀疑论是否可以看作是对"本体论"的拒绝呢?我们知道,贝克莱和休谟是在认识论(或者说意识哲学)的立场上推进古代的怀疑论传统,虽然是休谟惊醒了康德的独断论,但康德的先验批判反对"独断论"的同时恰好是反驳经验主义的怀疑论。而且贝克莱、休谟认识论上的怀疑主义并没有放弃"神义论"立场,因此显然不能归属于反对本体论残余的偶在论。

张先生认为,语言哲学对形而上学本体论的批判呈现出了两种趋向,一种是虚无主义的放纵或"解放的乐观",另一种是现代性两难的警惕或接受"悖论的启示"。张先生自己倾向于"语言下行"的"二元相悖的偶在论"。语言与存在的本质关联,意味着偶在是一种"有—无"二元相关相悖的存在概念。张先生指出,"语言真正下行的奥秘在于'意识—无意识'外的先行存在的'有—无'偶在中","问题的关键不在于理论的奠基者如何从确定的本体置换为不确定的偶然,而在于,奠基者自身(无论谁)是否是偶在的即本源着的悖论开端。"[①]所以张先生批评罗蒂无意识地将偶然及其效用本体论化,新实用主义的语言学及其隐喻论或许能对抗形而上学,但不能防止相对主义和虚无主义,因此不能解决现代性的危机。

张先生指出,在卢曼那里,作为属性的"偶性"变成了真实可靠的"偶在",既能抵抗本体论的同一,又能避免虚无主义。卢曼从现象学出发,但并没有回到胡塞尔现象学"设想自明同一的出发点"上去(这一点是针对本体论同一而言),而是站在胡塞尔的成果上,利用"相关性"的偶在机制,把意识活动中的基本差异还原为生成性的悖论,即任何一个生成性的相

[①] 张志扬:《偶在论》,上海:上海三联书店,2000年,第33页。

关性,不管是给予与被给予相关,还是直观与反思相关,都会有生成性的缺口,都是以不同时的同时、不同一的同一为其悖论形式(这一点针对虚无主义而言),然后将此悖论模态化为"偶然性的必然性",既保证了可确定的规范性,更保持了生动的偶在演化能力。"偶在"已经不是作为存在的附属性,而发挥了基本的世界观即存在论的职能。

既然存在不能规定为一,即所谓"本体论同一",存在作为生成表现为"本体论差异",那么,"偶在"就不仅是存在者的存在,而且是存在者存在的模态化。[①] 卢曼认为,偶在"就其最普遍的模态理论而言,乃是一个出自可能论模态化范围的问题","在形式上,偶在是由对不可能性的否定和对必然性的否定来界定的。据此,凡是虽然可能,但并非必然的东西,就都是偶在的。""社会分化迫使人们超越更大的分歧而保持沟通过程,并以一致与不一致、连续与不连续都同样可能并且相互证明的方式把沟通过程模态化。"用"偶在论"的眼光看任何存在,不是以看到最终根据的绝对同一性为最高目的,而是要看到它自体再生与演化的偶在性,从而把它的内在结构与外部环境置于偶然之必然性的开放系统中。"偶在"概念被领会为存在的差异性和生成演化的模态性,存在的差异性和存在的模态化不是在一种本体同一前设之后的"补充",存在本身就是"偶在"。

三、偶在论作为检测与防御机制

"偶在论"如何检测和防范现代性理论,即如何在消解本体论同一的同时又防止滑向虚无主义呢？对这一问题的回答实际上是"偶在论"内在逻辑的具体展开。作为检测机制,张先生从他提出的"语言的两不性"和"第三种交往方式"两个方面进行了阐释。通过这一阐释,偶在论成为一种世界观,一种面对存在世界的姿态和根本意识。

所谓"语言的两不性",是指"语言既不能证明本体的存在,也不能证明本体的不存在"。它提供了一种消极的检测机制,针对的是"人义论"的"形而上学本体论",避免人为的僭越命题。不过,它并不具有对信仰命题

---

① 张志扬:《卢曼的现象学方法:偶在论的模态演化》,倪梁康等编,《中国现象学与哲学评论(第三辑)》,上海:上海译文出版社,2001年。

的否证效力,也不能对日常语言滥施影响,更不会干扰经验命题的实用性。① 这实际是说,"语言的两不性"是在先验逻辑的问题框架之内的。然而,如我们已经阐释过的那样,抽象的本体论概念本身遭遇了思想自身的逻辑悖论,第一性的本体论问题是观念抽象的产物,马克思以实践的思维方式通过对象化的对象性概念终结了思辨的形而上学。马克思甚至以最直接的经验方式说,连动物也知道不问对象是否可知,而是直接地扑向食物。所以马克思说,社会生活在本质上是实践的,凡是把理论导致神秘主义的神秘的东西,都能在人的实践中以及对这个实践的理解中得到合理的解决。②

实际上不难看出,张志扬先生提出的"语言的两不性"是对康德认识论批判成果的语言学置换。由于认识与语言的内在关系,认识(作为证明的认识)的界限在这里被转化成了语言的界限,康德以"承认"方式解决的自在之物困境,转化成了语言证明的"两不性"。张先生说:"'知有'即'知无'。由此构成'有—无'的张力,使得'知'既不能因'知有'而独断'本体论',也不能因'知无'而独断'虚无主义',两者又同时相关,后者对前者有所感应,只能模态化。"如果说"本体"本身是反思中的、逻辑中的、概念中的抽象存在,人们说何物存在总是依赖语言的使用,③那么,语言对"本体"的这种检验实际上变成了对自身界限的呈现,由此才导致了"语言的两不可"。可见,语言的检测实际上仍然居留在认识论的主体哲学范围之内,仍然封闭在严密的"内在性"中。此种封闭的内在性意味着内在与外在的无法贯穿,亦即是说"内"与"外"的二元论。正是因为对于语言本身的理解还在主体哲学范式中,语言还只是一种内在现象,所以才导致这种"两不可"的现象,即语言既不能证明本体的存在,也不能证明本体的不存在。

---

① 张志扬:《偶在论》,上海:上海三联书店,2000年,第38页。
② 《马克思恩格斯选集》第1卷,北京:人民出版社,1995年,第60页。
③ 转引自张志扬:《偶在论》,上海:上海三联书店,2000年,第31页。奎因曾经说过:"何物的存在不依赖于人们对语言的使用,但是人们说何物存在,则依赖于其语言的使用。"(奎因:《从逻辑的观点看》,上海:上海译文出版社,1987年,第95页)奎因这里是一个明显的悖论,既然人们只能依赖于语言的使用才能谈论存在,就不可能说"何物的存在不依赖于人们对语言的使用",这一断言导致奎因提出"相对的本体论"。

既然"语言的两不性"只停留在先验逻辑的立场上,语言本身停留在观念的内在性中,那么信仰领域的本体论化就是难免的,"心诚"的"我属性"就难免推己及人成为"他律"。我们知道,上帝的本体论地位首先并不是"真",而是"诚",是"诚"向"真"的下灌和推演,这样"本体"就到了语言检测的"界外"。这就是康德的信仰的逻辑。具有反讽意义的是:正是因为"本体"到了语言或知性(证明)的界外,"语言的两不性"成为信仰本体论的基础,而不是有效的预防和检测机制。所以人们常说:"宁可信其有,不可信其无。"从思想史事实来看,神本论恰恰是产生于人类对自我有限的确认上,不只是认识的有限性,而且是存在的有限性。也就是说,张先生的"语言的两不性"非但没有瓦解神本论,反而为神本论开了后门,重复着康德哲学的部分智慧和全部限度。

语言能证明意味着本体被移到语言之中(从而并非"本体"本身),语言的不能证明意味着本体还在语言的外面。为什么导致这种二难呢?因为这个思路仍然立足于"语言的非存在性"和"存在的非语言性"双重抽象,它隐含的仍然是"主体方面"与"客体方面"绝对划分的二元论,不是从现实实践来理解和消除这种抽象的僵死对立。从对象性的实践思维来看,人同对象之间首先是一种生存的实践关系,语言和认识都是生存实践当中的一个维度、一个方面。存在关系首先并不是一种反思性的认识关系,或者说,认识论关系只是存在关系的一种,并且所谓的"证明"又只是认识的一种形式。在对象性的存在关系和对象化的存在活动中,语言作为中介系统既表明内在意识与外在对象之间的间隔,也表明二者之间的连接和统一。内在与外在之间的对立——表现为语言与对象、物质与精神等等的对立,只是反思中形成的抽象关系。具体的存在关系中并不存在抽象的难以贯穿的对立,因此也就没有贯穿这种对立而产生的悖论。存在没有悖论。悖论是思辨抽象的产物,或者说,悖论是一种思维的存在。

除了"语言的两不性",承担现代性检测功能的还有"第三种交往",即"非共识性交往"。交往无疑有语言哲学的前提,但本身并不局限于语言交往的范围,而是被提升为理解人类活动的基本范畴。张志扬先生通过苏格拉底式的对话和伽达默尔式的对话,区分了两种交往。在苏格拉底那里,对话不过是"先见者成竹在胸的递归逻辑,一如倒退着的百川归海",因此是"佯装无知的不平等引导反讽"。相对于苏格拉底,伽达默尔将不平等的对话转化为平等的对话,放弃了反讽;同时将当下兑现的共识许诺到将来,但保证了"归根到底的同一性","是平等投入的共生"。① 这两种交往都是"共识性交往"。与这种贵族式和平民式的"共识性交往"相区别的是:第三种交往,即"非共识性交往"。"其本身是一个悖论范畴,不可交往的交往,不可理解的理解,即另类也有其存在空间与合法性。"②

"非共识性交往"的基础在于"偶在论",在于"存在论差异",在于存在的不可还原的偶在悖论。这种交往概念强调交往活动的"非共识性",批判"共识性",不论是前置还是后置的"共识性"。张志扬先生在此批判卢曼,认为他虽然给予偶在(另类)极大的重视,"但仍然想在悖论的偶在演化中'招安'它们,即把它们从不确定的复杂性通过偶在语式转为可确定的复杂性,从而剥夺了它们的自在形式"。张先生指出,尼采、德里达、卡夫卡、福柯以及德勒兹等人才真正懂得偶在(另类)的自在性和正当性。③ 也就是说,他们才真正坚持了"非同一性"或"非共识性",而哈贝马斯、伽达默尔就因认同"共识",以一种残存的形而上学态度把基于偶在悖论的"不共识现象"排除在外,从而放松了交往的复杂性。④

"共识"概念是建立在反形而上学的基础之上,还是相反,本身就是形而上学,至少是形而上学的残遗?形而上学的本体论同一,作为体系基础的"本体"乃是抽象的"绝对",是一个"原点",谈不上"交往",也谈不上"共识"。这种同一在实践上表现为自发的"迷信"或暴力化的"强制"对"差异"、"另类"和"他者"的专制。正是"存在论差异",意味着不可还原和不可取消,意味着"另类"的正当性。然而,"差异"和"同一"意味着交往的必要性和可能性,只要共识的达成是"交往"中的"偶态化"过程,而不是自发的迷信或外在的强制,它就不是对非共识的排除,不是对另类的取消。在这个意义上,我们甚至可以说,共识这个概念本身就包含了对差异的承

---

① 张志扬:《偶在论》,上海:上海三联书店,2000年,第47—48页。
② 同上书,第47页。
③ 同上书,第47页。
④ 同上书,第46页。

认。"交往"是对本体论同一的批判,它将一种"差异"和"同一"、"具体"和"特殊"纳入一个模态的演化过程中。因此,交往的"共识"并不意味着实践中强制的"一定"。"共识"与"差异"是"交往"逻辑上的前提,也是存在论上的真实状况。将共识和非共识对立起来,赋予差异绝对地位,本身是形而上学的。问题的关键不在于用"差异"来对抗"共识",或者相反,而在于虚假的"共识"以普遍的名誉推行"特殊",或者抽象的"差异"以绝对自由的名誉拒绝"共识"。

按照张先生的论述,偶在论作为现代理论的防御机制,是通过开端之悖论、运行之模态和结论之反讽三个方面展开的。经过语言哲学的检测,必须放弃本体论的同一。作为理论开端的同一"本体",不论是上帝、存在还是自我,都只是一种想象的开端。现代理论的开端应该有一种划界意义,也就是明确理论开端本身的"悖论"性:"划界的开端就是'有—无'的生成悖论,其表现是不确定/确定、不可说/可说的界面。"①开端即悖论是指观察一开始就是"两面的"而且存在于"二重微分的"(doppeldifferentiellen)程序方式中,观察的两面不是(!)黑格尔的"矛盾即对立统一的辩证法",而是"悖论"。悖论的两面或两侧不可能同一起来,只能是非同一的差异,因而导致"复杂性"。这种存在论上的差异意味着"观察"的"悖论"和两面性,理论的开端不可能还原到没有缺口的同一,差异和缺口是形而上学的方法论和认识论的同一性所无法抽象掉的:"人同外部世界的任何关系都不能把人自身能在的限度抽象掉,也不能把外部世界影响的方式'机缘'抽象掉,'相关性'总是存在的,只是相关性质态不同而已,而"悖论"则是相关性的根底。"②可以看到,这个悖论的概念实际上讲的是存在的对象性和差异性。在我们看来,非本体论的存在概念就是本质上肯定存在的对象性,历史唯物主义进一步在实践中将这种对象性理解为对象化中的对象性,因此历史性成为基本的存在论范畴。没有实践中介的历史性概念的引入,对象性和差异性可能还是一种自在的存在,而不是实践中的"能在"。

有了理论开端的悖论意识,接下来要求理论运行的"模态"。这就是

---

① 张志扬:《偶在论》,上海:上海三联书店,2000年,第50页。
② 同上书,第52页。

要消解前提与结论之间逻辑的必然性,将一种模态性灌注其中。在传统哲学那里,前提与结论之间演绎的绝对同一性,实际上是结论对前提的先行蕴含,中介的运行是同质化的,目的不过是把差异纳入预先设置的同一性之中。这种理论的运行,实际上没有偶在的生成性空间和时间缺口。理论运行的模态建立在"偶在"及其模态运行基础上,看到了偶在作为能在的过程性,但应该注意防范将偶在观念本体论化。张志扬提出,在现代性的理论取向中,除了像卢曼这样将"原本最为基础的东西偶在化"以外,还有将现实中机缘的东西绝对化的取向:或者认为一切都是机缘,除了机缘一无所有,或者是认为机缘的东西起着决定作用。这种"机缘论"实际上是将偶在的东西本体论化了。表面上承认的存在过程的模态化,实质上与决定论分享同样的逻辑。我们知道,命运概念的基础实际上既可能是绝对的必然性意识,也可能是绝对的偶然性意识。这就是我们用实践中介的可能性概念瓦解必然性和偶然性抽象对立的原因。不过,在张志扬先生的阐释中,由于没有了实践的中介性,过程概念就难以突破必然性的逻辑而成为模态化的演进。

至于理论之结论的反讽,显然同悖论的开端和运行的模态相连。它要求放弃结论的绝对必然性,不要在结论中建立属己的因果必然性并将它强化为一种本体论的同一。"在这个意义上,承认理论之结论的反讽,同时也就是承认属己的心理定式和经验定式的反讽。这无疑是双重的解放。"[①]这就是我们阐释过的作为思想本质特征的可能性。思想和理论不论与自身还是与对象之间在历史中都不存在抽象的同一,面向作为能在的存在开放的思想只能是可能性思想。然而,只有实践中的生成,才真正要求和确保结论的反讽性和开放性。

四、实践中的能在相对于偶在的优势

总的来说,偶在论的思路是这样的:第一次现代性意味着人本论对神本论的胜利,第二次现代性则意味着本体论本身的垮塌。偶在论提出的任务是避免向本体论的后退,同时避免向虚无主义的滑落。一方面,以

[①] 张志扬:《偶在论》,上海:上海三联书店,2000年,第92页。

"语言的两不性"和"非共识性交往"来检测现代理论,以"有—无"的悖论来避免单纯"有"或"无"的本体论或虚无主义非此即彼的二元选择,提供一种消极的检测机制,同时通过"开端之悖论"、"运行之模态"和"结论之反讽"提供一种理论的自觉,防范向本体论后退,向虚无主义滑落。很显然,"偶在"通过"存在论的差异"或"悖论"来对抗本体论的抽象同一,具体的存在不可能还原为绝对的端点。这一点意味着"偶在论"属于"后形而上学"的思想谱系,它对本体论同一的批判与当代众多哲学流派是一致的。同时,它并不放弃"存在"概念本身,并坚持承认"外部有某种偶在的东西与我们相关切",而且这种"相关性"特别是按现象学方法从意识拓展到存在或生活世界。① 偶在论力图避免形而上学本体论撤消之后的虚无主义取向,并且关注到现象学与存在的关联。这是一个基本的理论贡献。

如果说理论本身"偶在化"的防御(开端之悖论、运行之模态和结论之反讽)应该以"偶在"概念为存在论上的基础,那么,张志扬先生提出的检测机制("语言的两不性"和"非共识交往")却无法获得"偶在"的存在概念,最终只是"承认外部有某种偶在的东西与我们相关"。这就是康德式的结论。承认与不承认具有同样的效力,所以本体论和虚无主义反而获得了"语言"上的合法性。因为在一种抽象的意义上,不能证明本体之有,也不能证明本体之无,与既能证明本体之有、也能证明本体之无是完全等值的。

对本体论同一和虚无主义的双重抵制势必要走出语言哲学本身,二者的根据根本不在于语言有限性呈现的逻辑困境,而在于存在论上的存在状况和对这种存在论状况的领会。我们认同张志扬先生的问题意识和基本取向,这一取向同我们对马克思的存在概念的阐释有一种深切的联系。然而,一方面,张先生立足于对马克思主义哲学的物质本体论阐释,将马克思思想指责为形而上学的本体论,而本质在于另一方面,张先生的偶在概念和偶在论思想恰恰没有历史唯物主义那样的实践意识,本质上仍然在观念论哲学的内部。比较而言,我们认为,立足于实践的对象性和

---

① 张志扬:《偶在论》,上海:上海三联书店,2000年,第93页。

对象化意识中的能在概念具有偶在概念所不具有的理论优势,更能够标志后形而上学视域中的存在概念,为新的哲学存在论奠定基础。

我们对于实践中存在作为能在的阐释,就是为了在瓦解本体论的同时避免走向虚无主义。不过,在对马克思思想性质的判定上,我们与张先生有着根本的差别。张先生说:"马克思主义不过是颠倒的黑格尔主义,黑格尔主义不过是现代柏拉图主义,而柏拉图主义又不过是颠倒的虚无主义。结果,它们都在康德之问'何以可能'的追问下露出马脚——本体是虚构的。"①马克思和黑格尔一样是本体论形而上学的"最高形态",在历史观上,马克思是历史决定论的。② 张先生的论断是因为他没有区分马克思思想和后续的马克思主义阐释。如果说张先生的论断是指向物质本体论的马克思主义阐释路线,比如第二国际的马克思主义,那么大致是不成问题的。关于这一阐释路线存在的问题,我们在前面已经多次提及了。

的确,很多马克思主义者明确地认为,马克思主义是"本体论"和"历史决定论",并将此作为思想的革命性事件来赞扬。然而,就像我们指出的那样,对马克思思想的这种阐释,不论是坚持,还是像张先生这里的批判,都是对马克思思想本身的遮蔽。由于没有领会马克思反对形而上学本体论的思想实质,劳动、生产、资本以及生产力、生产关系、经济基础、上层建筑等等所有基本的范畴都被本体论俘获,被收编到冰冷的必然性中,囚禁于形而上学中,从而失去了时间性,失去了历史性。存在还是自在,存在的逻辑还是绝对的必然性和规律性。在我看来,马克思恰好是以实践的对象化概念为基础,在具体的社会和历史中把握对象性存在的具体规定和存在方式。在实践的创造中,历史成为可能性的领域,存在也就是具体历史实践中的可能存在,而不是静止的不变绝对和本体。

在这个意义上,我们认为马克思的存在论思想能够为偶在概念提供基础,避免偶在概念再度陷入先验认识论的框架和自在存在的概念。偶在的"悖论"或"存在论差异"本身已经包含了存在的"对象性"或者说"对

---

① 张志扬:《偶在论》,上海:上海三联书店,2000年,第19页。
② 同上书,第81页。

象性的存在"。不过,由于没有本质性的对象化实践概念,偶在讲的是自在的存在,而不是历史性的存在。它突出的可能性仍然在自在的逻辑上,而不是实践中的生成。所有后形而上学"存在"概念的基本点都是反对本体论的抽象同一,强调存在的"具体性"。如我们在第一章所阐释的那样,这样的"存在"概念在马克思那里已经被内在地表达出来了。马克思对本源"创造"概念的批判,对抽象思维的批判,对历史与自然关系的阐释,都蕴含着这样的"存在论"视域。

但是,如何使这一存在概念内在地巩固和确立起来呢？历史唯物主义通过实践的思维,真正地确立了后形而上学的思想原则。在历史唯物主义的视域中,"对象性"不是本体"存在"后续的展开,而是存在本身就是对象性的存在,并且是对象化意义上的对象性存在。就像"自我"不过是抽象化了的没有肉体的理性一样,同一的"本体"不过是抽象中的范畴的"绝对"。马克思不是在一般的意义上看到存在的对象性,而是在对象化的实践中理解存在和存在过程。感性实践中的存在不是相关性存在中客体方面的绝对"物质",当然也不是主体方面的绝对"精神",而是现实的统一,是生成中展开的可能性。历史唯物主义的存在概念真正地贯彻了偶在论意识,突破了偶在概念无意识中蕴含的那个存在本身的自在逻辑,存在成为实践中的能在。

认识(从而语言)不是一种单纯"我属性"因素,而是实践生成中的存在论关联。也就是说,认识"主体"与认识"对象"存在论上的相互关联是认识的条件,语言、认识并不是一种单纯的内在性,因此并不构成一种"阻碍"。离开了这种存在论意识,在抽象的意义上,张志扬先生提出的语言的"两不可"实际上等值于语言的"两可"。由于存在论差异,不仅认识"主体"而且认识"对象"的存在论差异,本体论上的绝对同一是不可能的,它只能是"迷信"或"强制"。如果说语言应该发挥检测的功能的话,不应该说是因为"语言"作为界面,我们看不到这个"界面"之外的东西,因而具有"两不性"。这实际上已经在逻辑上将语言封闭为一种单纯的"内在性"了。由于存在作为偶在,作为实践中的能在,本体论的同一性只是范畴的抽象,是一种观念中的存在。存在的观念与存在之间永远不可能建立一种完全的同一关系。这恰好是一切认识产生的基础。思想只能是一种可能性的思想,而不是一种绝对的自在真理。

如果说"偶在论"的"存在论差异"或"悖论"意味着,至少是蕴含着存在的对象性或"相关性","偶在"不是绝对"我属性"的"单子",那么,"差异"和"同一"就是相互蕴含的,"交往"概念中"共识性"与"非共识性"的对立也就只具有抽象的性质了。它们本身是"交往"中模态演化的两面,相互交叉叠合,也就是说,它们本身也都是可能,但并不必然的"偶在"。在历史唯物主义的视域中,这种模态的演化不是自在的过程,不是逻辑必然性的展开,而是实践中的生成;由于受到人的目的性的中介,因此是一个展开中的能在的开放过程,本质上是历史的。在历史的生成中,不能把"共识"看成是形而上学的残遗,同样不能把"非共识"看成"虚无主义"的立场一样。抽象概念基础上的相互攻击,本身是形而上学的。经验上作为模态演化结果的"共识"或"非共识"都是可能的,二者作为悖论的两面,没有谁能更优先地成为"原点"。这就是"可能性"意识,它是在具体的实践中对怎么都行和绝对必然的双重偶在化。存在本质地被理解为能在。这里进入了"生成性"的时间和空间缺口,而不是概念的逻辑学,问题在于如何将这一模态的生成概念化并保持理论体系的偶在性。

在马克思看来,抽象思辨的哲学终结以后,理论的任务在于对人们"实际生活过程"的经验描述,而生命的生产和生活的生产是"自然过程"和"社会过程"的相互作用。社会存在就是生活的生产和再生产。马克思以感性活动的实践概念理解历史性的存在,"模态演化"过程的确定性与不确定性通过社会性和历史性范畴得到规定。这种实践中的能在概念同时意味着概念体系本身生成的可能性和开放性,"唯我论"和"独断论"被彻底放弃。同样,如果制约理论体系的"实践"因素(即通常所说的时间、地点、条件等等)不被看作纯粹的"偶然",而是相关的历史性的存在,并且在这个意义上它们是"客观的",同时是主观的,这就阻死了向相对主义和虚无主义滑落的通道。

总之,我们认为,在历史的实践中,以对象性和对象化为内在规定的能在概念表现出了相对于偶在概念的某种优势,是后形而上学视域中存在概念的本质形态。这一概念意味着以静观态度提供绝对真理的认识论哲学的终结,哲学作为生存实践的内在环节,是事关存在如何存在并且如何去存在的存在智慧。存在是实在和应在通过实践统一的能在。这一命题指明了后形而上学思想视域中哲学作为存在论的基本性质和基本方向,这就是在历史的能在中事关如何去存在的存在智慧,即事实与价值统一的存在真理,而不是立足于事实性的正确知识。

结论　哲学:事关如何存在的存在智慧

引论"今天,如何谈论存在并且谈论哲学"已经指明,由于谈论方式的基本变化,在马克思那里展开了一个后形而上学的存在论空间。前面各章就是对这一空间的勾画和描述,呼吁不要误解了马克思终结哲学的命题。如若哲学作为存在论还是一门关于存在的理论,瓦解了抽象本体论思维方式的马克思倒是为哲学奠定了后形而上学的基础。马克思将思想看成是实践的内在环节,存在论成为实践贯穿的历史内在论。后形而上学的存在论分析得以作为社会现象学和历史现象学在资本批判中展开,因此诸如生产、劳动、资本等等概念就可以在存在论的高度上得到阐释。然而问题在于,存在论本身并不构成马克思自觉的理论主题,马克思理论的哲学意义蕴含在对科学性的追求和表述之中。历史唯物主义的存在论性质和意义甚至险些就隐没在这样的追求和表述中。正因为如此,马克思消灭哲学的主张甚至被认为是不要哲学,也即是不要思想,只要实证科学。然而我们知道,人不能亲自宣布自己的死亡,但人能告别过去。所谓哲学的终结,也许类似这样的告别。告别意味着新的旅程。终点就是起点,就是出口,敞开着诸多不确定的可能性。在这个意义上,马克思消灭哲学这一震撼人心的说法,同时说出的是开端,是出口,是立足于能在概念的可能性思想如何向存在开放,并且如何达于存在,使存在在实践中成为能在这样一种思想的自我主张。这就是说,扬弃认识论哲学的传统之后,我们应该在事关如何存在及如何去存在的意义上领会哲学的使命和性质,这就是在能在中作为如何去存在的存在智慧。

一、哲学在认识论路线上的终结

哲学作为哲学是现代的产物,这当然不是说哲学是现代才出现的,相反,哲学最为古老。在现代学科分化之前,人类思想是总体性的,哲学是人类精神的本质形态,是包孕诸学的母体。现代以来,自然科学从哲学中分裂生殖,这是人类精神形态的一次根本变迁。在这一变迁中,总体的思想进展为具体的知识。对于存在者之确定性的把握成了认识的任务,真理被理解为可实证的正确知识。于是,哲学被逼为诸种学科之一种,成为学科建制中的"哲学"。人类思想的对象日益变成细化的领域,思想的方法日益变成科学的实证。不论究其对象还是方法,哲学都岌岌可危。就连康德老人也为哲学的风烛残年倍感凄惶。为哲学奠基和宣布哲学终结遂成为现代以来哲学纠结的基本主题。科学主导了认识。存在被理解为实在,真理必然被理解为关于实在的正确知识。超验世界向实证的经验世界转移,超验本质让位于经验现象,实证原则取代思辨抽象获得统治,这就是从观念层面而言的现代。这变迁凝炼地体现为"哲学的终结"这样一个具有思想高度的基本命题。但是,我们一定不能误解这一命题的意义和性质。何为哲学的终结,这是何种哲学的终结?

对此,我们首先要提到的当然是马克思,因为马克思是最早提出终结哲学的思想家。概略而言,马克思先后在两种意义上说到哲学的终结:一种是通过实现哲学理念,消灭哲学,实际上是实现哲学,完成哲学。他的意思是说,哲学理性把握了真理,而真理不能只是观念,必须转变为现实。这一看法,表明早年马克思在黑格尔的巨大阴影下对观念论哲学的膜拜和忠诚,从理论到实践就是兑现哲学真理,因为绝对的理性不会始终停留于观念的应然之中。另一种是认为,思辨哲学的概念抽象应该让位于实证科学对现实的经验描述,实证科学才能正确把握现实,亦即准确地再现和反映实在。哲学思辨地操弄概念的非现实性被看成是手淫,而不是真正的性爱。马克思的这两层意思,今天仍然是我们理解理论联系实际的基本含义。从这两层意思来看,好像体现出了思想的转变,实质是同一性原则占据统治地位。不论是观念兑现为实在,还是实在变成观念,均以同一性为前提。在这种同一性中,观念表现为可证实性,对象表现为可知性。这样看来,表征内在知识与外在对象同一的科学性似乎成了马克思思想的基本原则。

我们知道,在科学的攻城掠地中,哲学让渡事实真理,退回到不确定性的价值领域。哲学被理解为思想表达,而不是再现真理。在这条路上有文德尔班、李凯尔特等为代表的价值学派的新康德主义者。马克思显然不在这样一条思想路线上。对1845年之后的马克思来说,哲学是意识形态、非科学,乃至于反科学。如果真有马克思的所谓哲学革命,那么,实际上是以科学革哲学的命,消灭哲学。至少阿尔都塞认识的马克思是这样。马克思揭露虚幻和虚伪,恋上了科学性。当然,也可以说,马克思主义是哲学,而且是一种批判的哲学;但不能忘记,"成熟"马克思的批判是以"科学性"为底本的,马克思根本看不上仅仅立足于道德立场的谴责。后来,马克思主义传播体系中,哲学被理解为作为科学的科学、正确而普遍的世界观,实际上仍然是以科学性规定哲学。科学性被解释为马克思主义的内在原则。科学性为革命性背书。革命性乃是因为它科学,揭示了绝对必然性的历史发展规律。科学性之绝对统治与其说是用科学取代信仰,不如说是用科学性来保证信仰,或者说科学性本身成为信仰。科学真理代表了无坚不摧的力量。毫不奇怪,马克思主义成了科学的信仰,或者说信仰的科学,二者乃是一回事。

无论马克思本身要求终结哲学,还是马克思主义阐释中将哲学科学化,都彻底贯彻了科学理性,走在现代启蒙理性的道路上,走在同一性真理的方向上。问题是:这是一种什么样的同一性?马克思的思想是在抽象的同一性中,还是根本地超越了这种抽象的同一性?马克思是否在对本体论抽象的批判中走向了与此对立的实在主义,否定了存在的超越性?前面,我们已经清楚地阐释了马克思的实践思维方式确立了一种历史的统一性,现实表现为超越,是动态统一的过程。实践将思想和认识概念奠定在新的存在论基础上,知识只是构成生存智慧的一个环节,就像价值只是一个环节一样。存在的真理作为智慧,是知识和价值的统一。从马克思思想的整体来看,这一点是可以肯定的。不过,科学理性是在什么样的意义上接替哲学并且终结了哲学,它是旧的完成并因此从属于旧的原则还是开启了新原则的新开端,甚至对于事实与价值本身的关系等问题,马克思都没有进行专题化的思考,这也是他的思想被单纯地阐释为实证科学的原因之一。

海德格尔也谈论过哲学的终结,并且是在与马克思大体相同的意义上谈论过。这就是现代科学的确立,使哲学无可挽回地进入了终结阶段。差异在于,海德格尔所谓哲学之终结乃是哲学展开为诸科学。海德格尔说,现代科学的本质建立在自柏拉图以来便叫做哲学的希腊思想基础之上,哲学追求真理的任务最终由经验科学承担,这看似瓦解了哲学,实际是哲学的完成。这就是说,现代科学是哲学最为极端的可能性,它追求确定性和自明性的真理,即知识与存在相符合,从而实现了希腊哲学由来已久的求真使命。[①]

正是在此意义上,海德格尔认为,马克思是使形而上学达到最极端可能性的柏拉图主义者。海德格尔理解的哲学终结是实现,马克思理解的是瓦解。海德格尔不以现代科学的立场批判形而上学,而是在与形而上学共属一体的意义上体会现代科学的本质,并因此在科学之后沉思思想的任务。在这个意义上,海德格尔也许更加深入思想史的内部,是一个更典型的哲学家。马克思只是简要地越过了传统哲学的框架,直接地立足于后形而上学的思想视域进行历史的存在论解剖。没有像海德格尔一样自觉地将思区别于传统的哲学和现代科学,马克思思想的后形而上学性质隐而不显,它在科学主义的氛围中被阐释为实证的科学和实证的真理,就是在所难免的了。因此,将历史唯物主义从片面的冰冷的科学主义中解放出来,在哲学存在论的高度上领会和阐释其后形而上学的性质和意义,就成了我们为自己确立的理论任务。

哲学是否从一开始就恰当地领受了求真的任务,并且终究在由其发展出来的具体科学中完成这一任务,因而走向终结呢?深受海德格尔影响的罗蒂,从颠覆符合论的真理概念入手,谈论大写的哲学和科学的终结。罗蒂认为,现代科学同哲学一样,以为存在着客观的实在,真理就是正确地切中和把握这个实在。事实上,人类无法确证或否定认识之外的实在,当然也无法确定和否证认识是否能准确再现这一实在。认识只是一种可更改的描述,并不存在非历史的绝对真理。存在和关于存在的知识都是偶然的。真理不过是有用的共识。因此对罗蒂来说,提供绝对真

[①] 海德格尔关于哲学终结的论述,见于《哲学的终结和思的任务》、《形而上学对于现代世界图像的奠基》等著作(见《海德格尔选集》(下),上海:上海三联书店,1996年)。

理的哲学和科学都终结了。哲学的终结,不是完不成,或者完成了提供认识论真理的任务,而是说本不该有这个任务,或者说不该有以这种真理为任务的哲学。"后哲学文化"时代洞穿了大写真理的虚妄。不过,就像王位被取消之后曾经作为国王的人继续活着一样,罗蒂认为,大写的哲学没了,搞哲学的人还在,但他们不再自诩提供绝对原则、基础和根据,而是一种私人的爱好、对未来的想象,他们乐于以对话的方式发表意见,而不是发现绝对的大写真理。问题涉及的总是真理。哲学与真理在一起。这个真理当然是指认识真理、符合论真理,也就是罗蒂讲的"表象主义真理"。宣布哲学的终结,就是说哲学不再与这种真理在一起了;无论忠实地履行了契约,还是契约本身无效,它们都缘尽了。哲学的终结,就是了却这段与这种"真理"的姻缘。

在知识论路线上,哲学只是留下了两项任务:为科学奠基和与科学划界。比如在康德那里,纯粹理性批判的任务就是为科学认识奠定基础;而在新康德主义的价值学派那里,哲学变成了与事实科学不同的文化价值哲学。哲学如果不能走出科学真理的框架,也就是走出逐渐被巩固起来的认识论传统,哲学真的就终结于科学了。在形而上学的终结和技术科学的主导中,海德格尔重新阐释了思之任务,而不是驻足于对存在的实证性理解以提供科学的真理。为此,海德格尔转向古希腊思想,到前柏拉图传统中寻求资源,当然也朝向古老的东方传统,在思想的发端处寻求另外一种思的可能性。这一向古老传统的转身,是否可能让这些传统醒来,将是决定性的一步。它关涉的是哲学的认识论传统及其后果是否能被克服,一种新的哲学思想范式如何可能。

海德格尔谈到哲学终结时说,哲学至多还有一种"模仿性的复兴",意思是说没有复兴,本质上是模仿。复兴的本质不是模仿,而是新开端,像文艺复兴一样,是转身在原始发生处重新迎接那不曾实现的现实可能性。在这种本质的意义上,哲学还会有复兴而不是模仿吗?也许,哲学终结的话题只是无法逾越黑格尔的高大而发出的无望与气馁吧?也许,哲学终结的话题只是某种有所期待的转身及其尚未完成的彷徨与忧虑吧?如果真是这样,我们倒有可能通过哲学的终结来谈论其可能性和自我主张了,因为新的开端隐约在这些"终结"中以各种不同的方式初始地显现出来了。我们将这种正在显现和有待进一步显现的思想视域称之为后形而上学的存在论视域，它是哲学从求知的真理转向存在智慧的历史后果。

二、从求知真理到存在智慧

亚里士多德说，哲学源于惊诧。惊诧乃是对世界的不知所以和莫名其妙。动物似乎也有某种惊诧，但唯有人能在意惊诧、言说并祈求摆脱惊诧。认识便是指认惊诧之事物并知其所以，将外在性纳入内在，使灵魂无纷扰，恢复宁静。爱智慧的哲学大体就成了爱知识，通过确知而摆脱惊诧，满足好奇。人在知识中获得自由。所以，哲学乃是沉思的生活、观念的事业、认识的事业，关系到灵魂不受纷扰的内外同一性。不仅亚里士多德，乃至黑格尔，仍然看重哲学实现的这种同一性，以理性的概念体系统摄所有存在领域，建立了包罗万象的理性主义体系。

认识的同一性解除作为在世情态的惊诧而使灵魂自由。以观念的方式把握和切中令人惊诧之物，让它成为可理解的、驯顺的，纳入内在。外在存在作为存在的被表象性和内在心灵的能表象性就建立在这种同一性中，观念中的同一性。真理即二元区分中的同一性，就是外在在内在中如其所是地呈现与被呈现，存在在透视中透明。这种透明使精神获得自由，使人获得理性的享用。哲学由此走上了认识论的路线。传统西方哲学在本质上就是认识论哲学。这不是说哲学研究认识论，而是说认识，即形成确定性的真理，成了哲学的本质任务。智慧突出地显示为认识论的真理，或者说，存在的真理极端地被看成是科学的知识。灵魂的自由也就被理解为正确的认识。及至现代，自由仍然被决定性地把握为对必然的认识，解除神秘。

在这一哲学路线上，一旦认识依赖实证并指向技术，在技术对存在者作为存在者的有效布置安排中，哲学也就在它自身孕育出来的科学中完成了。存在的可订造性解除惊诧，面对存在时的惊诧变成了生产中的自由。在现代，不仅自然，而且社会和人本身的生产和再生产，都已被理性地支配着。就像霍克海默和阿多诺的极端之言，科学对待自然就像独裁者对待他的臣民一样。比如就人的生命的神秘来说，从哪里来、到哪里去的追问不是已经决定性地交给了生命科学、医学以及人工智能等等了吗？

当医生的手术刀决定婴儿诞生时刻的时候,生辰八字蕴含的神秘命运也就彻底瓦解了。科学摆明事实,生命从受精卵开始;人们得以操控事实,人工地制造生命。于是,不再有惊诧,因为不再有神秘!"未知"只是尚未知道而已,就其裸露在清楚明白的可知性中而言,它乃是已知的,无神秘可言。我们无所惊诧,我们拥有科学,并且拥有技术。求真哲学就这样以实证科学和技术的去神秘化结束!

培根的"知识就是力量"较早地宣告了这一重大的思想事件:指向技术的科学主导人类知识形式成为现代原则。[①] 哲学的爱智慧走向了爱知识,最终走向实证真理和实用技术。这是亚里士多德始料未及的。对亚里士多德而言,求知不是为了实用,而是抚慰灵魂的惊诧,哲学就是在闲暇中面对惊诧。惊诧是内在的,所以哲学关乎精神的自由。沉思在实在的意义上的确无用,它不是生存的技能,而是面世的姿态,是闲暇中的闲思。与"行动"相反,它是理论的"认识"。这种认识终究成了实证的真理和科学,并成为技术生产的前提。四假相说和经验归纳法成为现代思想的开端之一,不是偶然的,自有历史性在里面。

在认识中,将外在纳入内在,寻求确定性真理,建立同一性,固然是解除惊诧和恐惧、获得自由的方式。然而,外在之无限和不确定意味着没有绝对同一,寻求确定性本身却因不确定而纷扰了灵魂的平静。"吾生也有涯,而知也无涯,以有涯随无涯,殆已!"在知识中建立确定性的真理倒未必是存在的根本智慧了。存在的智慧不是求真,而是修为养生,是面对世事不动心的无为超脱:"为学日益,为道日损。损之又损,以至于无为,无为而无不为。"人不一定能确定地认识和改变世界,但可以不假外求,改变我们面对世界的方式,修心养性,"求其放心",以不动心完成内在的超越,智慧地存在。哲学乃是人学,为学本质地变成了为人。

据说,古希腊有一条被遗忘的神谕——"改变你自己",这倒是在中国老庄思想和佛教禅宗的主张中很好地显现着。当然,这种自我修为、"自

[①] 关于这个问题,霍克海默和阿多诺在《启蒙辩证法》中开篇就进行了探讨。他们对于科学、技术、理性、宰制以及同一性等等方面的思考,对于理解现代无疑是至关重要的。遗憾的是,他们在很大程度上将这些问题同启蒙一样去历史化了,似乎变成了无历史的永恒。

我改变",在内省和静观中获致天地一体、万物与我同一的通脱,并不是无知无识的混沌,也不是符合论真理中的同一,而是返璞归真的超越,大智若愚。惊涛骇浪中,皮浪的不动心绝不同于猪的安然进食。这里有为人的智慧,为人的"境界"。摆脱惊恐不是认识中对"物"及"物性"的清楚明白,而是超然和洒脱,是泰山压顶而镇定自若的坦然。当然,傻子似乎也总是乐呵呵的,但"开口便笑笑天下可笑之人,大肚能容容天下难容之事"才是智慧的境界,才具备存在的分量。

黑格尔认为,中国古代思想的"同一"特性只是混沌。物我两忘的"同一"也许确有从实在的坚硬中撤退,入于"空无"的倾向。不过,"齐生死,齐万物"的超越却也彰显了哲学作为存在真理的原始本质、一种生存智慧、一种难得糊涂。东方哲学大体是生存智慧,是实践的,而不是知识体系。黑格尔因此说中国没有哲学,因为在他那里,哲学是那种关于实体的、普遍的东西,客观的东西的知识。[①] 认识论真理作为存在真理之一端突出,取代智慧,存在的智慧变成了对真理的执著。哲人最后必成长为科学家,或者说,科学家必挤走哲人。哲学在对存在的揭示中遗忘了存在,变成关于存在的知识;存在在科学中被揭示为实在性的实在,而不是智慧的生存。

哲学需要重新认识存在的真理,也就是在实证真理之后转身寻找存在的智慧。问题不唯是弄清真相,追问"是什么",通过理智抓住事实;而是如何去存在,去面对事实,超越实存。只有这个"如何在",才显出存在的智慧,才能加重存在的分量。哲学事关存在的轻重,在存在之轻中加重存在之重,在存在之重中认识存在之轻。这个加重或减轻,是存在之轻与重之间的相互掂量,是从懵懂走向觉悟的存在之路,本质上不是量的多寡,而是觉解的境界。不要以为我们认清了事实,我们算准了方向,我们就不再懵懂。也许,正是清楚明白的事实性让我们走向迷途,对于存在忘乎所以,或者不知所措。因为事实性本身没有方向,生存的方向在反复掂量的存在智慧之中。

离开认识论的传统,哲学是智慧地存在着关照存在。智慧乃是觉悟。

---

① 黑格尔在《哲学史讲演录》导言中,专门探讨了"东方及东方哲学之不属于哲学史"的问题。

孔子知其不可为而为之的执著,老子骑青牛绝尘而去的飘逸,都透露着人之为人的智慧觉识。这里没有对错,只有不同的在世方式和在世姿态。存在的真理不唯是正确的知识,正确的知识只是存在智慧的一个要素。第欧根尼的木桶、海德格尔托勒瑙堡的小屋守护着存在的真理。存在是有韵味的,智慧是存在之光,是使实存灵动起来的那份灵性。有了这种灵性,人便由自在而自为,入于"采菊东篱下,悠然见南山"的澄明之境。子曰:"一箪食,一瓢饮,在陋巷,人不堪其忧,回也不改其乐。贤哉回也!"这个乐就是智慧之光、自由之境,就是智慧地存在。

这样说来,不仅科学中那点正确的知识,而且生产中那点摆置实在的技巧,生活中那些触蛮之战①,其实都不是存在的真理,离自由委实还远。哲学成为追求绝对真理的学问,并在现代科技中达于完成,至多是存在真理最为初始的准备。明白了这个世界是"什么","如何"存在于这个"透明"的世界,才成为真正的问题;作为存在智慧的哲学在科学"真理"之后,也才算真正上路!于是我们可以说,不要误解了哲学的终结,哲学的终结说的是哲学重新起步:哲学曾经开端于懵懂的惊诧,将再次起步于世界的透明,从认识论的真理走向存在的智慧。唯生成这种智慧,才可能免入求真逐利的无限深渊。

三、立足于能在范畴的守护与创造

所谓"世界的透明",倒不是说科学作为认识论哲学的完成穷尽了知识的可能,我们不需要认识了;而是说世界成为"事实",成为"未知"的、裸露在可知性中的事实,不再有事实之外超越的神秘与神性。这一现代的本质被韦伯称为世俗化,称为祛魅;在尼采那里则是虚无主义的降临,即海德格尔所谓超验世界的崩塌。没有超验本质支配的世界,"怎么都行"成为在世的"自由"。在这个自由中,看起来是哲学作为超验的灵光失去了光

---

① 戴晋人曰:"有所谓蜗者,君知之乎?"曰:"然。""有国于蜗之左角者曰触氏,有国于蜗之右角者曰蛮氏,时相与争地而战,伏尸数万,逐北旬有五日而后反。"君曰:"噫!其虚言与?"曰:"臣请为君实之。君以意在四方上下有穷乎?"君曰:"无穷。"曰:"知游心于无穷,而反在通达之国,若存若亡乎?"君曰:"然。"曰:"通达之中有魏,于魏中有梁,于梁中有王。王与蛮氏,有辩乎?"君曰:"无辩。"客出而君惝然若有亡也。(庄子:《庄子·则阳》)

芒,实际上,哲学本身参与了对超验世界的解除,树立了事实性,即存在作为实在显现。然而,当超验世界作为虚幻被解除之后,面临生命不能承受之轻的漂浮和喧嚣,哲学必须再度启航,以加重存在的分量。不过,哲学家已经明白:世界根本就没有根本,远航的旗帜不再写上"神谕"或"科学",不再追问"本体",而是在面对存在中超越实存,因此存在在实践中成为能在。

没有比存在更大的问题,也没有比哲学更高的学问。在实践中面对存在本身,立足于能在概念的哲学没有边界。哲学永远是大写的。这个"大写",不是说哲学家必有"为天地立心,为生民立命,为往圣继绝学,为万世开太平"的宏志。我们固然崇敬这样的宏志,并且决不低估它在文明生成中的分量,但大写的哲学说的却是它事关存在本身。立足于能在概念的哲学,事关如何存在和如何去存在之存在智慧,事关存在中存在着的超出实存的人韵。这才是所谓的形而上之道。道是行走的足印,在大地上踩出的纹路,添加和超出,而不是自在的规律和逻辑。因此,道不可道,而可道之道非常道。

荀子说:"化性起伪。"伪者,人为也;文者,纹也。人为就是人文,就是人化,就是人道,就是对实存的添加和雕饰,是创造中的遮盖凸显、删除增补。如果说,哲学曾经将主观的"添加"当作实存,将实存作为认识的对象,那么,新的哲学之作为存在的雕饰就是在将存在揭示为实存的同时超越实存。哲学不再追问根本为何、意义何在这种没底的问题,因此不再宣布教条和绝对真理,而是将存在作为存在创造和守护,以免世界从超验性的崩塌中不能自拔地跌入实在性。这就是说,新哲学的起点是后现代的,是超越启蒙的新的启蒙,它将重铸一种对于存在及其意义的理解,并依托此种理解探索存在的智慧,超越实存。

存在之雕饰,即在战战兢兢中创造和守护存在。没有雕饰,存在作为实存,没有人为,没有人化,也就没有人本身,没有人韵缭绕的世界。实存是懵懂的实在性,物持存为物。人为万物之灵,它因"人为"而超出实存。人不是世界之外的世界的旁观者,世界就是"人为"的世界、"为人"的世界。在生存的实践中,有人的世界,有世界中的人。人对于世界的观念的揭示、乃是因人"在世界之中存在"。人创造世界,让世界作为世界向人存在。哲学作为存在的智慧,就是实存向人的生成。实存升华为具有意义的空间,成为超出实在的存在,成为世界。德里达晦涩地告诉我们:"动物因为它是裸体的而处于非赤裸中,而人在其不再赤裸的意义上处于赤裸之中。"①他说的是物性的实在与人性的存在。人能成为世界上最野蛮的动物,最无耻的动物。或者说,人根本不能成为动物,成不了动物。当他放弃他的人性时,一下就跌到动物性之下了。

动物没有凶残,没有羞耻。它们只是在自然的物性的规定上存在,它们的生命与它自身同一,是实在性。它们没有世界,它们不"在世"。而人却不是这种实在,也无法返回实在,人之为人不能坚持就必坠于实在之下,处于实在性之下违背实在性,于是有了属于人的恶。文明是压抑中的升华,自由解放不能是向动物本能的复归。人被迫为人,将自己保持在实在性的上面,悬着。成为人就是创造和守护存在,保持这种超越的悬浮。存在的雕饰就是在守护中形成和修改,追寻那不定型的为人的尺度,在不完美中追求完美,在无尺度中形成和坚守尺度。没有完美的完美,没有永恒的永恒。瞬间闪烁永恒,暂时体现完美。完全、彻底、绝对以概念对存在的遗漏为前提,因为它梦想包罗存在,终结存在。然而,存在是可能的不确定空间:存在走在存在的途中,存在在存在的途中去存在,创造和守护。生存即是创造与守护,哲学在存在的创造和守护中必有其位置。

虽然创造的确也生产着,但它是守护着的生产,是耐心地保留那个原初的实存并使之具有灵动神韵的琢磨。所以,它不是无中生有,也不是"打破一个旧世界"的大生产运动!因为今天人类已然能够彻底毁灭这个人的世界,自我毁灭成为人类存在的切实处境。在这种作为类的毁灭的彻底性中,不会有遗物,甚至没有对于毁灭的见证和哀悼!② 人幸存于毁灭尚未发生的毁灭性中。③ 有了这种毁灭的切实可能性,存在本质上是

---

① [法]德里达:《我所是的动物》,见夏可君编:《解构与思想的未来》,长春:吉林人民出版社,2006年,第115页。

② 利奥塔曾经在《无身体能否思维》中揶揄哲学家说,45亿年太阳死亡以后,您的现象学、您的乌托邦政治死亡以后,就没有人敲丧钟,也没有人听那钟声了。我们所经历及所思不过是一些苍白的幻影([法]利奥塔:《非人》,罗国祥译,北京:商务印书馆,2000年,第8—11页)。

③ 可以初步指出三种毁灭的可能性:人类自我冲突导致的毁灭,人类与环境矛盾导致的毁灭,以及由自然规定的毁灭,包括偶然事件发生和地球生命极限决定的毁灭。存在论必须将人类的毁灭性作为内在因素,领会存在的意义,思考如何智慧地存在。

幸存的"遗物"。创造中的守护，就是在这种毁灭性中持存、看护。然而可笑的是，在这种毁灭性中，我们也看到了某种"智慧"，这就是有意识地利用和掌控冲突的规模和烈度，让有限的局部战争频繁上演。简单地说，就是不断打砸，但避免砸烂。这就是今天在核恐怖境况中战争的主导概念。这种理性的"算计"，也能是存在的智慧吗？真正说来，因其有理性在，故比疯狂更加的疯狂，比流氓更加的流氓。守护着持存就是救亡，就是在毁灭性中，通过"畏死的先行"智慧地存在，为实践划定界限。

我们不止一次地谈论过马克思那个震撼人心的说法：哲学家们只是以不同的方式解释世界，问题在于改变世界。马克思拒绝"非批判的实证主义"，看到了超出实存的"改造"，将实践的"主体性"引进存在的概念，而不是把存在看成直观、事实和感性。存在不再是"自然"，不再是作为物的自在物性。人作为主体进入自觉了，但不是笛卡尔式的反思性的自觉。"我思"是静观，"我在"是生存，是超出实存的生产，而不是从我思倒向单纯的实在性、物性本体。在上帝被现代杀死的氛围中，追求自由的人被把握为存在的"创造者"了。历史中主体的自由体现为对于存在的生产和再生产，而不再是观念地对存在的把握。在实践中存在不再是自在，而是改变中的可能存在。这就是历史唯物主义作为后形而上学的关键所在。

现代是生产时代。生产超出定在，设定定在，存在就是去生产。生产的逻辑是科学，本质是技术，但规定生产的原则必须是超越科学和技术的。法西斯主义的大屠杀以科学的人种学为基础实现对人的自我净化和自我生产，婴儿工厂和集中营的死亡流水线都有技术理性的现实运作。在这里，科学和技术中只有物性的存在，只有实存，没有尊严和诗意。阿多诺愤而说：奥斯维辛之后，写诗是野蛮的。没有了战战兢兢的呵护，没有了敬畏和神圣性，存在之雕饰蜕变为物性的操作。存在不再是开放的生成，不再是可能性展开中的多维意义，而是定制打造，是强制。如今，即便教育，也只是人的生产体制，追求利润的内在环节。教育的生产流水线以求生存的名誉，剥夺了生存。我们已然看不到孩子，看到的是被生产的潜在商品、肉体的资本。生于今天的中国，我们刚刚走上这条路；我们不知道这是一条多长的路，要走多久。

人当然是生产者，在历史唯物主义的意义上，人不仅要通过生产生存,而且需改变那种加于自身的扭曲和束缚,在流动的历史中追求和完善属于人的人的尺度,追求自由和全面发展。这就扬弃了生产本身的物性,生产被属于人的超越的意义规定。这就是解放,马克思从启蒙那里继承的主题。马克思对于科学和生产的关注没有离开属人的规定,而是使之成为生成的内在环节。他批判了科学和生产的异化形式,希望通过推翻资本主义,创造一种新的人类存在方式和存在状态,其理论的指向是人类历史的未来可能性。

但是,"创造"不能遗忘守护。当生产的无限强力冲击存在之底线时,当生产的逻辑消解人的尊严和意义时,在创造中守护存在,将成为存在之思沉默不宣的语境,重组整个存在意识,并且重建存在智慧。

当然,马克思不曾身临存在的深渊,没有遭遇人类生存的底线。在马克思那里还只有"历史的生产",追求自由和解放,尚没有守护和救赎。这并非是马克思的失误,而是人类生产中的自我毁灭在20世纪才真正成为一个存在论意义上的事件。不论在类的历史还是个体生命的生产中,今天我们俨然感受到了生产的重压。存在岌岌可危,变得如此之轻,不堪一击;同时又如此之重,难堪其重。于存在的灾难中唤醒对于存在的守护,乃是思之任务。正是在此,哲学将重新回到存在的真理,面对存在本身,有所期待地率先回应存在的呼唤,在创造中呼唤对于存在的守护。这种守护不再是缭绕着神性的上帝对子民牧羊人似的照料,而是赤裸裸的存在危机中的自我救赎,是一种责任和担当、一种立足于可能存在的存在智慧。

四、哲学在能在中作为存在智慧

海德格尔以他长期沉思的经验告诉我们,并且声明这是一句老实话。他说,哲学将不能引起世界状况的任何直接变化,只还有一个上帝能救渡我们。① 据说,晚年面对人们的来访,海德格尔夫人不得不挡驾,希望人们不要打搅海德格尔。她总是连声说:"海德格尔在思想!"思想是思想者的存在,作为思想的思想就是思想者作为存在者的存在。海德格尔在,海

---

① 见《海德格尔选集》,孙周兴选编,上海:上海三联书店,1996年,第1306页。

德格尔思想,海德格尔在思想,变成了一个意思。作为 20 世纪哲学高峰的海德格尔,最后却退到"沉思生活";那个他试图以生存论洞穿的笛卡尔命题却成了他晚年生命的写照:"我思,我在。"

古希腊开始的"沉思生活"与"行动生活"之二元区分,以及以此为前提的"沉思生活"的优先性,不是已经由马克思的实践概念给颠覆了吗?在马克思"改造"世界,以及海德格尔自身面对纳粹的"积极生活"之后,海德格尔的这一逆转具有何种哲学的性质呢? 是不是说,无论如何,哲学终究只能是观念的事业,它至多是与日常生活相异化的"专业的"思想家们的存在,思想存在? 甚至等而下之地成为哲学范畴的翻炒,就像建筑工人搅拌砂浆一样?

如果真是这样,即便这种"沉思的生活"如海德格尔般庄严肃穆,它仍然难以称得上是真正的存在智慧,而是与存在相异化的思想的存在,是作为思想的思想,或作为观念的观念。按照马克思的说法,哲学还是没有走出"阿门塞思冥国",仍然是没有肉体的精灵,或者说,只有哲学家才是这些精灵的肉体。马克思以实践范畴揭示了这个精灵的唯灵论的本质,颠覆了"沉思生活"的优越性。这次颠覆,这次从形而上学沉思的逃逸,却是到生产,到历史的"生产"中了。然而,人们恰是在现实历史的生产中看到了沉沦和坠毁,看到了希特勒、广岛原子弹,据说还有斯大林。海德格尔对于生产性的检讨,代表了反思 20 世纪历史生产的哲学层面。但他却返回到了"沉思",退回到马克思之前,最后退到了对于思想的无望。在这种对"生产"实践的无望氛围中,我们看到海德格尔之后的话语操作和思想游戏成为一种快感的表达。解除思想的实践担当之后,思想轻松自如,却也失去了重量。这就是我们所处时代的思想状况。

面对生产历史的危险,哲学的未来不应该是撤退,回到"冥思",回到观念。问题不在于生产,而在于为生产提供非生产的逻辑,守护存在于谨慎的创造中。在这种存在的守护和创造之中,哲学不再停留于实在性,不再把自己规定为事实性的真理,而是一种存在的智慧。不仅就个人,而且是就人作为类来说,为学真正就是为人,就是学会生活,就是智慧地存在!我们曾经将发展看成是物的堆积,因此科技成为基本座架;在物的丰裕和意义的缺席中,哲学作为存在智慧将成为本质的需求。这是迟早的事。

因此,我们可以确定地说,按照西方传统范式不是哲学的儒、释、道这些做人的"学问"倒成了真正的哲学,是新的哲学诞生的历史准备。在人类存在的危机中,它们可能成为存在智慧的源泉。

为此,哲学家将断然放弃成为"移动书架"、"百科全书",放弃成为生产观念的观念制造商。唯有这种放弃,哲学才有机会抵达存在,成为存在的智慧!这种抵达,是对概念硬壳的穿透,面对并达于存在本身。在这种放弃中,在这种"无执无失"中,哲学将本质地越过所谓的各种挑战,再现生机。提供可实证的真理不再是哲学的任务,因此也不再是责难哲学无能的尺度了,因为哲学作为存在的智慧将比这些任务更源始,它涉及的是使这些任务能够成其为任务的东西,这就是在"能在"中如何去存在。

创造和守护乃是人存在于世的在世方式,而不是对于世界的正确"观法",单纯提供立场和观点。哲学不再是一种认识真理的体系,而是存在,是实践。它本质上就是要影响世界,并在世界之中参与世界的改造,而不是建构一套哪怕人不在、它还在的真理。没有这样的真理等待哲学和留给哲学了。看着众多的具体学科在认识论的道路上收获果实,哲学欣然隐退,这一路的种子本来就是由它播种的。哲学不是被罚下场了,而是在认识论哲学催生的科学之后,坚定而坦然地走上那久已延宕的存在之路。在这条路上,不再有诗学、历史、伦理、政治、文化、天文等等的切割。在这条路上,真、善、美熔铸为存在的总体智慧,不仅是个体的,而且是人类存在的智慧、存在之创造和守护的智慧。如今,如若不能生成新的智慧,将不仅意味着生存质量的好坏,而且意味着是否还能存在。

神性曾经赋予存在意义,但一度远离了存在而变成存在的桎梏。科学摧毁超验的世界,但却将存在的世界变成了物性的实存,并变成物化的生产。所有这些人类精神形态的变迁,都有哲学的身影。今天,哲学将在对物性意识的扬弃中真正带我们走进人的世界,参与世界的塑造。哲学变成实践的,也就是生活的,而不是在生活之外为生活提供至上的规定和原则。当代哲学家们常常感到,世界已经变成了一个实证的、实用的、经验的、感性的、瞬息化的、视觉化的时代,总之,是一个跟哲学作对的时代,哲学算是玩完了。的确,就哲学作为生活之外的观念抽象和原则预设来说,它必是完了。然而正因如此,哲学作为存在智慧的春天正在悄然来临,它展望并期待着一个新的世界的诞生。在神秘的超验和冰冷的实在之间是人的世界,它既不是神性的,也不是物性的存在,而是超出实存的世界,是人居栖的家园。没有人的世界,不管是神的还是物的世界都是抽象的。观念中的世界,不是真正的存在、现实的感性的存在。人不是半神半兽的存在,人就是人的世界。哲学作为存在的智慧,不再走超验的宗教之路,也不再走科学的实在之路,而是面对存在本身,面对这个实在而又超实在的意义世界,创造并守护这个世界。

今天,世界的重新世界化就是超越实存并且拒绝神秘。在此进程中,哲学不再是概念的抽象,而是生存的实践,是活着的智慧。与生活相异化的哲学的扬弃,就是存在智慧的实现、哲学精神的复归。作为知识技师的哲学家,也将在这样的复归中失去地位,因为他的存在一度表现哲学本身的异化。在哲学由关于存在的知识再度成为并且本质上成为存在智慧这个意义上,通常所谓的哲学终结实际上昭示着哲学的复兴。

存在的创造和守护乃是哲学作为存在智慧的担当和使命。在人的神化进而人的物化历史性地发生之后,哲学将伴随并引领人的人化,不仅为世界垫底,以批判的力量防止向实在的坠落;而且为这个存在的世界领航,以积极的姿态开启存在的意义空间。哲学事关存在。如果存在论可以理解为上述意义上的"事关存在",亦即存在之"思",用心逗留于存在之大地,而不仅止于"论及存在",那么可以说,哲学本质上就是存在论,并且必然是存在论的。

存在如何存在,并且如何去存在,历史唯物主义的存在之思逗留于"历史"这一思之大地,存在论在一个新的维度上被开启出来了。我们应该在这样一个意义上理解海德格尔少有地给予马克思的一个积极评价:"因为马克思在体会到异化的时候深入到历史的本质性的一度中去了,所以马克思主义关于历史的观点比其余的历史学优越。但因为胡塞尔没有,据我看来,萨特也没有在存在中认识到历史事物的本质性,所以现象学没有、存在主义也没有达到这样的一度中,在此一度中才有可能有资格和马克思主义交谈。"[1]不过,就历史唯物主义作为基本存在论来说,任务

---

[1] 见《海德格尔选集》,孙周兴选编,上海:上海三联书店,1996年,第383页。

倒不只是在存在中认识到历史事物的本质性,而且是在历史中认识到存在事物的本质性。这就是说,历史作为存在范畴,因此历史性也就成为一种世界的观法了。我们如何存在当然本质地关联着我们如何看待存在,人势必在自己的存在中有所遮蔽地揭示存在的多种可能性,绚烂多彩的世界表现为生成中的能在。这里的"揭示",不仅是说已有的东西展示出来,因此被我们认识到;而且是说将尚未存在的可能变成现实的生存实践。正是在这个意义上,我所用的"能在"概念既是德里达反复谈论的"也许",也是布洛赫所讲的"尚未"。

"也许"和"尚未"点燃生命的希望并呼唤存在的智慧!

主要参考文献

1. 《马克思恩格斯选集》第 1 卷,北京:人民出版社,1995 年。
2. 《马克思恩格斯选集》第 2 卷,北京:人民出版社,1995 年。
3. 《马克思恩格斯选集》第 3 卷,北京:人民出版社,1995 年。
4. 《马克思恩格斯选集》第 4 卷,北京:人民出版社,1995 年。
5. 《马克思恩格斯文集》第 1 卷,北京:人民出版社,2009 年。
6. 《马克思恩格斯文集》第 8 卷,北京:人民出版社,2009 年。
7. 《马克思恩格斯文集》第 10 卷,北京:人民出版社,2009 年。
8. 《马克思恩格斯全集》第 2 卷,北京:人民出版社,1957 年。
9. 《马克思恩格斯全集》第 3 卷,北京:人民出版社,1960 年。
10. 《马克思恩格斯全集》第 7 卷,北京:人民出版社,1959 年。
11. 《马克思恩格斯全集》第 42 卷,北京:人民出版社,1979 年。
12. 《马克思恩格斯全集》第 3 卷,北京:人民出版社,2002 年。
13. 《马克思恩格斯全集》第 30 卷,北京:人民出版社,1995 年。
14. 《马克思恩格斯全集》第 31 卷,北京:人民出版社,1998 年。
15. 《马克思恩格斯全集》第 33 卷,北京:人民出版社,2004 年。
16. 《马克思恩格斯全集》第 44 卷,北京:人民出版社,2001 年。
17. 《马克思恩格斯全集》第 46 卷,北京:人民出版社,2003 年。
18. 《列宁选集》第 1 卷,北京:人民出版社,1995 年。
19. 《列宁选集》第 2 卷,北京:人民出版社,1995 年。
20. 《列宁选集》第 3 卷,北京:人民出版社,1995 年。
21. 《列宁全集》第 18 卷,北京:人民出版社,1988 年。
22. 《亚里士多德全集》第 7 卷,苗力田主编,北京:中国人民大学出版社,1993 年。

23. [德]康德:《未来形而上学导论》,北京:商务印书馆,1997年。
24. [德]康德:《纯粹理性批判》,蓝公武译,北京:商务印书馆,1960年。
25. [德]康德:《纯粹理性批判》,韦卓民译,武汉:华中师范大学出版社,2000年。
26. [德]康德:《实践理性批判》,韩水法译,北京:商务印书馆,1999年。
27. [德]黑格尔:《精神现象学》(下卷),贺麟、王太庆译,北京:商务印书馆,1997年。
28. [德]黑格尔:《哲学史讲演录》第4卷,贺麟、王太庆译,北京:商务印书馆,1978年。
29. [德]黑格尔:《历史哲学》,王造时译,上海:上海书店出版社,2006年。
30. [德]黑格尔:《小逻辑》,贺麟译,北京:商务印书馆,1980年。
31. [德]费尔巴哈:《费尔巴哈哲学著作选集》,北京:生活·读书·新知三联书店,1962年。
32. [德]文德尔班:《哲学史教程》,北京:商务印书馆,1993年。
33. [匈]卢卡奇:《历史与阶级意识》,杜章智等译,北京:商务印书馆,1996年。
34. [匈]卢卡奇:《社会存在本体论导论》著,沈耕、毛怡红等译,北京:华夏出版社,1989年。
35. [匈]卢卡奇:《卢卡奇自传》,杜章智编,北京:社会科学文献出版社,1986年。
36. [意]葛兰西:《狱中札记》,曹雷雨等译,北京:中国社会科学出版社,2000年。
37. [德]卡尔·科尔施:《马克思主义和哲学》,王南湜等译,重庆:重庆出版社,1989年。
38. [德]卡尔·科尔施:《卡尔·马克思——马克思主义的理论和阶级运动》,熊子云等译,重庆:重庆出版社,1993年。
39. [德]霍克海默、阿多诺:《启蒙辩证法》,渠敬东、曹卫东译,上海:上海人民出版社,2003年。
40. [德]阿多诺:《否定的辩证法》,张峰译,重庆:重庆出版社,1993年。
41. [捷]科西克:《具体的辩证法》,傅小平译,北京:社会科学文献出版社,1989年。
42. [德]施密特:《马克思的自然概念》,欧力同等译,北京:商务印书馆,1988年。
43. [法]阿尔都塞:《保卫马克思》,北京:商务印书馆,1984年。
44. [法]阿尔都塞:《读〈资本论〉》,李其庆等译,北京:中央编译出版社,2001年。
45. [法]埃蒂安·巴利巴尔:《马克思的哲学》,王吉会译,北京:中国人民大学出版社,2007年。
46. [德]哈贝马斯:《后形而上学的思想》,曹卫东、付德根译,南京:译林出版社,2001年。
47. [德]哈贝马斯:《作为"意识形态"的技术与科学》,李黎、郭官义译,上海:学林出版社,1999年。
48. [德]哈贝马斯:《认识与兴趣》,郭官义、李黎译,上海:学林出版社,1999年。
49. [德]哈贝马斯:《重建历史唯物主义》,郭官义译,北京:社会科学文献出版社,2000年。
50. [德]哈贝马斯:《现代性的哲学演讲》,曹卫东等译,南京:译林出版社,2004年。
51. [德]《哈贝马斯访谈录》,李安东、段怀清译,上海:上海人民出版社,1997年。
52. [法]鲍德理亚:《物体系》,林志明译,上海:上海人民出版社,2001年。
53. [法]鲍德理亚:《生产之镜》,仰海峰译,北京:中央编译出版社,2005年。
54. [美]詹姆逊:《晚期资本主义的文化逻辑》,张旭东编,上海:上海三联书店,1997年。
55. [美]詹姆逊:《文化的转向》,胡亚敏等译,北京:中国社会科学出版社,2000年。
56. [德]海德格尔:《存在与时间》,陈嘉映、王庆节译,北京:生活·读书·新知三联书店,2000年。
57. [德]海德格尔:《形而上学导论》,熊伟、王庆节译,北京:商务印书馆,

1996年。

58. [德]海德格尔:《海德格尔选集》,孙周兴选编,上海:上海三联书店,1996年。

59. [德]海德格尔:《尼采》,孙周兴译,北京:商务印书馆,2004年。

60. [德]卡尔·洛维特:《世界历史与救赎历史》,李秋零等译,上海:上海世纪出版集团,2006年。

61. [德]绍伊博尔德:《海德格尔分析新时代的技术》,宋祖良译,北京:中国社会科学出版社,1993年。

62. [法]福柯:《主体解释学》,佘碧平译,上海:上海人民出版社,2005年。

63. [法]德里达:《解构与思想的未来》,夏可君编,长春:吉林人民出版社,2006年。

64. [法]德里达:《〈友爱的政治学〉及其他》,夏可君编,长春:吉林人民出版社,2006年。

65. [法]利奥塔:《非人》,罗国祥译,北京:商务印书馆,2000年。

66. [法]雷蒙·阿隆:《社会学主要思潮》,葛智强等译,北京:华夏出版社,2000年。

67. [英]卡尔·波普尔:《历史主义贫困论》,赵平等译,北京:中国社会科学出版社,1998年。

68. [英]哈耶克:《通向奴役之路》,王明毅、冯元兴译,北京:中国社会科学出版社,1997年。

69. [英]齐格蒙特·鲍曼:《全球化》,郭国良等译,北京:商务印书馆,2001年。

70. [美]福山:《历史的终结和最后的人》,呼和浩特:远方出版社,1998年。

71. [美]理查德·沃林:《文化批评的观念》,张国清译,北京:商务印书馆,2000年。

72. [英]伊格尔顿:《后现代主义的幻象》,华明译,北京:商务印书馆,2000年。

73. [美]戴维·哈维:《后现代的状况》,阎嘉译,北京:商务印书馆,2003年。

74. [美]史蒂芬·贝斯特、道格拉斯·科尔纳:《后现代的转向》,陈刚等译,南京:南京大学出版社,2002年。

75. [美]卡琳内斯库:《现代性的五副面孔》,顾爱彬、李瑞华译,北京:商务印书馆,2003年。

76. [美]温迪·林恩·李:《马克思》,陈文庆译,北京:中华书局,2014年。

77. 孙伯鍨:《卢卡奇与马克思》,南京:南京大学出版社,1999年。

78. 陈先达:《处在夹缝中的哲学》,北京:北京师范大学出版社,2013年。

79. 黄瑞祺:《马学与现代性》,台北:允晨文化,2001年。

80. 张志扬:《偶在论》,上海:上海三联书店,2000年。

81. 陈学明:《西方马克思主义教程》,北京:高等教育出版社,2000年。

82. 陈学明:《永远的马克思》,北京:人民出版社,2007年。

83. 陈学明:《谁是罪魁祸首》,北京:人民出版社,2012年。

84. 俞吾金:《实践诠释学》,昆明:云南人民出版社,2002年。

85. 俞吾金等:《现代性现象学》,上海:上海社会科学院出版社,2002年。

86. 张一兵:《无调式的辩证想象》,上海:上海三联书店,2001年。

87. 张一兵:《回到马克思》,南京:凤凰出版传媒集团,2009年。

88. 杨耕:《为马克思辩护》,北京:中国人民大学出版社,2010年。

89. 吴晓明:《形而上学的没落》,北京:人民出版社,2006年。

90. 张西平:《历史哲学的重建》,北京:生活·读书·新知三联书店,1997年。

91. 罗骞:《论马克思的现代性批判及其当代意义》,上海:上海人民出版社,2007年。

92. 孙正聿主编:《马克思主义基础理论》第4辑,北京:中国社会科学出版社,2011年。

93. 俞吾金主编:《国外马克思主义评论》第四卷,北京:人民出版社,2004年。

94. 倪梁康等编:《中国现象学与哲学评论(第三辑)》,上海:上海译文出版社,2001年。

95. 包亚明主编:《现代性与空间的生产》,上海:上海教育出版社,2003年。

96. 照田主编:《西方现代性的曲折与展开》,长春:吉林人民出版社,2000年。

97. 《西方学者论1844年经济学—哲学手稿》,复旦大学哲学系现代西方哲学研究室编译,上海:复旦大学出版社,1983年。

98. 《西方哲学原著选读》,北京大学哲学系外国哲学史教研室编译,北京:商务印书馆,1982年。

后　　记

　　从个人的学术发展来说,这是我最早构思和写作的一本专著。它是我阐释历史唯物主义的三本专著(也谓"三部曲")之一。第一本专著是2007年在上海人民出版社出版的《论马克思的现代性批判及其当代意义》,第二本专著是《走向建构性政治——历史唯物主义视野中的后现代政治哲学研究》(华东师范大学出版社,2014年3月出版)。关于我的这一学术研究思路,我在另一本专著《面对现实与超越实存——历史唯物主义的当代阐释》(人民出版社,2014年3月出版)的序言中有过交代,不再赘述。本书的写作经历复杂,不断增补删节,一改再改;开始得最早,完成得却最晚。本书现被国家社科基金后期资助立项,立项号为13FZX013。这里需要说明的是:本书在一定程度上为专著《论马克思的现代性批判及其当代意义》奠定了基础,其中有少量的内容被运用到该著作之中,主要是第三章的第三节和第四章的第四节。

　　为了本书的写作,我阅读过不少著作,它们以不同的方式为本书作出了贡献。在此,我要对作者们表示衷心的感谢！如果说我的引证或批评误解了原著的意思,恳请得到原作者和读者的原谅。另外,在本书写作和出版过程中,我得到了师长、同事和学友们的关爱与支持;我的一些学生还参与校阅了这部书稿,请原谅我在此不一一列举他们的名字,他们始终镌刻在我灵魂的深处。如果没有他们,我的生活将是孤单的,事业将是无助的。

　　在学术著作的出版上,我深感自己是幸运的,得到了许多无私的帮助。《论马克思的现代性批判及其当代意义》一书的顺利出版,曾经给了我极大的鼓励,感激之情不敢稍有忘却。如今,素昧平生的华东师范大学出版社又欣然出版了我的两本专著。除了感激和敬意之外,我真心希望自己的拙作无愧于他们的厚爱。在以后的学术研究中,我将一如既往地勤奋刻苦,不失一个学者的本色和担当;同时祈盼自己在学术道路上走得更远,以回报在事业上得到的厚爱与支持。

  随着本书的出版,计划中的历史唯物主义阐释的"三部曲"完成了。我曾笑称结束了马克思主义的学徒期,正式进入不惑之年。回想八年前挈妇将雏赴京工作时的困顿与迷茫,如今多了一份淡定从容。这份淡定从容源于爱妻的贤惠能干,源于爱子的聪明健康,源于我们京城共建小家的温馨。四十不惑,相信不惑之年的这份淡定从容带给我的不是懈怠无为,而是生存自由中创造的坚定与勇气。

  是为记。

罗　骞
2014 年 6 月于北京

图书在版编目(CIP)数据

告别思辨本体论:论历史唯物主义的存在范畴/罗骞著.—上海:华东师范大学出版社,2014.2
(国家社科基金后期资助项目)
ISBN 978-7-5675-1817-9

Ⅰ.①告… Ⅱ.①罗… Ⅲ.①历史唯物主义-存在-研究 Ⅳ.①B03

中国版本图书馆CIP数据核字(2014)第031553号

·国家社科基金后期资助项目·
告别思辨本体论
——论历史唯物主义的存在范畴

著　　者	罗　骞
策划编辑	王　焰
项目编辑	曹利群
审读编辑	李贯峰
责任校对	邱红穗
装帧设计	卢晓红
出版发行	华东师范大学出版社
社　　址	上海市中山北路3663号　邮编 200062
网　　址	www.ecnupress.com.cn
电　　话	021-60821666　行政传真 021-62572105
客服电话	021-62865537　门市(邮购)电话 021-62869887
地　　址	上海市中山北路3663号华东师范大学校内先锋路口
网　　店	http://hdsdcbs.tmall.com
印　刷　者	苏州美柯乐制版印务有限公司
开　　本	787×1092　16开
印　　张	18.75
字　　数	283千字
版　　次	2014年9月第1版
印　　次	2014年9月第1次
书　　号	ISBN 978-7-5675-1817-9/B·836
定　　价	46.00元

出 版 人　王　焰

(如发现本版图书有印订质量问题,请寄回本社客服中心调换或电话021-62865537联系)